inspire 1

Méthode de français **A1**

Bernadette BAZELLE-SHAHMAEI et Joëlle BONENFANT

Guide pédagogique

hachette
FRANÇAIS LANGUE ÉTRANGÈRE

Rédaction épreuve DELF A1 en ligne : Pascal Biras

Couverture : Nicolas Piroux

Maquette intérieure : Studio ADN

Adaptation graphique et mise en pages : Anne Krawczyk et Mediamax

Secrétariat d'édition : Sarah Billecocq

Illustration : Studio AFDEC, p. 87

Photographies : Shutterstock.com

Production sonore : Quali'sons

978-2-01-513577-9

© HACHETTE LIVRE, 2021
58, rue Jean Bleuzen, CS 70007, 92178 Vanves Cedex, France.

http://www.hachettefle.fr

Sommaire

Introduction

Exploitation des unités

DELF

Introduction

Une méthode de niveau A1 s'adresse à des apprenants débutants. Apprendre une nouvelle langue et enseigner une langue à des apprenants débutants sont des tâches complexes à plusieurs niveaux.

> **Pour l'apprenant**

• La langue cible est plus ou moins facile à apprendre selon la proximité ou l'éloignement de la langue maternelle de l'apprenant. Souvent, la facilité à apprendre une nouvelle langue dépendra aussi du nombre de langues déjà étudiées par l'apprenant.

• Apprendre une nouvelle langue n'est pas toujours simple car elle donne à l'individu un sentiment d'ignorance, de perte d'importance et d'identité puisqu'il ne peut plus vraiment communiquer. Le profil psychologique de l'apprenant facilitera ou non sa progression.

• En autonomie, l'apprenant peut avoir un temps limité à consacrer à l'apprentissage d'une langue et souhaite aller droit au but, d'où l'importance d'avoir à sa disposition des outils multimodaux et une souplesse de parcours.

• La pédagogie mise en place peut faciliter ou non l'apprentissage en fonction des habitudes culturelles d'apprentissage de l'apprenant.

> **Pour l'enseignant**, le défi sera de prendre en compte tous ces aspects par sa capacité :

• à faire aimer et comprendre la langue et la culture qu'il enseigne ;

• à repérer, respecter les différents profils psychologiques et culturels des apprenants et s'y adapter ;

• à développer à la fois une rigueur et une souplesse pédagogiques ;

• à encourager le partage et l'entraide.

Des contraintes extérieures lui faciliteront ou non la tâche : le temps imparti à son cours de langue, le nombre d'apprenants dans sa classe, les outils technologiques à sa disposition et, bien sûr, la richesse du matériel pédagogique dont il dispose.

Inspire a pris en compte ces contraintes pour permettre à l'enseignant d'avoir cet outil clé en main qu'est le guide d'exploitation exposant les principes méthodologiques sur lesquels repose sa conception tout en développant les pratiques pédagogiques de classe privilégiées.

PRÉSENTATION DE LA MÉTHODE ET DE SES PRINCIPES MÉTHODOLOGIQUES

Inspire est une méthode d'apprentissage du français langue étrangère sur quatre niveaux destinée à des adultes et grands adolescents. L'ensemble de la collection couvre les quatre niveaux A1 à B2 du Cadre Européen Commun de Référence pour les Langues (CECRL).

Inspire 1 vise l'acquisition des savoirs et des savoir-faire du niveau A1 décrits dans le CECRL et correspond à environ 100 à 120 heures d'activités d'enseignement complétées par les activités d'évaluation. Le contenu linguistique, communicatif et actionnel d'*Inspire 1* est en adéquation avec le CECRL (du niveau A1) et permet d'obtenir le DELF A1.

Inspire **a été pensée pour répondre aux besoins et aux demandes des enseignants** grâce aux enquêtes effectuées dans différents pays, notamment sur les pratiques de classe (*cf.* Livre de l'élève pp. 4 et 5).

A.1 | Les composants et les outils complémentaires

Les composants pour l'étudiant

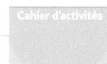

LIVRE DE L'ÉLÈVE
audio + vidéos + transcriptions + accès au Parcours digital® + lexique multilingue

CAHIER D'ACTIVITÉS
audio + transcriptions + corrigés + lexique par leçon

PARCOURS DIGITAL®
250 activités autocorrectives offertes avec le Livre de l'élève

● Le **Livre de l'élève** : la structure est détaillée dans la partie A.2 « La structure du Livre de l'élève ».

● Le **Cahier d'activités** propose un travail de renforcement. À partir de l'unité 2, chaque leçon est constituée de quatre pages d'activités structurées en cinq rubriques : *Comprendre* (compréhension orale et écrite), *Vocabulaire*, *Grammaire*, *Communiquer*, *Phonétique*. Une double page intitulée *Bilan* est proposée à la fin de chaque unité avec une compréhension orale, une compréhension écrite, une production orale et une production écrite. Des activités un peu plus difficiles (signalées par le signe ✚) sont destinées aux apprenants plus avancés et permettent de gérer l'hétérogénéité de sa classe. Trois annexes complètent le cahier : un portfolio permettant l'auto-évaluation, une épreuve de DELF A1 et les transcriptions des documents audio.

● Le **Parcours digital®** est offert avec le Livre de l'élève et accessible *via* le code au verso de la couverture. Il permet à l'élève de s'entraîner en autonomie grâce aux 250 activités autocorrectives (100 activités reprises des pages *S'entraîner* du livre et 150 activités inédites).

Le **manuel numérique pour l'élève** réunit le Livre de l'élève, le Cahier d'activités et sa version corrigée ainsi que tous les médias associés.

> **L'ACCÈS AUX MÉDIAS**

LE SITE inspire.hachettefle.fr

- Le **site inspire.hachettefle.fr** permet de consulter ou de télécharger les documents audio, vidéo et PDF (transcriptions, lexique, précis...) du Livre de l'élève et du Cahier d'activités.

L'APPLICATION MEDIA+

- L'application gratuite **MEDIA+** permet d'accéder aux audio et vidéos de la méthode en scannant les pages du livre avec un smartphone.

Le verso de la couverture du Livre de l'élève propose une explication illustrée à destination de l'apprenant.

Les composants pour l'enseignant

GUIDE PÉDAGOGIQUE
tests + fiches d'approfondissement + épreuve DELF A1 + fiches d'exploitation des vidéos sur TV5Monde

PARCOURS DIGITAL®
tableau de bord + messagerie

- Le **Guide pédagogique** propose des tests modifiables, des fiches d'approfondissement et une épreuve DELF A1 complète. Il est disponible en format papier ou téléchargeable depuis le site hachettefle.fr. Au-delà de l'accompagnement classique, ce guide se propose d'être également un outil de réflexion méthodologique (*cf.* **A. 3 |** Les principes méthodologiques, page 8, et **B. 1|** Démarches pédagogiques privilégiées dans *Inspire 1*, page 12).

- Le **Parcours digital®** propose, en plus des activités autocorrectives, un tableau de bord permettant à l'enseignant de suivre les progrès de ses élèves et une messagerie pour communiquer avec la classe.

Le **manuel numérique pour la classe** réunit le Livre de l'élève, le Cahier d'activités et sa version corrigée, le Guide pédagogique ainsi que tous les médias associés.

• **inspire.lab** pour faciliter la préparation des cours et l'hybridation des contenus (*cf.* page 10).

• Le **site hachettefle.fr** avec le Guide pédagogique et des tests modifiables au format Word.

• Le site **TV5Monde Enseigner le français** propose des fiches d'exploitation des vidéos situées en pages d'ouverture de chaque unité. Ces fiches sont aussi disponibles dans la version imprimée du Guide pédagogique.

A. 2 | La structure du Livre de l'élève

> **Les pages 2 à 8** donnent le mode d'emploi de la méthode.

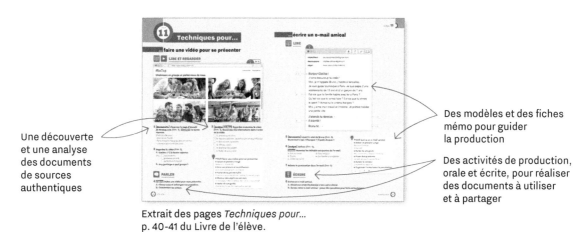

Une découverte et une analyse des documents de sources authentiques

Des modèles et des fiches mémo pour guider la production

Des activités de production, orale et écrite, pour réaliser des documents à utiliser et à partager

Extrait des pages *Techniques pour...*
p. 40-41 du Livre de l'élève.

> *Inspire 1* **est constituée de 8 unités d'apprentissage.**

• **L'unité 1** est une unité de démarrage comprenant trois leçons dont le contenu est axé sur des compétences communicatives et lexicales pour permettre à l'apprenant de prendre confiance et pour l'encourager à communiquer. Elle ne propose pas de contenus grammaticaux.

• **Les unités 2 à 8** se composent de 12 pages chacune et présentent la même structure :

• **une page d'ouverture** avec un visuel et un inventaire des savoir-faire et contenus grammaticaux de l'unité par leçon (édition 02) constituant le contrat d'apprentissage. Est également mentionnée la vidéo culturelle de l'unité reprise sur le site TV5Monde avec ses fiches d'exploitation pour l'apprenant et l'enseignant, disponibles également sur le site collection d'*Inspire*.

• **3 leçons d'apprentissage**, chacune proposant une double page avec :

– un, deux ou trois documents déclencheurs écrits, oraux, iconographiques qui présentent en contexte les contenus langagiers et culturels, accompagnés d'activités de compréhension et de médiation (*Comprendre*), d'une ou deux tâches de production orale et/ou écrite (*Agir*) ; parfois des points *Culture(s)* et des capsules vidéo de productions d'étudiants permettant des activités de production intermédiaire sont également proposés.

– des encadrés synthétiques des points de grammaire, de lexique et de phonétique.

• **1 leçon** *Techniques pour...* demandant de produire des documents oraux ou écrits « authentiques » de la vie quotidienne (carte de visite...).

• **2 doubles pages** *S'entraîner* proposant des exercices pour pratiquer les points grammaticaux, lexicaux et phonétiques de chaque leçon. La plupart de ces exercices sont également réalisables en version numérique et de manière autocorrective dans le Parcours digital®. Les corrigés sont donnés en annexes du livre pp. 136-142.

• **une page** *Faites le point* récapitule les expressions communicatives de l'unité, classées par actes de parole, et propose une auto-évaluation.

› **3 préparations au DELF A1** à la fin des unités 3, 5 et 7 pour travailler les 4 activités langagières.

› **32 pages d'annexes** en fin de livre proposent :

- une épreuve DELF A1 complète ;
- un précis de phonétique ;
- un précis grammatical ;
- un précis de conjugaison ;
- les corrigés des activités des pages *S'entraîner* ;
- une carte de la France et de son patrimoine culturel.

› **un livret** encarté avec les **transcriptions** des documents audio et le **lexique multilingue** alphabétique (anglais, chinois, espagnol, portugais, russe).

Voici la signification des symboles utilisés dans le Livre de l'élève *Inspire* :

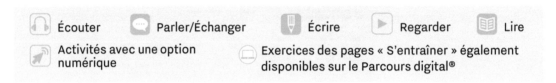

Écouter   Parler/Échanger   Écrire   Regarder   Lire

Activités avec une option numérique   Exercices des pages « S'entraîner » également disponibles sur le Parcours digital®

A.3 | Les principes méthodologiques

Cette partie propose de présenter les sept principes pédagogiques développés dans ***Inspire*** pour répondre aux besoins des enseignants, recueillis lors des enquêtes (Livre élève, p.4-5).

| **Créer et encourager la motivation pour la langue et la culture avec :**

- des documents écrits authentiques, ou de sources authentiques, et variés ;
- des documents audio stimulants conçus au plus près de la réalité ;
- des capsules vidéo mettant en scène de vrais apprenants qui donnent des modèles de production ;
- des vidéos authentiques (disponibles sur TV5Monde) et des encadrés *Culture(s)* qui offrent un éclairage culturel et des informations sur la France en rapport avec la thématique de l'unité ou de l'une des leçons ;
- des activités actionnelles (activités de production orale intermédiaire, rubrique *Agir, Techniques pour*).

Dans le guide :

- des rubriques Culture(s) **+** permettant au professeur d'enrichir l'information sur des éléments culturels ;
- des activités ludiques suggérées dans la rubrique *Astuce* ( ) pour animer la classe.

| **Permettre la réflexion sur la langue avec :**

- des étapes de découverte, d'analyse et de fixation des outils langagiers articulés dans des unités pédagogiques ;
- une présentation progressive des points de grammaire. Par exemple, en leçon 4, est présenté « Le verbe *être* au présent pour dire la nationalité ». Seules quatre personnes de la conjugaison apparaissent *(je, tu, il/elle, vous)* car seules ces quatre personnes sont demandées en production. La conjugaison complète sera vue à la leçon 6 ;
- une approche inductive de la langue (du sens vers les formes) dans les activités de compréhension orale et écrite ;
- une sélection du vocabulaire important à mémoriser dans chaque leçon.

Dans le guide :

• des propositions de déroulé pédagogique insérant dans le déroulé d'une activité une réflexion grammaticale ou lexicale par le renvoi aux encadrés présents dans le livre. Exemples : *Profiter de ce moment pour…* ; *Amener les apprenants à…* ; *Avant de poursuivre l'activité, il est essentiel de faire travailler les conjugaisons…* ;

• une visibilité donnée à l'approche inductive par les intitulés des différentes étapes (*Sensibilisation*, *Compréhension globale*, *Compréhension finalisée*, *Conceptualisation*) renforçant la notion d'unité pédagogique.

• des suggestions dans la rubrique *Astuce* (💡) pour s'entraîner à la grammaire orale.

Placer l'apprenant au centre de l'apprentissage et encourager l'autonomie avec :

• les contenus grammaticaux, les savoir-faire et les savoir agir indiqués en début d'unité (*Vous allez apprendre à…* ; *Vous allez utiliser…* ; *Techniques pour…*) ;

• des consignes simples et illustrées (*Cochez* (✓) ; *Entourez*) ;

• des outils cognitifs comme le code couleur dans les tableaux de langue ;

• des exemples systématiques pour aborder efficacement les activités ;

• les activités proposées dans les pages *S'entraîner*, les tests modifiables, les fiches d'approfondissement et les activités d'entraînement du Parcours digital® ;

• les médias pour l'élève accessibles sur le site Internet et le smartphone, les transcriptions des documents audio et des corrigés des pages *S'entraîner* pour travailler librement sur papier ou sur écran ;

• la reprise des *Expressions utiles* de la leçon en fin d'unité et la partie *Faites le point* pour développer l'autoévaluation.

Dans le guide :

• des suggestions pour réviser la leçon étudiée ou préparer la leçon suivante ;

• des suggestions pour que l'apprenant structure la prise de notes et ses réponses aux questions : *On peut donner un canevas de réponse* ; *Dessiner une grille au tableau et demander aux apprenants de la recopier.*

Encourager la médiation[1] avec :

• les activités à faire à deux ou en petits groupes conçues pour la médiation dans la mesure où elles mettent en œuvre un travail de collaboration et d'entraide entre les élèves. Les consignes de ces activités sont signalées avec la couleur de l'unité (*Choisissez* ; *Expliquez* ; *Comparez*).

Notes

1 La médiation : en février 2018, le CECRL a publié un volume complémentaire avec de nouveaux descripteurs pour préciser notamment le concept de « médiation » et insister sur son importance dans l'enseignement des langues. Le CECRL entend par « médiation » le fait de faire quelque chose pour quelqu'un d'autre. Dans l'apprentissage d'une langue, ce sont toutes les activités qui permettent à un apprenant de transmettre une information à un autre apprenant et de faire de lui un acteur social grâce à « la co-construction du sens dans l'interaction et le va-et-vient entre le niveau individuel et social dans l'apprentissage de la langue, principalement à travers la conception de l'utilisateur/apprenant comme acteur social. La médiation est particulièrement pertinente avec un petit groupe en classe, pour des tâches collaboratives qui peuvent être organisées de façon à ce que les apprenants partagent différentes données, les expliquent et travaillent ensemble pour atteindre un objectif » (pp. 34-35).

Le CECRL distingue notamment :

• la **médiation de texte** consistant à transmettre oralement ou par écrit des informations lues ou entendues à une autre personne, à expliquer une notion.

• la **médiation de contexte** consistant à travailler de façon coopérative dans un groupe et à mener un groupe de travail.

• la **médiation de communication** consistant à favoriser l'accès au sens *via* l'image, les gestes, dans la communication et travailler la place de l'interculturel dans les échanges, la compréhension de l'autre.

La médiation peut se faire en langue cible ou en langue maternelle, par toute autre forme d'expression (schéma, dessin, gestes). L'enseignant, lui-même médiateur par essence, doit encourager la médiation entre apprenants et ne pas craindre qu'un apprenant puisse mieux faire passer une information que lui. Il est à noter qu'encourager la médiation conduit à développer de façon masquée mais bien réelle une compétence d'interaction orale. En effet, simultanément à la réalisation d'une tâche comme par exemple « Comparez vos réponses », les apprenants vont être amenés à produire des interactions comme « D'accord. / Pas d'accord. / Oui. / Non. ». Ces interactions, simples au début, se complexifieront et conduiront à développer une vraie compétence. C'est pourquoi, le professeur doit encourager ce travail de médiation et donner progressivement les outils langagiers nécessaires lorsqu'il circule de groupe en groupe pour aider les apprenants.

Dans le guide :

Ce travail de médiation est explicité dans ce guide et mis en valeur *via* **la couleur mauve** afin d'en faciliter la mise en place entre les élèves et de voir concrètement comment elle est facilement réalisable en classe.

| Permettre la souplesse pédagogique et l'hybridation des cours avec :

● les deux types de parcours possible selon le nombre d'heures de cours dont l'enseignant dispose :

❯ **le parcours essentiel** constitué des trois leçons d'apprentissage (les trois premières de chaque unité) évalué pour les huit unités à 60 heures de cours environ. À ce temps d'apprentissage, l'enseignant ajoutera des activités d'évaluation parmi celles proposées dans *Inspire 1* (tests, DELF).
La leçon *Techniques pour* (quatrième leçon de chaque unité) est facultative dans la mesure où elle n'est pas une leçon d'apprentissage linguistique mais un travail sur la forme discursive de documents authentiques. Les pages *S'entraîner* (et les activités du Parcours digital®) et la dernière page de l'unité *Faites le point* et *Évaluez-vous* peuvent être faites en dehors de la classe.

❯ **le parcours complet** constitué de toutes les leçons d'*Inspire 1*.

● le **Parcours digital®** : cet outil a été pensé pour s'intégrer aux cours hybrides ou à distance. Le tableau de bord permet à l'enseignant de visualiser la réussite de ses élèves avec lesquels il peut communiquer grâce à la messagerie.

● **inspire.lab** : un site Internet mis à la disposition des enseignants pour visualiser et sélectionner les contenus à travailler en classe ou à distance en fonction de leur nombre d'heures de cours et des composants de la collection dont ils disposent. Il propose aussi des scénarios d'hybridation adaptables selon les besoins de l'enseignant. **inspire.lab** est accessible *via* l'adresse inspirelab.hachettefle.fr.

● la possibilité de pratiquer **la classe inversée²** en demandant aux apprenants de faire en amont, en dehors de la classe, un certain nombre d'activités pour consacrer le temps de classe aux priorités dégagées par l'enseignant.

Dans le guide :

● des prolongements d'activité suggérés dans les astuces ⚬.

● des suggestions pour préparer la leçon suivante.

● une frise en début de chaque leçon permet de visualiser le déroulé des activités de la leçon et suggère un minutage des activités et de la leçon complète. Cette estimation de durée a été conçue pour un public d'apprenants dont la langue est proche du français. Toutes les activités sont faites en classe sans préparation, les suggestions de prolongement dans les astuces ne sont pas prises en compte de même que les exercices de *S'entraîner* ne sont pas comptabilisés. Cette indication de minutage, si elle n'est pas à respecter de façon *stricto sensu*, permet néanmoins au professeur de construire sa propre estimation.

Exemple pour l'unité 2 :

● Indication de minutage selon les critères ci-dessus : leçon 4 (2 h 30), leçon 5 (2 h 10), leçon 6 (2 h 15), leçon 7 (40' + 20') = 7 h 55.

● Si la leçon 7 n'est pas travaillée, cela réduit le temps de l'unité à 6 h 55.

● Si le professeur pratique la classe inversée, il peut réduire de moitié le temps de classe.

● Etc.

Tous les enseignants savent qu'une séance de classe présente toujours des imprévus. Il est néanmoins important de cadrer en temps cette séance en fixant des priorités (production orale, phonétique, grammaire) et en faisant en sorte qu'il y ait un début et une fin perceptibles à la séance.

Notes

2 On appelle « **classe inversée** » l'approche pédagogique inversant l'ordre traditionnel d'apprentissage qui consiste généralement à découvrir une notion dans la classe et à l'appliquer ensuite dans un devoir à la maison. Dans le cas de la classe inversée, il s'agit de demander aux apprenants de préparer des activités en amont de la leçon en dehors de la classe, pour faciliter le travail en classe. Il s'agit par exemple de travailler le lexique qui sera utile dans la leçon, de travailler un point phonétique, de faire une recherche, de découvrir un document.

L'hybridation du cours et la classe inversée offrent ainsi plusieurs atouts :

- l'ajustement du temps ;
- le respect des rythmes d'apprentissage ;
- une plus grande richesse du travail en classe dans la mesure où il y a préparation ;
- la priorité donnée à la production orale et non aux exercices de systématisation pouvant être faits en dehors de la classe ;
- une dynamique de groupe renouvelée.

Permettre la pédagogie différenciée[3] avec :

- les nombreuses activités de groupe aidant à développer la pédagogie différenciée et à gérer les différences de progression et l'hétérogénéité des niveaux.

- des activités aux niveaux de difficulté différents dans le Cahier d'activités pour appréhender l'hétérogénéité de la classe. Le symbole ➕ signale les activités d'un niveau supérieur destinées aux apprenants progressant plus rapidement.

- le **Parcours digital®** qui permet aux élèves de s'entraîner en autonomie et à leur rythme sur les contenus pour lesquels ils veulent s'améliorer.

- **inspire.lab** qui permet à l'enseignant de sélectionner des contenus adaptés aux besoins des élèves.

Dans le guide :

- Dans la classe, l'aide individualisée est apportée par le professeur dans chaque activité de groupe. Exemple : *Le professeur circule et apporte son aide*.

- La pédagogie différenciée peut se réaliser aussi dans la constitution des groupes (*cf.* « Pratiques de classe ») qui permet au professeur de faire travailler ensemble des apprenants de même niveau et d'apporter ainsi une aide plus adaptée.

Donner les outils de l'évaluation formative[4] et sommative[5]

- Les évaluations **formatives** sont faites à travers toutes les activités d'entraînement, les **auto-évaluations** des pages *Faites le point* à la fin de chaque unité, les **tests** modifiables et les **fiches d'approfondissement** du Guide pédagogique, les pages de **bilan** et le **portfolio** du Cahier d'activités, les activités d'entraînement et le **tableau de bord** du Parcours digital® et les activités de **remédiation**.

- Les évaluations **sommatives** sont permises par les trois *Préparations au DELF* du Livre de l'élève à la fin des unités 3, 5 et 7, une **épreuve de DELF A1** complète dans le Livre de l'élève, une autre dans le Cahier d'activités et une autre sur le site inspire.hachettefle.fr.

---

3 La pédagogie différenciée est le fait de proposer des démarches pédagogiques différentes selon les niveaux des apprenants. Catherine David et Dominique Aubry dans *Classe multi-niveaux et pédagogie différenciée* (Hachette Livre, 2018) résument ainsi les propos de Christian Puren (2001 – Programme de formation européenne » LINGUA – A », *Formation à l'intervention en pédagogie différenciée dans les classes de langues*). Les auteures reprennent et enrichissent les deux concepts novateurs proposés par Christian Puren pour aider à penser la différenciation pédagogique en classe de langue : la *variation* et la *différenciation*. La *variation* consiste à proposer à tous les apprenants les mêmes documents avec des tâches différentes selon les niveaux, des regroupements par niveaux, une aide et une attente plus ou moins importantes. C'est notamment ce que proposent les fiches pédagogiques de TV5Monde d'*Inspire* en offrant des fiches de différents niveaux pour la compréhension d'un même document. En ce qui concerne la différenciation, « l'enseignant fait alors non seulement attention aux niveaux de ses élèves mais encore à leurs besoins, à leurs profils d'apprenants, à leurs stratégies d'apprentissage ». Par exemple, certains

sont amenés à découvrir un point de grammaire de manière inductive avec des exercices de conceptualisation, quand d'autres se voient proposer une démarche déductive (corpus accompagné de la règle + exercices d'application). » (*Classe multi-niveaux et pédagogie différenciée*, p. 33). Tout enseignant a également constaté lors de ses pratiques que certains apprenants sont rassurés lorsqu'un point grammatical complexe leur est proposé pas à pas (par exemple les pronoms relatifs) quand d'autres sont déstabilisés par cette approche et ont besoin de connaître le système avant de zoomer sur un point particulier.

4 L'évaluation formative consiste à proposer à l'apprenant des activités permettant de détecter ses difficultés et à lui fournir une aide pour y remédier et atteindre les objectifs visés. Elle est un outil de suivi et de perfectionnement.

5 L'évaluation sommative consiste à faire un diagnostic de niveau de connaissances à un moment donné de l'apprentissage et à certifier ses compétences.

B PRATIQUES DE CLASSE

L'enseignant joue un rôle important dans le processus d'apprentissage d'un groupe dans la mesure où il se trouve entre l'objet de l'apprentissage et les apprenants. Nous n'évoquerons pas ici tous les aspects d'ordre psychologique qu'il doit prendre en compte ; nous nous contenterons de souligner que notre expérience nous conduit à dire que les apprenants feront confiance à leur enseignant s'ils le trouvent impliqué, concerné par sa fonction (il aime ce qu'il fait) ; s'ils le pensent légitime (il sait de quoi il parle et il sait où il va) ; s'ils le considèrent comme un leader, un guide (il conduit ses élèves avec fermeté en leur laissant un espace de liberté).

Nous développerons dans cette partie B les démarches pédagogiques mises en œuvre pour réaliser les activités proposées et nous proposerons quelques pratiques de classe visant à aider méthodologiquement l'apprenant.

B.1 | Démarches pédagogiques privilégiées dans *Inspire 1*

| 1.1. Des modalités de travail en classe dynamiques

1.1.1. La pédagogie différenciée, l'autonomisation, le bonheur d'apprendre doivent être soutenus par une bonne dynamique de groupe.

Inspire 1 alterne les modalités de travail et de regroupement et propose dans le Livre de l'élève la modalité qui convient le mieux à l'activité proposée. La ou les première(s) activité(s) de compréhension sont volontairement laissées libres de choix pour permettre l'option de classe inversée.

> Le regroupement en **classe entière** permet la cohésion entre les apprenants et de faire vivre ce groupe classe. D'un point de vue pédagogique, il permet à l'enseignant de cadrer le travail.
Il est notamment essentiel de commencer et de finir les activités en classe entière.
Avant l'activité, l'enseignant doit s'assurer que la consigne de l'activité a été comprise et donner une méthodologie de travail pour guider les apprenants. Ce guide donnera des pistes pour chaque activité.
La **phase de mise en commun** et **de correction** doit permettre aux apprenants d'échanger, de comparer leurs réponses, de valider ou non certaines réponses. Dans la mesure du possible, leur demander de formuler les réponses oralement en les structurant pour les habituer à former des phrases, même très simples, plutôt que de répondre avec une seule lettre (a, b, c...) ou un seul mot. L'enseignant doit également fournir des **réponses modèles** pour permettre aux apprenants de mémoriser des énoncés « corrects ». Les corrigés d'activités proposeront régulièrement des réponses modèles.
Il est également important de clore de façon formelle une activité et de ne pas laisser de questions en suspens : l'apprenant doit savoir ce qu'une activité lui a apporté. Ces phases peuvent paraître chronophages au début mais, à long terme, elles constitueront un gain de temps pour l'enseignant car les apprenants auront développé des stratégies d'autonomie et de rigueur.

> Le regroupement en **petits groupes** ou en **binômes** permet de développer l'autonomie, le partage, l'entraide et de décentrer l'attention de l'enseignant. L'enseignant, en se déplaçant, peut apporter de l'aide aux groupes et personnaliser ses interventions.
Ce regroupement permet aussi de développer des compétences interactives et communicatives sans qu'il y paraisse et dans une classe de langue, cela est essentiel. En effet, l'apprenant devient acteur et va développer deux types d'interaction :

● avec ses partenaires, il va devoir comparer ses réponses et se mettre d'accord avec des énoncés du type : *Tu as fini ? On compare ? Tu es d'accord avec moi ? Je (ne) suis (pas) d'accord. Tu es sûr(e) ? Je ne crois pas.*, etc.

● avec le professeur, il va demander de l'aide ou un arbitrage avec des énoncés du type : *Je ne comprends pas. Comment on dit ? Est-ce que ce je peux dire ça ? Est-ce que c'est correct ? Qui a raison ?*

Certes, au début du niveau A1, ces interactions seront réalisées en langue maternelle ou commune au groupe, mais la tâche de l'enseignant sera essentielle pour donner régulièrement et progressivement des énoncés en français pour favoriser les échanges en français et permettre aux apprenants de développer leur autonomie.

1.1.2. Quand on fait travailler une classe en sous-groupes, deux questions se posent généralement : comment faire la répartition en termes de nombre et de choix de personnes et gérer les phases du travail.

Le choix de personnes se fait souvent soit par proximité (apprenants assis les uns à côté des autres), soit par affinités, soit par désignation de l'enseignant qui souhaite souvent varier les groupes pour diverses raisons. Il n'y a pas de règle, l'enseignant étant le mieux placé pour connaître sa classe. Attention toutefois à la productivité car « Un agrégat de personnes n'est groupe que si des liens de face à face se nouent entre les personnes, mettant de l'unité dans leur "être là ensemble". Le groupe est une réalité dans la mesure où il y a interaction entre les personnes, une vie affective commune, et une participation de tous. » (Robert Mucchielli, cité dans *Classe multi-niveaux et pédagogie différenciée*, p. 78). Par exemple, faire travailler des étudiants de niveaux différents peut ne pas avoir l'effet escompté de tutorat si les plus forts n'ont pas envie d'aider les plus faibles et sentent qu'eux-mêmes n'apprennent rien à leur contact. De même, faire travailler ensemble des personnes ne s'entendant pas peut être totalement improductif.

Le nombre de personnes dépend évidemment de l'activité mais l'expérience montre que les petits groupes (de trois ou quatre) sont plus propices à la production. La disposition du groupe est aussi un élément capital : un groupe n'est pas une ligne, les éléments du groupe doivent se voir pour se parler et donc se déplacer si nécessaire.

> Le **travail individuel** est constant dans toutes les activités : en classe, il y a toujours un moment de réflexion individuelle avant le partage avec les autres ; en dehors de la classe, c'est seul que l'apprenant fait ses révisions et toutes les activités de préparation et d'entraînement. Ce travail permet à l'apprenant de connaître son niveau, de développer son autonomie et de travailler selon son rythme et ses besoins.

1.2. Une démarche progressive pour la compréhension orale et écrite

Le travail des trois leçons d'apprentissage de chaque unité propose généralement deux unités didactiques, chacune commençant par la compréhension d'un document oral ou/et écrit.

Le parcours d'apprentissage de compréhension de l'oral et de l'écrit de *Inspire 1* s'inscrit dans la démarche **inductive** synthétisée par Emmanuelle Daill et Martine Stirman dans *Oral et gestion du tableau – de la compréhension à la production* (Hachette Livre, 2017) et *Écrit et gestion du tableau – de la compréhension à la production* (Hachette Livre, 2014) dans le schéma ci-contre :

Les étapes de travail de compréhension orale et écrite sont les mêmes mais varient dans certaines activités compte tenu de la différence de support.

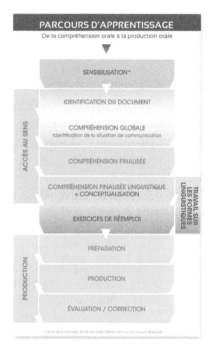

1.2.1. La sensibilisation

Cette étape est une phase de préparation de l'écoute ou de la lecture. Elle doit se faire en **classe entière**. Cette étape a pour finalité de faire des hypothèses de contenu à partir d'indices visuels (photos, dessins, affiches…) et de faire émerger les représentations des apprenants. C'est un travail interactif entre l'enseignant qui pose des questions à la classe afin de guider les apprenants qui répondent librement et réagissent aux interventions. Cette phase permet aussi d'anticiper sur les difficultés et de mobiliser l'acquis.

Pour la **compréhension orale**, ce travail peut s'effectuer par l'observation et la description d'un visuel (logo d'une radio, photos…). La consigne de l'activité d'écoute peut également donner des indications sur le contenu (*Écoutez les deux personnes* ; *Écoutez l'interview* ; *Écoutez la conversation…*).

Au niveau A1, cette phase est importante pour aider les apprenants. L'identification réelle du document se fera à la première écoute.

Les documents audio de *Inspire 1* sont variés, avec notamment : des dialogues informels entre amis, des dialogues formels (dans un commerce, chez le médecin, lors d'un entretien d'embauche, dans une agence immobilière), des messages de répondeur, des annonces, des publicités, un micro-trottoir...

Pour la **compréhension écrite**, au niveau A1, il s'agit d'identifier le type d'écrit et de donner une consigne simple : *Regardez le document. Qu'est-ce que c'est ?* L'identification du type de document se fera par la reconnaissance d'indices formels (titres, sous-titres, pour un article ; thème, indications de lieu et de date pour une affiche...) qui « sont au service des hypothèses de sens » car « chaque écrit correspond à un type d'organisation formel » (E. Daill, M. Stirman, *op. cit*, 2014, p. 162).

Les documents écrits d'*Inspire 1* sont aussi diversifiés, avec par exemple : des affiches, des plans, des e-mails, des blogs, une carte postale, un programme culturel, un badge, une carte de visite, une annonce immobilière, un tract, une fiche de poste...

Les phases suivantes se font **par alternance de travail individuel** (écoute ou lecture et prise de notes), **de travail en petits groupes** (comparaison des réponses pour vérifier la bonne compréhension et orienter une autre écoute en cas de désaccord ou d'absence de compréhension) et **de travail en classe entière** (validation des réponses et réponses modèles).

1.2.2. La compréhension

La compréhension globale de l'oral se fait sur une ou deux écoutes et consiste à identifier le type de document (un dialogue, une publicité...) et la situation de communication. Il s'agit de répondre à des questions telles que : « Qui parle ? À qui ? Pourquoi ? *Via* quel canal ? Quelle est leur relation ? De quoi parlent-ils ? Où ? Quand ? » « Dès la première écoute – envisageable "sans consigne" (dans la mesure où elle se résume souvent à dire d'écouter pour laisser l'auditeur faire ses hypothèses) –, l'enseignant peut inciter les apprenants à prendre des notes, écrire des mots et des expressions ou noter des idées qui font sens pour eux » (E. Daill, M. Stirman, *op. cit*, 2017, p. 146). En début d'apprentissage, ces questions peuvent être écrites au tableau mais elles deviendront familières aux apprenants au fil des activités.

La compréhension globale de l'écrit se fait à partir d'une lecture rapide du document et consiste à :

• identifier la situation de communication s'il s'agit d'un écrit faisant partie d'un échange (WhatsApp, Instagram, e-mail, carte postale...) avec les questions : *Qui écrit ? À qui ? Pourquoi ? Quelle est leur relation ?*

• repérer l'information principale, l'objectif du document pour les écrits informatifs (affiche, badge, page de site, capsule informative, carte de visite, plan, page de blog, petites annonces, petit article, tract, fiche de poste pour se présenter, donner une information sur quelque chose, donner un conseil, raconter...).

Comme le soulignent Emmanuelle Daill et Martine Stirman (*op. cit*, 2014, p. 162), cette lecture est un travail individuel et silencieux : L'« exercice scolaire » de lecture à haute voix, qui décode mot à mot et linéairement le texte, « n'a que de lointains rapports avec la compréhension des textes ». En phase d'apprentissage, la lecture compréhensive doit être silencieuse.

Elles rappellent également à la même page que « le texte est linéaire, mais les lectures qui en reconstruisent le sens ne le sont pas : elles sont finalisées par les objectifs du projet de lecture (terme emprunté à Sophie Moirand). Exemples : quand on lit une facture, on repère d'abord le montant à payer ; quand on lit une invitation, on repère d'abord qui invite et la date. »

La compréhension finalisée de sens est « une étape de compréhension d'un texte oral ou écrit qui suit celle de compréhension globale. Elle se réalise dans une tâche formulée dans une consigne ; elle dégage les idées principales et les fonctions spécifiques du contenu et s'intéresse aux indices qui servent l'objectif poursuivi. Elle est parfois appelée compréhension "détaillée", ce qui ne signifie pas que l'approche mène à la compréhension de tous les détails du texte » (E. Daill, M. Stirman, *op. cit*, 2017, p. 153).

1.2.3. La compréhension finalisée linguistique ou conceptualisation

Le terme de « conceptualisation » désigne « le processus de découverte et de compréhension des règles développé par l'apprenant. L'observation d'énoncés, extraits d'un texte oral ou écrit, permet de construire une hypothèse aboutissant à la formulation de la règle. C'est une approche linguistique inductive » (E. Daill, M. Stirman, *op. cit*, 2017, p.153-154).

N.B. : Dans les quatre premières unités, deux enregistrements sont proposés pour les documents audio de compréhension orale : le premier à vitesse quasi normale, contextualisé avec des bruitages et le second, plus lent, sans contextualisation. Le premier peut être utilisé pour la compréhension globale et le second pour la compréhension finalisée de sens et la conceptualisation en fonction du niveau des apprenants.

N.B. : Le travail de compréhension d'un document vidéo présente des similitudes avec celui d'un document audio mais l'image ajoute du sens en contextualisant davantage et donc enrichit la production et l'apport culturel.

Regarder et écouter de façon concomitante un document semble facile dans sa langue maternelle car aucun effort n'est à faire pour la compréhension mais cette tâche devient difficile en langue étrangère et demande une grande concentration sur l'écoute afin d'accéder au sens. Si la vidéo s'y prête, il est donc préférable, dans un premier temps, de la regarder sans le son pour que l'image donne des indices qui faciliteront la compréhension de l'audio et de regarder ensuite avec le son pour finaliser la compréhension. Cette façon de procéder enrichit l'apport culturel, rend les apprenants plus actifs et ajoute un côté ludique à l'activité.

❯ Regarder la vidéo sans le son consiste à décrire (les personnes, la situation, les lieux), à lire et à interpréter les informations chiffrées, les schémas, les infogrammes qui apparaissent à l'écran et à faire des hypothèses sur la structure et le sens du document.

❯ La phase d'écoute qui suivra est donc facilitée par ce premier repérage visuel et permet de se concentrer sur ce qui est dit et de vérifier les hypothèses de sens faites au préalable.
Les fiches de didactisation des vidéos d'*Inspire 1* disponibles sur TV5Monde suivent la même démarche.

1.2.4. La conclusion du travail de compréhension

Une fois ce travail de compréhension effectué, il est important de reprendre le document afin de travailler d'autres compétences tout aussi importantes dans le processus d'apprentissage, surtout au niveau A1.

Un document oral est un support de travail phonétique et intonatif : il s'écoute, se répète, se mémorise, se rejoue avec ou sans la transcription. On y entend des éléments extralinguistiques marquant les hésitations, les intentions (moquerie, tristesse...) fondamentales à la communication authentique.

Un document écrit peut être également lu à haute voix pour un pur entraînement phonétique et rythmique mais aussi pour se rapprocher de situations authentiques de lecture comme le fait de lire un message à quelqu'un d'autre, faire la lecture, lire un poème...

Ce travail se fait alternativement en classe et en autonomie en dehors de la classe : dans les premières leçons, l'enseignant peut accompagner les apprenants dans ce travail puis les laisser travailler en autonomie.

Suivent quelques suggestions d'activités pour affiner la compréhension et travailler la phonétique et le rythme avec un document oral :

• Écouter le document avec la transcription, s'arrêter quand on ne comprend pas un mot, trouver la signification et continuer l'écoute. Réécouter le document sans la transcription ; la compréhension doit être plus limpide.

• Écouter avec la transcription et marquer avec un stylo les groupes rythmiques, puis réécouter et lire à haute voix simultanément.

• Écouter des segments, arrêter l'enregistrement et répéter le segment entendu. Au niveau A1, les énoncés sont courts et ciblés donc faciles à mémoriser.

• Écouter le document en portant son attention sur les éléments extra linguistiques (hésitations, sourire dans la voix...) et rejouer le document seul ou à plusieurs avec ou sans la transcription.

| 1.3. Une démarche guidée pour la production

Les phases de production orale et écrite suivent généralement les phases de compréhension de sens et de conceptualisation. *Inspire 1* a prêté une attention toute particulière à cette étape essentielle de l'apprentissage qui permet de transférer les acquis de la leçon de façon motivante : les productions ont été envisagées comme des tâches accessibles, facilement réalisables et non chronophages, la formulation des consignes cadre bien les activités dont le déroulé sera détaillé dans le Guide pédagogique.

1.3.1. La production orale

La production orale en classe de langue se réalise de plusieurs façons :

- en classe entière, dans les interactions entre le professeur et les apprenants. Les productions sont souvent généralement courtes, peu structurées et n'exigent pas de la part du professeur une correction exhaustive. Par exemple, lors de la phase de compréhension globale, le professeur demande : « Qui parle ? » et les apprenants peuvent répondre en chœur : « Un homme et une femme ».

- pendant le travail de groupe, dans les interactions de médiation. Les productions sont libres et non contrôlées par le professeur, sauf en cas de demande des apprenants.

- en classe entière ou en groupe dans les activités intermédiaires de production de la partie *Comprendre*, lorsqu'il s'agit de reproduire ce qui vient d'être appris (notamment après les capsules vidéo des apprenants étrangers) ou dans les activités de la partie *Agir*. Ces activités sont indiquées par 💬. Ce sont des activités orales très ciblées qui s'inscrivent dans le processus d'évaluation formative et sommative.

Les suggestions suivantes concernent cette dernière catégorie de productions.

Au niveau A1, les activités de production orale sont caractérisées par leur brièveté, leur simplicité et leur cadrage très important. Il y a généralement trois phases :

- la phase de **préparation** en deux temps : en classe entière où l'enseignant cadre la tâche (consignes, lexique et structure de la production attendue au tableau, indication de minutage) et en sous-groupes où la production se prépare (élaboration, répétition) et au cours de laquelle l'enseignant circule pour apporter son aide et s'assurer que la tâche est comprise. La préparation d'une production orale ne doit pas se faire à l'écrit ; elle doit s'élaborer à l'oral, se répéter, s'enrichir et non être un exercice de lecture. En revanche, au niveau A1, compte tenu du faible niveau linguistique des apprenants, il est fondamental que l'enseignant anticipe les productions demandées par l'activité et propose une matrice de production avec les éléments connus des apprenants. Le guide d'exploitation proposera un maximum de matrices pour guider la production.

- la phase de **production** (jeu de rôle, présentation d'une information...) par les différents groupes ou par un apprenant. Pour que la classe ait un rôle actif pendant l'écoute des productions des autres, l'enseignant doit proposer une tâche d'écoute permettant de s'assurer de la concentration de ceux qui écoutent. Par exemple : lors de l'écoute d'un document sur la description de personnes (leçon 9, doc. 2), on peut demander aux apprenants de dessiner les personnages et de comparer avec les autres. Ce type d'activités permet aussi d'animer et de détendre l'atmosphère car il peut donner lieu à des représentations inattendues des personnages.
Cela peut être, par exemple, une grille d'évaluation avec des cases à cocher. On peut facilement rendre compréhensible et efficace une grille avec un minimum de texte et adaptée à la production attendue.

- la phase d'**évaluation** par le professeur se doit d'être constructive dans une évaluation formative et surtout objectivée. Un apprenant a besoin de savoir s'il a bien fait ou non, et surtout d'en connaître les raisons. Il est donc essentiel que l'enseignant prépare cette évaluation en amont et sélectionne les points qu'il va évaluer.
Par exemple, pour une production très courte comme celle de l'activité 6c de la leçon 4 où il s'agit de présenter une personne, le point à évaluer sera la forme de l'adjectif de nationalité et les structures pour se présenter.
Pour des productions plus longues et plus complexes, le professeur pourra préparer une petite grille d'évaluation du type de la grille du DELF qu'il remplira au fur et à mesure de la production, toujours en

priorisant les points à évaluer. Il n'est pas productif de vouloir tout corriger. Cette grille sera ensuite commentée avec l'apprenant.

Ci-dessous, un exemple de grille d'évaluation pour une prise de parole continue.

Nom :

Présentation : Raconter une journée idéale (leçon 16, activité 10)

	☺	☹
La structure	OK : a bien listé / énuméré les activités	
Les informations	Original : ne s'est pas contenté de répéter / 10 verbes	
Le vocabulaire	Recherche de lexique	
La grammaire	Bonne utilisation des indicateurs de temps	Pb de conjugaison : je dorme / je repose
La prononciation et l'intonation	Bonne prononciation	Rythme un peu lent Groupe rythmique

N.B. : Lorsque les apprenants sont linguistiquement plus avancés, il est possible de faire des coévaluations. Les grilles sont distribuées aux apprenants qui notent ce qui leur semble bien et ce qui leur semble fautif. Après chaque production, l'enseignant fait un tour de table pour rassembler les réponses aux questions de la grille, réponses qui sont notées dans le tableau. L'enseignant commente les notes prises au tableau. Si l'ambiance de la classe est constructive, il est possible de la faire voter pour la meilleure production. Au niveau A1 et en tout début d'apprentissage, cette phase peut se faire en langue maternelle ou langue commune et progressivement se faire en français.

1.3.2. La production écrite

La production écrite est l'activité privilégiée de travail individuel mais peut se faire également de façon collaborative : soit elle s'inscrit dans la perspective d'évaluation sommative et elle est notée, soit elle s'inscrit dans une perspective d'évaluation formative et elle demande plusieurs étapes décrites ci-dessous.

Inspire 1 concentre les activités de production écrite dans la partie *Agir* des leçons d'apprentissage et les leçons *Techniques pour* qui insistent sur la matrice discursive des écrits proposés.

Au niveau A1, les activités de production écrites sont caractérisées par leur brièveté, leur simplicité et leur cadrage très important. Il y a généralement trois phases :

• la phase de **préparation** en classe entière où l'enseignant cadre la tâche (consignes, lexique et structure de la production attendue au tableau, durée de travail) ;

• la phase de **production** en petits groupes ou seul avec l'aide de l'enseignant qui circule dans la classe. La production finale doit être sans erreurs et propre (sans ratures). Soit les apprenants écrivent au crayon à papier et gomment les erreurs au fur et à mesure ; soit ils écrivent au stylo, barrent leurs erreurs mais doivent recopier leur texte pour présenter une version finale propre. Il est important d'habituer les apprenants à produire des écrits « présentables » : les inciter à rendre des écrits sur des feuilles sans ratures. L'enseignant peut préférer ramasser les productions et les corriger.

N.B. : Il est tout à fait concevable également que les productions écrites soient faites sur l'ordinateur.

• la phase **d'évaluation et de correction** se fait également à l'écrit par la lecture silencieuse des productions des autres membres du groupe ; les apprenants ayant échangé leurs productions. Si l'enseignant a ramassé les productions pour les corriger, cette phase se fait lors de la séance suivante. Il est important aussi que l'enseignant donne un modèle de correction.

Lorsque la classe est équipée d'outils numériques, il est bon également d'encourager les apprenants à faire vivre le réseau social créé en début d'année par un échange de productions.

Chaque leçon d'*Inspire 1* demande des productions écrites se rapprochant d'écrits authentiques en donnant des clés de structuration, des matrices de rédaction. Le professeur peut ajouter régulièrement des activités brèves pour travailler l'orthographe et la ponctuation. La dictée est souvent très appréciée des apprenants car il s'agit d'une activité simple et structurée. De nombreuses formes plus ou moins ludiques existent. Certes, personne dans la vie réelle ne fait de dictée, mais il arrive que l'on écrive sous la dictée de quelqu'un, une indication, une adresse, le nom de quelque chose, un conseil… Voici quelques types de dictées :

• la **dictée traditionnelle** : le professeur dicte des mots ou un texte à la classe. Cette dictée offre des variantes selon l'objectif formatif ou sommatif : les apprenants peuvent poser des questions quand ils ont un doute sur l'orthographe ; avant la correction finale, une correction pas binômes peut être faite ; pendant le travail de relecture, le professeur peut circuler et répondre aux questions ou signaler des erreurs que l'apprenant doit corriger lui-même ;

• la **dictée par binômes** soit face à face soit avec variante : deux ou trois textes sont affichés sur les murs de la classe, un membre du binôme se déplace pour lire une phrase ou partie de phrase, la mémorise et vient la dicter à son partenaire en corrigeant ses fautes au fur et à mesure. À chaque phrase, on change de rôle. Quand un binôme a terminé, il montre son texte au professeur qui pointe les erreurs que le binôme doit corriger en allant vérifier sur le texte. Le premier binôme présentant un texte correctement écrit remporte la victoire.

• la **dictée enregistrée** par le professeur sur ordinateur (ou tout texte enregistré de la méthode) faite à la maison. Des dictées de ce type, réalisables en autonomie sont régulièrement proposées dans le Cahier d'activités.

| 1.4. Une démarche active pour la grammaire

Le travail grammatical est une pierre angulaire de l'apprentissage d'une langue dans la mesure où il se situe entre la compréhension de sens et la production. La réflexion sur la grammaire par la conceptualisation et la mémorisation de règles et de formes, puis l'entraînement par les exercices oraux ou écrits sont importants non seulement pour permettre la production de formes correctes mais aussi pour encourager les apprenants à développer leur propre compréhension du système de la langue cible en comparant ou non avec celui de leur langue maternelle.

Dans *Inspire 1*, le travail de réflexion sur la grammaire est présent dans :

• les activités de conceptualisation linguistique faisant suite aux activités de compréhension de sens. Ce travail de conceptualisation est réalisé en contexte puisqu'il se fait à partir de corpus d'énoncés extraits des documents déclencheurs. Le Guide pédagogique fait des suggestions pour animer la classe lors de ces étapes ;

• les encadrés grammaticaux de chaque leçon zoomant sur deux ou trois points de grammaire illustrés dans les documents déclencheurs. Le Guide pédagogique fait des suggestions pour insérer ces encadrés dans les activités de classe ;

• le Précis grammatical en fin de livre qui propose des explications plus détaillées et permet une vision plus synthétique, plus systémique ;

• le Précis de conjugaison présentant lui aussi une vision plus systémique et regroupant pour chaque verbe les trois conjugaisons étudiées dans la méthode (le présent, l'impératif, le passé composé).

Dans *Inspire 1*, le travail **d'entraînement grammatical** se réalise avec :

• les activités de production orale de réemploi proposées ; le guide fera d'autres suggestions dans la rubrique *Astuce* .

• les exercices des pages *S'entraîner*, exercices de réemploi des points étudiés dans la leçon ;

• les fiches et tests présents dans le Guide pédagogique ;

• les exercices du Cahier d'activités ;

• les exercices dans le Parcours digital®.

Cette présence plurielle permet à l'enseignant de choisir librement sa façon d'enseigner la grammaire : travail séquentiel en suivant la progression par leçon ou travail plus systémique en ayant recours au Précis grammatical en amont ou en synthèse. On pourra, par exemple, montrer l'ensemble des pronoms sujets et les travailler spécifiquement au fur et à mesure des leçons.

Pour les activités de **grammaire (conceptualisation ou entraînement), l'alternance entre travail en classe entière, travail individuel et travail de sous-groupe** est pertinente :

• le travail individuel est nécessaire pour lire un tableau ou faire un exercice.

• le travail de groupe permet des échanges autour de la compréhension de la règle et une comparaison des réponses. Il est important de toujours demander aux apprenants d'oraliser les items afin qu'ils ne se contentent pas de comparer leurs réponses silencieusement. Les membres du groupe peuvent s'entraider et, en cas de désaccord, demander l'arbitrage de l'enseignant.
La constitution des groupes peut se faire avec des personnes de niveau homogène ou hétérogène ; si la classe est multilingue, préférer les regroupements par langue maternelle car cela permet la grammaire comparative.

Pour les activités de grammaire, la mise en commun en classe entière peut ne pas être nécessaire si tous les groupes ont compris la règle ou réussi les exercices.
Le guide fera des suggestions sur les moments où les points de grammaire pourront s'insérer dans le parcours pédagogique.

Chaque leçon d'*Inspire 1* présente un ou plusieurs points de grammaire mais il est évident que la mémorisation des règles et des formes nécessite des rappels constants. Il en va ainsi des conjugaisons. Il est bon que le professeur fasse régulièrement des entraînements ludiques de pure conjugaison avec un temps imparti. L'objectif étant de donner aux apprenants des réflexes et de les amener à produire les formes verbales de façon machinale en réduisant le temps entre la pensée et la parole. Lorsqu'au cours d'une activité un nouveau verbe se présente, il est nécessaire d'en demander rapidement la conjugaison aux temps étudiés.

| 1.5. Une démarche pédagogique méthodique pour le vocabulaire

L'apprentissage du vocabulaire est souvent au cœur des préoccupations des apprenants et ils ont raison car un mot seul peut suffire pour se faire comprendre, ce qui n'est pas le cas d'une structure de grammaire. D'où l'importance de l'apprentissage du vocabulaire.
La compréhension et la richesse lexicale d'un apprenant dépend souvent de la proximité ou de l'éloignement avec sa langue maternelle, de sa curiosité et de son effort de mémorisation.

Dans *Inspire 1,* le vocabulaire est présent dans :

• les encadrés de vocabulaire enregistrés de chaque leçon. Dans ces tableaux, sont listés les mots travaillés dans les documents déclencheurs ;

• les activités de *S'entraîner* qui sont des exercices de réemploi des points étudiés dans les leçons ;

• les exercices du Cahier d'activités ;

• les exercices du Parcours digital® ;

• le lexique multilingue de l'encarté du Livre de l'élève qui reprend le vocabulaire des encadrés de chaque leçon et est enrichi des mots donnés dans les encadrés *Culture*(s) et utilisés dans les *Techniques pour* ;

• le lexique de chaque leçon donné dans le livret encarté du Cahier d'activités.

Le travail de mémorisation lexicale n'est pas simple et doit se faire de façon méthodique. Voici quelques pistes :

• pour l'accès au sens, il est difficile de ne pas passer par la traduction mais celle-ci doit être « intelligente ». Au niveau A1, les mots sont souvent monosémiques et concrets et la traduction littérale est efficace (une table = *a table, una mesa, uma mesa*...) ; pour les expressions idiomatiques, il est indispensable de mémoriser son équivalent dans la langue maternelle.

• pour l'apprentissage, la prise de notes est capitale : l'enseignant peut demander aux apprenants de noter des mots classés par unité thématique (les vêtements, les aliments...) ou des phrases complètes classées par savoir-faire (demander son chemin, se présenter...). Cette structuration des notes est d'autant plus importante que certains champs sémantiques sont vus en plusieurs étapes : c'est ce qu'indiquent les numéros entre parenthèses dans le tableau des contenus : *Les sports (1)* ; *Les loisirs (1)* ; *Les commerces (2)* ; *Les aliments (2)*...
Il est capital aussi de noter quelques indications utiles d'ordre grammatical qui sont importantes en français : les noms avec leur article, les adjectifs avec la forme du masculin et du féminin, les

verbes avec leurs prépositions ou avec l'indication d'un modèle de conjugaison… Le professeur doit attirer l'attention des apprenants et leur donner des exemples : *une table ; grand(e) ; choisir (comme finir)…*

• pour la mémorisation, un travail formel de mémorisation seul en dehors de la classe est indispensable ; il est intéressant de confronter les méthodes utilisées par chacun. On peut aussi faire ce travail de mémorisation par deux. On peut passer par la traduction s'il y a une langue commune : l'un des deux membres donne un mot dans la langue commune et l'autre donne la traduction en français. On peut également utiliser des activités ludiques comme *Le petit bac,* des dessins, etc.

N.B. : Le lexique doit être mémorisé à l'écrit et à l'oral.

• pour la production, les activités de production d'**Inspire 1** encouragent la réutilisation du lexique étudié. Des bonus peuvent être attribués aux apprenants qui le réutilisent.

| 1.6. Une démarche pédagogique interactive pour la phonétique

Le travail phonétique au sens large (sons, rythme, intonation, continuité et phonie-graphie) est également au centre de l'apprentissage d'une langue. Il permet de comprendre et de se faire comprendre. Lié à la production écrite, il permet aussi de travailler l'orthographe en s'entraînant sur la phonie-graphie.

Dans **Inspire 1**, la présentation des points de phonétique est proposée dans :

• les tutoriels vidéo de Jean-Thierry dans deux leçons d'apprentissage de chaque unité. Ces tutos constituent une vraie originalité puisqu'ils permettent aux apprenants de comprendre et de s'entraîner de façon interactive et vivante. Ces tutos très simples et très précis permettent un travail en autonomie.

• les encadrés de phonétique enregistrés, qui ont été conçus comme un mémo pour l'apprenant.

• le Précis de phonétique, en annexes, qui permet une vision plus synthétique, plus systémique.

Dans **Inspire 1**, l'entraînement phonétique est proposé dans :

• les activités des pages *S'entraîner*, exercices de réemploi des points étudiés dans les leçons ;

• les fiches et les tests présents dans le Guide pédagogique ;

• les exercices du Cahier d'activités ;

• les exercices du Parcours digital®.

Le travail de perfectionnement phonétique peut également être réalisé :

• après une compréhension orale : écoute de séquences du document audio et répétition mimétique, écoute et lecture concomitante de la transcription permettant la sensibilisation à l'écart phonie-graphie en français (*cf.* B 1.2.2 La compréhension) ;

• par la correction des prononciations fautives gênant la compréhension lors des productions orales.

B. 2 | Aides méthodologiques pour l'apprenant

| 2.1. La gestion du tableau

L'enseignant doit s'efforcer d'organiser, de structurer, de donner du sens à ce qu'il écrit au tableau car ce dernier est une interface qui constitue une aide précieuse pour l'apprenant et lui permet de structurer ses propres prises de notes. « Il est important de penser son tableau en amont comme lieu et traces d'organisation de l'apprentissage » (*Oral et gestion du tableau*, Hachette Livre, 2017, page 5). Voici quelques pistes de gestion du tableau :

• soigner sa propre écriture pour qu'elle soit lisible et expliquer les abréviations utilisées ;

• noter la date et les objectifs de la leçon en début de séance ;

• écrire les grilles de compréhension avant une activité qui seront complétées au fur et à mesure du travail et lors de la mise en commun finale ; noter le scénario d'une production orale ou écrite ;

• noter le vocabulaire dans un espace dédié pour que l'apprenant l'ait toujours en vue notamment pour les productions. Le structurer quand c'est possible (verbes, noms, adjectifs, phrases…) ;

• utiliser les outils cognitifs comme les couleurs et les signes visuels (les accolades, les flèches, le soulignement, l'alignement, la numérotation... notamment en grammaire). Choisir à l'avance un code couleur et veiller à toujours utiliser le même pour faciliter la compréhension et la mémorisation. Des exemples de formulation au tableau sont proposés dans ce guide dans la rubrique *Au tableau* 🖥️ pour accompagner l'enseignant dans la concrétisation des contenus à mémoriser ;

• ne jamais effacer une partie du tableau sans s'assurer qu'elle ne servira plus pendant la séance ou que les apprenants ont noté les informations.

| 2.2. La prise de notes et le classement des documents

L'enseignant peut faciliter l'apprentissage en donnant des conseils sur la prise de notes et leur classement.

Le fait de structurer les informations permet en effet de transformer les notes en véritable outil d'apprentissage et de révision. Les apprenants ont l'habitude de prendre des notes de façon chronologique au fur et à mesure des séances de façon souvent illisible et d'une seule couleur compte tenu de la vitesse du cours. Selon les profils, certains apprenants auront tendance à prendre des notes succinctes voire aucune note et d'autres s'évertueront à noter tout ce que l'enseignant dit ou écrit de peur de passer à côté d'une information importante. Peu importe, si la méthode est efficace. Il est important cependant que l'enseignant garde un œil sur cet aspect et fasse le point régulièrement au cours de l'année sur les méthodes choisies et leur efficacité.

L'enseignant peut encourager les apprenants à :

• recopier et à structurer leurs notes après la séance ;

• chercher les traductions de certains mots pour affiner la compréhension ;

• travailler en binômes afin de comparer les notes ;

• s'aider d'outils cognitifs (couleurs, taille de caractère, pictos...).

Structure possible du classement des notes :

• faire des dossiers par unité et des sous-dossiers par leçon ;

• regrouper les notes par thèmes : vocabulaire, grammaire...

• bien dater les productions écrites pour voir la progression, les erreurs récurrentes...

• regrouper les tests et les évaluations.

| 2.3. Un cadre pour le suivi du travail

Cadrer le travail est un autre élément important de l'efficacité de l'apprentissage : le besoin de savoir où l'on en est. Pour le suivi du travail, on peut proposer au début de l'année une grille planning à réactualiser par le professeur à la fin de chaque séance comme par exemple :

Jour et date	Travail fait en classe	Travail à faire
Lundi 11 octobre	– Présentations – Présentation du travail – Présentation de la méthode – Début de l'unité 1 page 13.	Pour jeudi 14 octobre : – Leçon 1, page 14. Activité 1.
Jeudi 14 octobre	Leçon 1 : – Saluer / Se présenter (activités 1, 2, 3) – Nommer les objets de la classe (activité 4)	Pour lundi 18 octobre : – Revoir la leçon (écouter, apprendre vocabulaire) – Préparer la leçon 2 : les nombres + l'alphabet page 17
Lundi 18 octobre		

Ce type de document est utile car :

• il cadre la progression du travail de l'année ;

• il précise le travail à faire pour la séance suivante ;

• il permet d'informer les absents à une séance du travail qui a été fait et de celui à faire.

Ce document peut par exemple :

• être imprimé à la fin d'une séance et affiché sur un mur de la classe ;
• être proposé sur une plateforme utilisée par l'enseignant ;
• être posté sur un réseau social ;
• être envoyé par mail au groupe de la classe.

2.4. Une utilisation ciblée du dictionnaire

Dans l'apprentissage d'une langue étrangère, le recours à la traduction est incontournable. Pour aider les apprenants, lors de leur travail en autonomie, **Inspire 1** propose un lexique multilingue dans le livret du Livre de l'élève ainsi qu'un lexique par leçon dans le Parcours digital® et dans le Cahier d'activités. Le recours au dictionnaire papier ou numérique est également un outil dont les apprenants ne peuvent se passer.

En classe, les apprenants ont souvent le réflexe d'avoir recours systématiquement à leur dictionnaire quand ils ne comprennent pas un mot. Plutôt que de s'opposer à cette pratique, mieux vaut parfois proposer des alternatives d'utilisation de cet outil.

Voici quelques suggestions :

• L'enseignant peut demander aux apprenants d'éviter d'utiliser leur dictionnaire pendant une activité au risque de perdre le fil du cours. Il peut expliquer qu'il n'est pas nécessaire de comprendre tout dans le détail. Ils pourront vérifier le sens des mots et noter leur traduction quand ils recopieront leurs notes.

• Il est possible de prévoir, à la fin d'un cours, un temps individuel ou en groupes pour que les apprenants puissent relire leurs notes et s'assurer avec un dictionnaire ou le lexique multilingue du sens des mots.

• On peut utiliser le dictionnaire comme outil pédagogique : lorsqu'une difficulté lexicale se pose à l'ensemble de la classe, le professeur demande à un ou deux apprenants de chercher le mot en question et d'en donner la traduction ou le sens à l'ensemble de la classe.

• Autoriser le recours au dictionnaire pendant le travail de groupe. Le professeur peut aider à sélectionner les acceptions correctes du terme recherché.

MODE D'EMPLOI DU GUIDE D'EXPLOITATION DES ACTIVITÉS D'*INSPIRE 1*

Le principal outil de l'apprentissage est le Livre de l'élève. La suite de ce Guide pédagogique a pour objectif d'accompagner l'enseignant dans le déroulé des différentes unités et leçons en partageant avec lui des expériences pédagogiques. En voici brièvement le mode d'emploi.

C.1 | Mode d'emploi pour les pages récurrentes

Trois étapes sont récurrentes dans chaque unité du Livre de l'élève :

• la page d'ouverture ;
• la double page *Techniques pour* ;
• la page *Faites le point*.

Nous proposons ci-après une démarche commune.

| 1.1. La page d'ouverture de l'unité

Pour chaque page d'ouverture de l'unité, voici une suggestion d'activité à faire en classe, d'une durée de dix minutes, permettant aux apprenants de prendre connaissance du contrat d'apprentissage de l'unité.

À partir de l'unité 2, cette découverte peut être faite en amont de la leçon.

Pour ce travail de décodage, il est possible de passer par la langue maternelle ou la langue commune à la classe pour les premières unités. L'enseignant peut aussi proposer des phrases simples que l'apprenant répétera, copiera comme modèles sur une feuille et s'appropriera. Ce guide fait des propositions de réponses au début de chaque unité.

- Faire repérer le numéro de l'unité, le faire répéter par quelques apprenants, puis faire donner la couleur à l'unité : *C'est l'unité (numéro de l'unité). Elle est (nom de la couleur).*
- Faire dire le titre de l'unité : *Le titre est... / Elle s'appelle (titre de l'unité).* Et le faire répéter par quelques apprenants.
- Faire décrire rapidement la photo. Toutes les photos d'ouverture représentent des personnes en action. Demander aux élèves d'identifier le type d'action : *On voit... / Il y a un homme / une femme. Il/Elle...*
- Montrer la zone des objectifs fonctionnels (*Vous allez apprendre à...*) et demander aux apprenants de lire silencieusement les actes de parole listés. Leur demander de feuilleter rapidement l'unité et faire observer que les objectifs fonctionnels se trouvent également dans les titres des trois premières leçons d'apprentissage.
- Montrer la zone des contenus grammaticaux (*Vous allez utiliser...*) et demander aux apprenants de lire silencieusement les points de grammaire listés.
- Montrer la zone concernant la dernière double page (*Techniques pour...*) et demander aux apprenants de prendre connaissance des deux tâches finales de l'unité.
- Lire le titre de la vidéo proposée pour illustrer le contenu de l'unité.

> À propos de l'utilisation de la vidéo de la partie « Culture(s) vidéo »

Dans chaque unité, *Inspire 1* propose une vidéo authentique d'une durée de une à trois minutes en relation avec l'une des thématiques de l'unité. Ces vidéos sont disponibles sur hachettefle.fr et sur TV5Monde (enseigner.tv5monde.org.) accompagnées de fiches didactiques. Le visionnage de la vidéo culturelle authentique peut-être proposé :

- au début de chaque unité en visionnage unique et sans activité pour confronter l'apprenant à une difficulté et à la fin de l'unité pour mesurer les progrès grâce au travail effectué dans l'unité ; utiliser la fiche pédagogique de TV5Monde ;
- à la fin de chaque unité comme « divertissement », comme point d'orgue ;
- à la fin de chaque unité, en dehors de la classe, grâce au parcours proposé en autonomie, avec la fiche pédagogique.

| 1.2. La leçon *Techniques pour*

Pour rappel, cette double page placée en fin d'unité propose de découvrir et de créer des documents écrits et sonores utilisés dans la vie réelle (une carte de visite, un e-mail amical, un message vocal...). Chaque unité propose deux documents à créer, soit au total 14 documents (pour les unités 2 à 8). Les activités de ces pages n'ont pas pour finalité d'enseigner un nouveau point linguistique, mais de décrypter la structure formelle des documents à créer.
Chaque activité est structurée en trois étapes :

- l'étape *Découverte* propose un travail succinct sur le sens d'un document semi-authentique qui sert de modèle pour la production.
- l'étape *Analyse* propose un travail pour identifier la structure, la matrice et les éléments formels du document. Les expressions utiles ainsi que certains conseils sur la forme sont récapitulés dans l'encadré mémo (ex. : leçon 11 : **Pour écrire un e-mail amical :** *Saluer et prendre congé ; Organiser l'e-mail avec la ponctuation...*).

• l'étape de production orale ou écrite demande d'utiliser la matrice étudiée et de réinvestir le contenu linguistique de l'unité.

Cette double page créative ne fait pas partie du parcours essentiel du travail de classe. Elle est toutefois importante car elle permet à l'apprenant de créer et de devenir un véritable acteur de la langue. Au niveau A1, pouvoir produire des écrits authentiques utiles est valorisant et motivant.

On peut suggérer à l'enseignant qui manque de temps de :

• sélectionner les tâches ;

• faire rapidement en classe les activités de découverte et d'analyse pour guider la production ;

• faire réaliser la tâche en autonomie en dehors de la classe ; la partie de production nécessite en effet du temps dans la mesure où elle demande parfois une réalisation technique (se filmer ou prendre des photos d'un lieu) ;

• consacrer un temps de classe pour prendre connaissance des productions afin de les valoriser.

Le guide d'exploitation propose pour chacune de ces *Techniques pour* une démarche « tout en classe » avec des suggestions de classe inversée.

| 1.3. La double page *S'entraîner*

La double page *S'entraîner* propose des activités de réemploi sur les points essentiels de grammaire, de vocabulaire et de phonétique de chaque leçon.
Ces exercices sont principalement conçus pour être faits individuellement en autonomie en dehors de la classe (chaque exercice possède un exemple et les corrigés sont en annexes du Livre élève). Le professeur peut cependant en choisir certains à faire en classe pour consolider un point difficile ainsi que ceux de type collaboratif (à deux). Le professeur peut également prévoir de consacrer un moment de la séance suivante à répondre à des questions concernant ces activités (une réponse mal comprise, une difficulté non maîtrisée).
Les activités signalées par le symbole 🖵 sont disponibles également en version numérique auto-corrective dans le Parcours digital®.

| 1.4. La page *Faites le point*

Cette page de fin d'unité intitulée *Faites le point* permet de conclure l'unité par une auto-évaluation. Elle est composée de deux parties : la première *Expressions utiles* liste les expressions les plus importantes de l'unité, classées par actes de parole ; la seconde *Évaluez-vous !* interroge l'apprenant sur quelques points lexicaux, grammaticaux ou communicatifs de l'unité.

La première partie de révision se fera de préférence en dehors de la classe.

La partie d'auto-évaluation peut être faite de plusieurs façons :

• Elle peut être réalisée en dehors de la classe mais, pour que puisse être prise en compte la prononciation, on peut demander aux apprenants d'enregistrer leurs réponses et de les envoyer au professeur.

• On peut constituer des binômes en classe dont l'un des membres jouera le rôle de l'apprenant et l'autre celui du professeur.

• On peut constituer des binômes ou des petits groupes en classe ; chaque apprenant répond aux questions et le groupe met en commun.

• Elle peut également être réalisée sous forme de jeu. Écrire les questions sur des feuilles que l'on plie en deux. Diviser la classe en deux ou plusieurs équipes : à tour de rôle, un membre de chaque équipe tire une question au sort et répond (la même question peut revenir plusieurs fois au cours du jeu). Les équipes marquent un point par réponse correcte. L'équipe gagnante est celle qui a le score le plus élevé.

On peut alterner la manière de procéder d'une unité à l'autre. Quelle que soit la méthode utilisée, cette auto-évaluation a été pensée comme un outil d'apprentissage et est l'occasion d'échanger avec l'enseignant qui proposera des activités de remédiation pour les points non acquis.

Afin de conclure l'unité, on peut revenir à la page d'ouverture et s'assurer que le contrat d'apprentissage a été rempli.

C. 2 | Mode d'emploi pour les leçons d'apprentissage

| 2.1. Dans le Guide pédagogique, une frise présente au début de chaque leçon suggère un découpage du travail de la leçon avec une indication de minutage ; nous rappelons que ce minutage n'est donné qu'à titre indicatif pour un travail « tout en classe » (*cf.* A.3 Souplesse pédagogique et hybridation du cours).

Group header				
ÉPELER ET COMPTER ⏱ 1 h 45				
Savoir-faire / savoir agir : épeler · communiquer en classe · demander poliment				
L'alphabet			Les nombres de 0 à 99	
10'	15'	10'	10'	15'
Vocabulaire 🔊 014	Act. 1 🔊 010	Culture(s)	Vocabulaire 🔊 013	Act. 2 🔊 011
· comprendre et dire les	· associer les différentes	· écrire en « attaché »	· comprendre et dire les	· associer les nombres

| 2.2. Pour chaque activité sont proposés :

• des modalités de travail tenant compte des différents publics (mono culturels ou pluri culturels) et des contextes d'enseignement (présence ou non d'équipements) ;

• des suggestions de techniques d'animation de classe, des astuces, signalées par 💡 ;

• des suggestions de gestion du tableau 📋 ;

• des suggestions pour aider les apprenants à structurer leurs réponses ;

Consignes et questions	Infinitifs	Traductions
Ouvrez	ouvrir	
Fermez	fermer	
Écoutez	écouter	

• des rubriques d'informations culturelles pour le professeur ;

Culture(s) +
■ **La Francophonie** est l'ensemble des

• un renvoi aux pages de renforcement *S'entraîner* ;

S'entraîner   pages

• les transcriptions des documents audio et des tutos de phonétique ;

Transcription 🔊 006
1. une chaise · 2. une table · 3. un tableau

Transcription ▶ 03
Bonjour ! Je m'appelle Jean-Thierry Le Bougne

• les corrigés des activités avec des suggestions d'énoncés modèles structurant les réponses et des productions « attendues » pour les activités de production orale et écrite.

Corrigé
3 mercredi : c. (Mercure) ; lundi : a. (la Lur
f. (Saturne) ; mardi : b. (Mars) ; vendredi : e. (
d. (Jupiter)

| 2.3. À la fin de chaque leçon, sont proposées :

• une rubrique *Prolongement de la leçon* faisant des renvois aux activités du Parcours digital® auxquelles les apprenants ont accès librement ainsi qu'aux pages du Cahier d'activités ;

Prolongement de la leçon
› Entraînement linguistique
■ Demander aux apprenants de relire la

• une rubrique intitulée *Classe inversée* donnant des suggestions de tâches à faire en amont du travail de la leçon suivante afin de faciliter les activités.

Classe inversée
Avant la leçon 3
Le professeur peut demander aux appren

PREMIER COURS

Le premier cours est important pour instaurer un bon état d'esprit dans la classe, une confiance mutuelle entre l'enseignant et les apprenants et pour échanger sur la collaboration commune. Les étapes suivantes sont incontournables :

- la **prise de contact** pour briser la glace et donner le ton ;
- la **découverte de l'outil d'apprentissage** pour impliquer l'apprenant dans son apprentissage ;

Préalablement à tout travail, on ne rappellera jamais assez l'importance de la disposition des tables dans un cours de langue. Le cours de langue n'est pas un cours magistral et il est évident que la disposition « scolaire » des tables les unes derrière les autres face au tableau n'est pas optimale. Une des meilleures configurations semble être de former un grand U avec la possibilité de déplacer les chaises voire les tables pour former des groupes lorsque cela est nécessaire.

D.1 | Prise de contact

Que les membres du groupe se connaissent ou non, ils sont réunis pour la première fois dans la classe de français d'où l'importance d'une prise de contact avec la langue qu'ils vont étudier. Ces premières prises de parole ont pour finalité de désinhiber les plus timides et d'habituer les apprenants à s'entendre produire des phonèmes nouveaux. Même courte, cette première production orale est importante. Voici quelques suggestions de première activité :

- l'enseignant dit et écrit au tableau : « Bonjour, je m'appelle… » et invite tous les apprenants à donner leur prénom ;
- l'enseignant peut proposer une carte mentale autour des mots *France / Langue française* : il écrit au tableau les mots *France* et *Langue française* et demande aux apprenants de citer des mots français qu'ils connaissent en lien avec ces deux mots ; le professeur les écrit au tableau en étoile autour des mots centraux : *merci ; tour Eiffel ; Paris ; difficile.*

D.2 | Découverte du Livre de l'élève *Inspire 1*

L'objectif de cette phase de découverte est que les apprenants prennent en main l'outil avec lequel ils vont travailler.

Voici une suggestion très simple à mettre en place :
Mettre les apprenants en petits groupes, leur demander de feuilleter le livre et les laisser réagir à leur guise entre eux : en langue maternelle, en langue commune, par gestes. Ils peuvent s'ils le souhaitent chercher des mots dans leur dictionnaire.
Pendant ce temps, le professeur peut écrire quelques questions au tableau pour sensibiliser la classe à la structure du livre :

- Combien d'unités ?
- Quelles couleurs ?
- Combien de leçons ?

Mettre en commun les réponses.
Une fois la prise de contact et la découverte de la méthode faites, l'enseignant peut commencer le travail proposé par *Inspire 1* en demandant aux apprenants d'ouvrir leur livre à la page 13.

Découvrez !

UNITÉ

1

> Livre de l'élève p. 13-20

Page d'ouverture
page 13

 5 min **En classe entière** Suivre la démarche proposée en introduction (C.1.1), page 23.

Il faut également expliquer aux apprenants que cette unité 1 est plus courte que les autres car elle est destinée à les faire entrer dans la méthode et à leur donner immédiatement :

– des outils permettant la communication entre apprenants pour saluer, se présenter, prendre congé ;

– des expressions pour communiquer en classe, pour comprendre quelques consignes et poser des questions ;

– du vocabulaire pour aider au travail de compréhension, avec l'apprentissage de l'alphabet et des nombres.

Corrigés

Exemples de production :

> C'est l'unité 1. Elle est jaune-orangé.

> Elle s'appelle *Découvrez !*

> La photo illustre l'objectif « saluer ».

> Sur la photo, il y a deux hommes. Ils se disent bonjour.

> Les objectifs sont : saluer, épeler et compter, communiquer en classe, parler de la France et la francophonie.

> Les points langagiers sont : les salutations, les objets de la classe, l'alphabet, les nombres de 0 à 99 et les jours de la semaine.

> Dans la vidéo ▶ 01, on découvre différentes manières de se saluer en France et au Japon.

> Le site TV5Monde Enseigner le français propose des fiches pédagogiques d'exploitation de cette vidéo : https://enseigner.tv5monde.com/fiches-pedagogiques-fle/inspire

LEÇON 1 **Saluer**
pages 14-15

SALUER 1h					
Savoir-faire / savoir agir : identifier le français oral · saluer et prendre congé (1) · se présenter (1)					
Le français	**Les salutations**			**Les présentations**	**Les objets de la classe**
10'	20'		15'	5'	10'
Act. 1 🎧 002	Act. 2 🎧 003-004	Culture(s)	Phonétique 🎧 009 ▶ 03	Act. 3 🎧 005 ▶ 02 💬	Act. 4 🎧 006 💬
· repérer les prises de parole en langue française	· différencier les expressions pour saluer et prendre congé	· faire la différence entre *tu* et *vous*	· l'intonation pour poser une question et répondre	· dire bonjour et donner / demander le prénom	· nommer et demander de nommer les objets de la classe

Le français

Activité 1 002 10 min

→ **Repérer les prises de parole en langue française**

Compréhension orale

En classe entière a. Expliquer aux apprenants qu'ils vont écouter sept personnes se présenter et qu'ils doivent reconnaître celle(s) qui parle(nt) français, puis identifier les autres langues. Les langues choisies étant toutes des langues romanes, certains élèves remarqueront peut-être des similitudes entre les mots. Faire une grille de compréhension **au tableau** et demander aux apprenants de la recopier. Faire écouter et remplir la grille : les apprenants doivent écrire « français » dans la première colonne lorsqu'ils pensent reconnaître la langue française.

	Langue parlée	Phrases en français
1		
2		
3		
4		
5		
6		
7		

En petit groupe Demander aux apprenants de comparer leurs réponses.

En classe entière Mettre les réponses en commun.

 Sur les deux phrases dites en français (phrases 3 et 6 de l'enregistrement) on peut proposer une activité consistant à repérer chaque mot qui constitue la chaîne de la phrase et à essayer de l'écrire. Cette activité ludique peut servir de sensibilisation à la phonie-graphie, à l'intonation et au découpage de la phrase afin de parvenir au sens (qui ne pose pas de problème ici puisque toutes les phrases disent la même chose).

Exemple pour la phrase 3 : le professeur représente par des traits au tableau le nombre de mots constituant la phrase : _ ! _ _ _ , _ _ ? _ _ ! et il indique aux apprenants qu'ils vont réécouter la phrase et essayer de noter le ou les mot(s) qu'ils comprennent. À la suite de l'écoute, demander à un apprenant de venir écrire le ou les mots qu'il a identifié(s). Le professeur corrige l'orthographe si besoin. Un autre apprenant vient compléter la phrase avec un autre mot, etc. jusqu'à ce que la phrase soit reconstituée. Procéder de même pour la phrase 6. Les apprenants recopient les deux phrases dans la grille.

En petit groupe b. Reprendre la grille, faire réécouter et compléter avec le nom des langues parlées. Mettre en commun.

Transcription 002

1. *Bom dia, chamo-me Lucinda, e você?*
2. *¡Hola! Me llamo Juan. ¿Y tú? Adiós, hasta pronto.*
3. Bonjour ! Je m'appelle Isabelle, et vous ? Au revoir !
4. *Buongiorno, mi chiamo Alessandra. E lei? Arrivederci!*
5. *Bună ziua, mă cheamă Maria. Pe tine cum te cheamă?*
6. Bonjour, je m'appelle René. Comment tu t'appelles ?
7. *Bon dia! Em dic Jean-François. i voste? Fins aviat!*

Corrigé

1 a.	Langue parlée	Phrases en français
1	portugais	
2	espagnol	
3	français	Bonjour ! Je m'appelle Isabelle, et vous ? Au revoir !
4	italien	
5	roumain	
6	français	Bonjour, je m'appelle René. Comment tu t'appelles ?
7	catalan	

Les salutations

Activité 2 003-004 15 min

→ **Différencier des expressions pour saluer et prendre congé (situations formelles et informelles)**

Sensibilisation

En classe entière a. Demander de regarder les photos et d'identifier les situations ; à ce stade de l'apprentissage, on peut laisser les apprenants s'exprimer en langue maternelle ou langue commune. Il s'agit de faire observer que les situations b, c, d sont informelles – les personnes sont des amis – et que la situation a est formelle – les personnes sont des collègues. Pour cela, attirer l'attention sur les vêtements et les gestes. Faire remarquer aussi que dans les situations a, b et c, les personnes semblent se dire bonjour alors que dans la situation d, elles se disent au revoir.

– Faire lire le point **Culture(s)** de la page 14 sur l'utilisation de *tu* et *vous* pour s'adresser à une personne. **Demander à un apprenant d'expliquer à la classe ce qu'il a compris (en langue maternelle ou commune).** Le professeur peut, à la fin, l'exprimer simplement en français : « Avec des amis, on utilise *tu, et toi* ? Au travail, on utilise *vous, et vous* ? »

Compréhension globale et finalisée

b. et c. – Écrire au tableau ou projeter les quatre micro-dialogues, les faire écouter et demander de faire les appariements demandés. Mettre en commun en demandant de justifier les réponses grâce aux hypothèses faites dans la phase a de sensibilisation.

– Demander aux apprenants de lister les expressions que l'on utilise pour se saluer et celles qu'on utilise quand on prend congé en essayant de regrouper les expressions qui ont la même fonction. Faire une grille au tableau que les apprenants recopient. Dans cette phase d'accès au sens, le professeur expliquera la différence entre *bonjour* et *bonsoir* : ces deux mots s'utilisent lorsqu'on arrive quelque part mais *bonjour* s'utilise du matin jusqu'à ce que la nuit tombe, donc à 17 heures / 18 heures, et ensuite, on utilise *bonsoir*. *Au revoir* s'utilise lorsque l'on quitte un endroit. *Salut* s'utilise quand on arrive ou quand on part.

Pour saluer (dialogues 1, 2, 3)	Bonsoir / Salut / Bonjour Tu vas bien ? Vous allez bien ? Ça va ?
Pour se quitter / prendre congé (dialogue 4)	Au revoir / Salut

Conceptualisation

Le travail de conceptualisation a pour objectif de différencier les expressions familières des expressions plus formelles et de compléter les informations données dans l'encadré **Culture(s)** de la page 14. Pour cela, demander aux apprenants de surligner d'une couleur (en rouge ci-dessous) les expressions qui sont utilisées dans des situations formelles, d'une autre couleur (en bleu ci-dessous) les situations informelles, familières. Les autres peuvent être utilisées dans toutes les situations.

Pour saluer (dialogues 1, 2, 3)	Bonsoir / Salut / Bonjour Tu vas bien ? Vous allez bien ? Ça va ?
Pour se quitter / prendre congé (dialogue 4)	Au revoir / Salut

Transcription  003-004

Voir manuel page 14.
1. – Bonsoir ! Tu vas bien ?
   – Oui, et toi ?
2. – Salut ! Ça va ?
   – Ça va ! Et toi ?
3. – Bonjour, vous allez bien ?
   – Oui, très bien ! Et vous ?
4. – Au revoir !
   – Salut !

Corrigé

2 c. 1-c ; 2-b ; 3-a ; 4-d

Phonétique  009 ▶ 03 ⏱15 min

▶ **L'intonation pour poser une question et répondre**

En classe entière Faire regarder une ou deux fois le tutoriel vidéo sur l'intonation.

– Faire lire l'encadré de la page 15 et faire faire l'activité de la piste 🎧 009 individuellement avec la grille suivante, puis mettre en commun.

	a	b	c	d	e	f	g	h
↑								
↓								

 À deux Faire relire les dialogues de l'activité 2 en insistant sur l'intonation.

Transcription 009

a. Ça va ? ; b. Et toi ? ; c. Ça va. ; d. Tu vas bien ? ; e. Oui. ; f. Merci. ; g. Pardon ? ; h. C'est une table.

Transcription 03

Bonjour ! Je m'appelle Jean-Thierry Le Bougnec. Nous allons travailler la phonétique ensemble. Aujourd'hui : l'intonation.

Pour poser une question, la voix monte.	Pour répondre, la voix descend.
Ça va ?	Ça va.
Tu vas bien ?	Merci.
Pardon ?	Oui.
Et toi ?	À vous ! Répétez !
	Ça va ? Tu vas bien ?
	Ça va. Merci. Et toi ?

Bravo ! Au revoir !

Corrigé

Phonétique

	a	b	c	d	e	f	g	h
↑	×	×		×			×	
↓			×		×	×		×

Les présentations

Activité 3 005 02   5 min

→ **Dire bonjour et donner / demander le prénom**

Production orale

En groupe Montrer la vidéo ou faire écouter l'audio et faire lire à haute voix les paroles d'Aïcha écrites dans la bulle. Demander aux membres de chaque groupe de saluer les autres en ajoutant les mots vus précédemment, puis de se présenter. Ils doivent alterner des échanges informels (Ex. : « Salut, tu vas bien ? Je m'appelle Isabel, et toi ? ») des échanges formels (Ex. : « Bonsoir, vous allez bien ? Je m'appelle Isabel, et vous ? »).

Transcription 002

Bonjour, je m'appelle Aïcha. Et vous ?

Corrigé

3 Productions libres.

Les objets de la classe

Corrigés

Activité 4 006   10 min

Vocabulaire

▶ **Les objets de la classe**

En classe entière a. Faire observer les dix objets de la classe afin de les identifier. Faire écouter de façon séquentielle chaque mot et le faire répéter par la classe entière en chœur, puis par un ou deux apprenants.

– L'enseignant peut commencer à sensibiliser les apprenants au genre des mots : faire entourer les articles et indiquer le genre des mots. Certains apprenants curieux voudront peut-être connaître le nom d'autres objets de la classe ; au professeur de voir combien de temps il veut consacrer à l'activité.

Production orale

→ **Nommer et demander de nommer les objets de la classe**

À deux b. Il s'agit d'une activité orale consistant à entraîner les apprenants à poser la question *Qu'est-ce que c'est ?* de façon quasi automatique et à y répondre avec la structure *C'est un...* ou *C'est une...*. Faire comprendre et répéter l'exemple, puis laisser les binômes s'entraîner.

Transcription 006

1. une chaise ; 2. une table ; 3. un tableau ; 4. un ordinateur ; 5. une tablette ; 6. un smartphone ; 7. un cahier ; 8. un livre ; 9. un stylo ; 10. un crayon

4 a. Voir la transcription.

4 b. Productions libres.

Prolongement de la leçon

❯ **Entraînement linguistique**

■ Demander aux apprenants de relire la double page et de réécouter les documents travaillés.

❯ **Évaluation formative**

■ Les activités du **Cahier d'activités** correspondant à la leçon sont aux pages 4-5.

■ Les activités du **Parcours digital®**.

Classe inversée

Avant la leçon 2

Le professeur peut demander aux apprenants :

– d'écouter la piste 🎧 013 et de regarder l'encadré Vocabulaire page 17 *Les nombres de 0 à 99* pour faciliter le travail de l'activité 2 ;

– d'écouter la piste 🎧 014 et de regarder l'encadré Vocabulaire page 17 *L'alphabet* pour faciliter le travail de l'activité 1.

LEÇON 2 Épeler et compter

pages 16-17

ÉPELER ET COMPTER ⏱ 1 h 45				
Savoir-faire / savoir agir : épeler · communiquer en classe · demander poliment				
L'alphabet			**Les nombres de 0 à 99**	
10'	15'	10'	10'	15'
Vocabulaire 🎧 014 💬	Act. 1 🎧 010 📖	Culture(s)	Vocabulaire 🎧 013 💬	Act. 2 🎧 011
· comprendre et dire les lettres de l'alphabet	· associer les différentes écritures des lettres à leur prononciation et les épeler	· écrire en « attaché »	· comprendre et dire les nombres de 0 à 99	· associer les nombres écrits à leur prononciation
Les jours de la semaine			**Communiquer en classe**	
5'	10'	10'	5'	15'
Vocabulaire 🎧 015 💬	Act. 3 📖	Culture(s) 💬	Act. 4	Act. 5 🎧 012 💬
· comprendre et dire les jours de la semaine	· repérer l'étymologie des noms des jours de la semaine	· échanger sur l'origine des noms des jours de la semaine	· comprendre des consignes de classe	· demander de traduire, de nommer un objet, d'épeler

L'alphabet

Vocabulaire  014 ⏱10 min

▶ **L'alphabet**

→ **Comprendre et dire les lettres de l'alphabet**

En classe entière Faire écouter une fois en entier l'encadré *L'alphabet* de la page 17 et une seconde fois en séquentiel en faisant répéter chaque lettre.

Un second encadré *L'alphabet* (026 ▶ 07) accompagné d'un tutoriel de l'auteur Jean-Thierry présenté en page 25 complétera celui-ci ; il précisera notamment comment épeler les lettres avec accent (ex. : « *e* accent aigu » et les symboles présents dans les e-mails »). S'il souhaite aborder la prononciation de façon plus approfondie, le professeur pourra demander aux apprenants de se référer au Précis de phonétique page 119, partie *L'alphabet*, *l'e-mail*.

Activité 1 010 15 min

→ **Associer les différentes écritures des lettres à leur prononciation et épeler**

Compréhension orale

Seul puis **En classe entière a.** Toutes les lettres sont enregistrées mais dans le désordre. Pour savoir si l'apprenant reconnaît bien la lettre prononcée au bon moment, on peut lui demander d'entourer la lettre et d'indiquer un numéro d'ordre. On peut aussi lui demander d'écrire sur une feuille les lettres au fur et à mesure qu'elles sont entendues.

– Pour la correction, l'enseignant reproduit l'alphabet au tableau et, lors d'une seconde écoute séquentielle, lettre par lettre, il entoure la lettre entendue et demande à la classe de répéter.

En petit groupe b. Faire épeler les prénoms, voire les noms, de chaque membre de la classe. En amont, l'enseignant aura vérifié si les prénoms ou les noms à épeler contiennent des voyelles avec accent ou des doubles consonnes ou tout autre signe orthographique. Dans ce cas, il écrit **au tableau** les énoncés corrects.

   e accent aigu

    e accent grave

    deux p

    u tréma

Transcription 010

R – S – L – M – N – P – B – T – D – A – H – K – C – J – X – J –
G – O – F – V – W – E – U – Q – Z

Corrigés

1 a. Voir transcription.
1 b. Productions libres.

Culture(s) 10 min

→ **Écrire en « attaché »**

En classe entière Faire lire l'encadré de la page 16. Expliquer en langue maternelle ou commune ce point très important car, souvent, certains étudiants n'ayant pas les mêmes habitudes ou ayant une langue maternelle n'utilisant pas cet alphabet ont beaucoup de difficultés à comprendre ce qu'écrit l'enseignant au tableau.

Il est fondamental que, dans les premiers temps de l'apprentissage, l'enseignant soigne son écriture lorsqu'il écrit au tableau afin que les apprenants puissent bien déchiffrer et donc bien recopier.

– On peut faire également remarquer la troisième écriture utilisée dans le livre : « le script ». Écrire un mot **au tableau** dans les trois écritures.

 AIMER / aimer / *aimer*

💡 Dans certains cas, il n'est pas inutile de faire faire des lignes d'écriture aux apprenants en donnant un mot en majuscules à transformer en script et en attaché, ou inversement.

Les nombres de 0 à 99

Vocabulaire 013 10 min

▶ **Les nombres de 0 à 99**

→ **Comprendre et dire les nombres**

En classe entière Faire écouter l'encadré *Les nombres de 0 à 99* de la page 17 de façon séquentielle en faisant répéter : de 0 à 9 ; de 10 à 19 ; de 20 à 22 en faisant deviner la suite pour montrer le système ; de 30 à 31 en faisant deviner la suite ; jusqu'à 69. Puis de 70 à 71 en faisant deviner la suite pour montrer le système ; de 80 à 81 en faisant deviner la suite ; enfin de 90 à 91 en faisant deviner la suite.

– Faire surligner sur le livre, écrire au tableau et faire écrire sur le cahier les points systémiques. Expliquer que l'on met un tiret entre chaque nombre sauf lorsqu'il y a « et ».

 21 : vingt et un

    31 : trente et un

    41 : quarante et un

    51 : cinquante et un

    61 : soixante et un

    71 : soixante et onze

    81 : quatre-vingt-un

    91 : quatre-vingt-onze

Activité 2

→ Associer les nombres écrits à leur prononciation

Compréhension orale

Cette activité de repérage oral des nombres peut être difficile si les apprenants n'ont pas mémorisé la prononciation des nombres. Il est souhaitable de leur demander d'écouter la piste 013 en amont de la leçon en dehors de la classe.

En petit groupe Faire identifier les deux cartes : il s'agit de cartes utilisées dans un jeu appelé « le Loto ». Faire des groupes avec un nombre pair de personnes. Chaque apprenant du groupe choisit une des deux cartes et lit à haute voix les nombres qui y sont inscrits. Ils vont remarquer que les nombres ne sont pas ordonnés par dizaine et que le même nombre peut apparaître deux fois.

– Faire écouter la suite de nombres une ou deux fois et demander d'entourer le nombre entendu. Les membres du groupe ayant la même carte comparent leurs réponses.

En classe entière Pour la correction, l'enseignant écrit la suite de nombres au tableau et chaque membre corrige sa carte.

 Si le professeur possède un jeu de Loto, il peut y faire jouer les apprenants (*cf.* règle de jeu ci-contre). On peut former des binômes : un binôme « animateur » tire les jetons d'un sac et énonce les nombres ; les autres binômes reçoivent une carte. Quand un binôme reconnaît le nombre énoncé, il doit crier « Moi ! » ou « J'ai ! ». Un des animateurs va vérifier le nombre et lui donne le jeton. Si le binôme s'est trompé, l'animateur remet le jeton dans son sac. Il est bien sûr préférable qu'il y ait des numéros identiques sur les cartes pour que la rapidité de compréhension et de reconnaissance soit un enjeu. Ces parties de Loto provoquent souvent des moments animés.

Transcription 011

71 – 80 – 16 – 87 – 93 – 31 – 47 – 19

Corrigé

2 Carte rouge : 71 ; 80 ; 16 ; 93 ; 31 ; 19
Carte verte : 80 ; 87 ; 47 ; 19 ; 19

Culture(s) +

■ **Le jeu de Loto** est un jeu de société de hasard joué principalement en famille ; parfois, des villes ou des associations organisent des soirées Loto dans de grandes salles. Les règles sont simples : chaque participant possède une ou plusieurs cartes avec 15 nombres. L'animateur du jeu tire aléatoirement un jeton numéroté, l'annonce à voix haute et le premier participant à reconnaître que le numéro annoncé est présent sur sa carte l'obtient et le place sur le numéro de sa carte. Le premier à compléter sa ou ses carte(s) gagne la partie.

 Outre le jeu de Loto, de nombreuses activités ludiques existent pour faire mémoriser les nombres. En voici deux :

En classe entière

La numération collective : Il s'agit de compter ensemble de 1 à X. À tour de rôle, chaque membre du groupe donne un nombre, soit suivant l'emplacement dans la classe soit suivant la désignation aléatoire du professeur. Quand quelqu'un ne peut pas répondre, il est éliminé du jeu. Le gagnant est celui qui reste en dernier. Les réponses doivent être données dans un temps très court (2 à 3 secondes). Le professeur change les règles en cours d'activité : il peut demander de compter à rebours (10, 9, 8...), de 2 en 2 avec les nombres pairs ou impairs (2, 4, 6...), de 10 en 10...

Jeu de devinettes : Un apprenant écrit un nombre sur un papier – par exemple 71 – et le cache. Les autres, à tour de rôle, proposent un nombre. À chaque proposition, le premier dit « plus » – par exemple si la proposition est 36 – ou « moins » – par exemple si la proposition est 87. Ce jeu oblige chaque apprenant à bien écouter et à comprendre toutes les propositions.

Les jours de la semaine

Communiquer en classe

Vocabulaire

 015 ⏱ 5 min

Les jours de la semaine

En classe entière Faire lire silencieusement l'encadré Vocabulaire de la page 17 *Les jours de la semaine*, puis le faire écouter et répéter.

Activité 3 ⏱ 10 min

→ **Repérer l'étymologie des noms des jours de la semaine**

À deux Faire faire l'activité d'appariement qui se fera intuitivement en relevant les similitudes entre les mots.
En classe entière Corriger l'activité.

Culture(s) +

■ **Les noms des jours de la semaine** ont été donnés par les Romains dans l'Antiquité grâce aux sept astres qu'ils connaissaient. On peut préciser que la syllabe finale *-di* vient du latin *dies* qui signifie « jour ». Donc, lundi = jour de la Lune...
À noter que deux noms ont été modifiés en français sous l'influence du christianisme : *samedi* vient de la fête du Shabbath et *dimanche*, à l'origine « jour du soleil », est devenu « jour de Dieu (du Seigneur) » (*dies dominicus*). Les pays anglo-saxons ont conservé les mots d'origine : *saturday* et *sunday*.

Corrigé

3 mercredi : c. (Mercure) ; lundi : a. (la Lune) ; samedi : f. (Saturne) ; mardi : b. (Mars) ; vendredi : e. (Vénus) ; jeudi : d. (Jupiter)

Culture(s)

L'origine du nom des jours de la semaine

Production orale ⏱ 10 min
À deux ou **En groupe** Pour répondre à la question de l'encadré, conserver les binômes si les étudiants ont tous la même langue maternelle. En cas de classe plurilingue, regrouper les apprenants par langue et leur demander de réfléchir à la question (en langue maternelle ou commune).

– Chaque groupe présentera simplement comment sont formés les noms des jours de la semaine dans sa langue.

Depuis le début de l'unité 1, les apprenants sont confrontés à des consignes dont ils ont compris intuitivement le sens (notamment pour celles dont le sens est matérialisé graphiquement comme « entourez ») ou que le professeur a expliquées au fur et à mesure des activités. Cependant, il est bon de faire une activité formelle en début d'apprentissage, ce qui aidera à la capitalisation de lexique. À ce stade de l'apprentissage, les apprenants n'ont vu que la forme de l'impératif et il est bien sûr inutile de s'y attarder, mais l'on peut déjà associer ces formes à l'infinitif du verbe. L'enseignant, si besoin, expliquera la notion d'infinitif en fonction de la langue maternelle des apprenants ou tout simplement en disant que c'est la forme du verbe que l'on trouve dans un dictionnaire.

Activité 4 ⏱ 5 min

Vocabulaire

→ **Comprendre les consignes de classe**

À deux Demander aux binômes constitués de faire l'activité.
En classe entière Mettre en commun.

Corrigé

4 a-4 ; b-3 ; c-2 ; d-5 ; e-1

 Demander aux apprenants de prendre une feuille et de reproduire la grille suivante que l'enseignant écrit au tableau. La forme infinitive peut être proposée par un apprenant, devinée par le groupe ou donnée par l'enseignant. Ce travail commencera à sensibiliser les apprenants aux différents infinitifs et les aidera à comprendre les conjugaisons. Indiquer que ce tableau devra être régulièrement actualisé. On peut en afficher un exemplaire sur un mur de la classe et chaque apprenant pourra y ajouter des formes.

Consignes et questions	Infinitifs	Traductions
Ouvrez	ouvrir	
Fermez	fermer	
Écoutez	écouter	
Vous comprenez ?	comprendre	
Travaillez	travailler	

À deux Demander aux binômes de reprendre le livre à partir de la page 14 et de compléter le tableau.

Consignes et questions	Infinitifs	Traductions
Ouvrez	ouvrir	
Fermez	fermer	
Écoutez	écouter	
Vous comprenez ?	comprendre	
Travaillez	travailler	
Vous connaissez	connaître	
Observez	observer	
Lisez	lire	
Associez	associer	
Regardez	regarder	
Répétez	répéter	
Montrez	montrer	
Interrogez	interroger	
Entourez	entourer	
Épelez	épeler	
Reliez	relier	

Activité 5 012   15 min

→ **Demander de traduire, de nommer un objet, d'épeler**

En classe entière **a.** Faire lire et écouter l'exemple et les micro-dialogues 1 et 2. Puis s'assurer de leur compréhension.

– Faire isoler la matrice de chaque dialogue :

Ex. : **A** – S'il vous plaît, comment on dit « *(mot en langue étrangère)* » en français ?

B – *(traduction du mot en français)*

Dialogue 1 : **A** – Qu'est-ce que c'est « *(nom d'un objet)* » ?

B – C'est *(l'apprenant montre l'objet ou le dessine)*.

A – D'accord !

Dialogue 2 : **A** – Comment ça s'écrit « *(mot choisi par l'apprenant)* » ?

B – Ça s'écrit : *(l'apprenant épelle)*.

A – Merci !

Production orale

À deux **b.** Les binômes produisent les trois micro-dialogues puis inversent les rôles. Indiquer que l'on doit proposer des mots dont la traduction en français est connue. On peut travailler par exemple avec les noms des objets de la classe.

Ex. : – S'il vous plaît, comment on dit « computer » en français ?
   – Un ordinateur.
1. – Qu'est-ce que c'est « un stylo » ?
   – C'est...
   – D'accord !
2. – Comment ça s'écrit « livre » ?
   – Ça s'écrit : L – I – V – R – E.
   – Merci !

Corrigé

5 Productions libres.

Prolongement de la leçon

› **Entraînement linguistique**
■ Demander aux apprenants de relire la double page et de réécouter les documents travaillés.

› **Évaluation formative**
■ Les activités du **Cahier d'activités** correspondant à la leçon sont aux pages 6-7.

■ Les activités du **Parcours digital®**.

Classe inversée

Avant la leçon 3

Le professeur peut demander aux apprenants :

– de regarder les photos de l'activité 1 et de chercher sur Internet ou à la bibliothèque le nom de chaque symbole ; cela facilitera les échanges en classe ;

– de choisir trois symboles de leur pays pour préparer l'activité 2 et de prévoir une feuille de papier sur laquelle ils indiqueront le nom de leur pays et colleront les trois photos choisies et légendées ;

– de regarder attentivement la carte de la page 19.

LEÇON 3 Parler de la France et de la francophonie

PARLER DE LA FRANCE ET DE LA FRANCOPHONIE 1 h 50				
La France			La francophonie	
30'	10'	30'	30'	10'
Act. 1	Act. 2	Act. 3	Act. 4	Culture(s)
· reconnaître, nommer et expliquer des symboles de la France	· choisir et présenter les symboles d'un pays		commenter la carte de la francophonie et nommer les pays de la francophonie	· parler de la langue française dans le monde

La double page de cette leçon a un objectif essentiellement culturel et vise à développer la production orale. Le recours à la langue maternelle ou à la langue commune pourra être nécessaire si on ne veut pas générer de frustration.

Pour cette leçon, l'enseignant peut sélectionner les activités qu'il souhaite faire en fonction du temps de classe dont il dispose.

La France

Activité 1 30 min

→ **Reconnaître, nommer et expliquer des symboles de la France**

Production orale

À deux a. Demander aux binômes de faire l'activité en mettant une croix sur la photo où ils identifient un élément représentatif de la France et en échangeant librement.

Les élèves qui auront recherché le nom des symboles représentés sur les photos avant de venir en classe pourront aider leurs camarades qui ne sauront certainement pas dire ce qu'ils voient sur les photos. Le professeur peut aussi écrire **au tableau** la grille suivante pendant le travail en binômes :

	Je connais	Classement
Le tour de France		
Le mont Saint-Michel		
Le tournoi de tennis de Roland-Garros		
Les macarons		
Notre-Dame de Paris		
« La Liberté guidant le peuple »		
Des fromages		

Le coq		
Le drapeau bleu blanc rouge		
La tour Eiffel		
La lavande		
Les madeleines		

En classe entière Le professeur invite les apprenants à regarder le tableau et nomme les différentes photos. Il demande aux apprenants s'ils connaissent l'élément représenté et il note dans la colonne « Je connais » le nombre d'apprenants qui lèvent la main. Procéder de même pour toutes les photos. À la fin, on peut classer les photos de la plus connue à la moins connue.

– On peut laisser les apprenants échanger en langue maternelle ou en langue commune sur les photos et demander des informations à l'enseignant.

En petit groupe b. Demander de choisir leurs trois symboles préférés de la France. Un des membres est désigné comme rapporteur du groupe pour dire quel choix a été fait.

En classe entière Les rapporteurs se lèvent chacun leur tour pour exprimer le choix du groupe. Chaque fois qu'un symbole est cité, le professeur dessine un bâton face au symbole nommé. Les trois symboles de la classe seront ceux qui auront recueilli le plus de voix. Les trois symboles préférés seront entourés.

Par exemple :

	Je connais	Classement
Le tour de France	✓	⟮‖‖‖‖⟯
Le mont Saint-Michel		
Le tournoi de tennis de Roland-Garros	✓	‖‖
Les macarons	✓	‖‖‖

Culture(s) +

■ **Le tour de France** est une course cycliste masculine qui se déroule chaque année aux mois de juillet-août sur 21 étapes en France (certaines étapes peuvent avoir lieu à l'étranger). Les meilleurs coureurs du monde s'affrontent sur une distance totale d'environ 3500 kilomètres. L'arrivée est sur les Champs-Élysées, à Paris.

■ **Le mont Saint-Michel** est l'un des sites touristiques les plus visités de France. Situé en Normandie, ce petit village perché sur un rocher est dominé par l'abbaye du Mont-Saint-Michel.

■ **Roland-Garros** : Roland Garros est un aviateur français du XIXe siècle. C'est dans le stade qui porte son nom qu'un tournoi de tennis international a lieu chaque année, à Paris. Il fait partie des quatre tournois du Grand Chelem avec Wimbledon, l'US Open et l'Open d'Australie.

■ **Les macarons et les madeleines** sont des petits gâteaux français connus dans le monde entier.

■ **Notre-Dame de Paris** est la célèbre cathédrale de Paris située sur l'île de la Cité, dont la construction a commencé en 1163 et a duré environ un siècle. Elle a été victime d'un incendie le 15 avril 2019. C'est le titre d'un roman de Victor Hugo paru en 1831.

■ ***La Liberté guidant le peuple*** est un tableau d'Eugène Delacroix (peintre du XIXe siècle) représentant la révolution de 1830.

■ **Des fromages** : souvent appelée « pays aux 300 fromages », la France est renommée pour sa variété de fromages.

■ **Le coq et le drapeau bleu blanc rouge** sont deux symboles de la République française. Autrefois symbole de la Gaule et des Gaulois, c'est à partir de la Renaissance que le coq a personnifié la nation française. Né trois jours après la prise de la Bastille, en juillet 1789, le drapeau associe les deux couleurs de la ville de Paris, le bleu et le rouge, à la couleur de la monarchie, le blanc.

■ **La tour Eiffel** est un monument parisien, construit en 1890 par Gustave Eiffel, symbolisant la France dans le monde entier.

■ **La lavande** est une fleur du sud de la France connue pour son parfum.

Activités 2 et 3   40 min

→ **Choisir et présenter les symboles d'un pays**

Production orale

En petit groupe Les groupes préparent une affichette : ils écrivent sur une feuille le nom de leur pays en titre et ils collent trois photos symbolisant leur pays qu'ils légendent en écrivant le nom de ce symbole. Faire faire l'activité. Le professeur circule parmi les groupes. **Si les apprenants sont de diverses nationalités**, ils seront regroupés selon leur nationalité. Si la classe a une nationalité commune, les groupes seront constitués aléatoirement. Les apprenants

disposant de peu de moyens linguistiques en français, le professeur autorisera donc le recours à la langue maternelle ou à la langue commune. En revanche, la présentation à la classe se fera en français suivant la matrice donnée par le professeur et écrite au tableau :

Exemple pour l'Espagne : « Les trois symboles de mon/notre pays sont : le club Atlético de Madrid, un club de football ; la Sagrada Familia : un monument ; la paëlla, un plat.

Cette activité va obligatoirement générer du lexique nouveau qui devra être expliqué et préparé par les groupes.

En classe entière Chaque groupe fera sa présentation. Les affichettes seront ensuite punaisées au mur. Si la classe dispose d'un ordinateur et d'un écran, la présentation pourra être faite sur ordinateur, puis sera imprimée et affichée.

Corrigés

2 Productions libres.

3 Productions libres.

La francophonie

DOC. 1

Activité 4   30 min

Production orale

→ **Commenter la carte de la francophonie et nommer les pays de la francophonie**

En classe entière Faire observer la carte du monde et les différentes informations données : le sigle OIF, le logo, les légendes colorées. Laisser les apprenants réagir et poser des questions. On peut leur demander de citer les différents pays colorés sur la carte.

Culture(s) +

■ **La francophonie** est l'ensemble des personnes et des institutions qui utilisent le français comme langue maternelle, langue d'usage, langue administrative, langue d'enseignement ou langue choisie.

Ces pays sont regroupés dans l'Organisation internationale de la Francophonie (OIF). L'OIF compte 88 États membres.

La distinction entre les membres, les membres associés et les observateurs dépend de la place du français dans chaque pays et accorde plus ou moins de droits dans l'organisation de l'OIF.

Le logo de la francophonie représente cinq arcs de cercle de couleurs différentes symbolisant les cinq continents habités, comme le drapeau olympique : le bleu représente l'Europe, le jaune l'Asie, le rouge l'Amérique, le noir l'Afrique et le vert l'Océanie.

On peut évoquer l'étymologie du mot *francophonie* (de « franco » et du grec « phone » = celui qui parle français), proposer d'autres mots construits de la même manière et donner leur signification (*hispano-phone, sinophone, anglophone, arabophone...*).

En classe entière a. et b. Faire observer les neuf photos et les faire rapidement décrire en langue maternelle ou en langue commune.

À deux Faire faire l'activité d'appariement.

En classe entière Faire la correction de l'activité en montrant sur la carte où se trouvent les pays et les villes cités.

– On pourra aussi encourager les apprenants à échanger librement en langue maternelle ou en langue commune sur les pays représentés : les connaissent-ils ? Les ont-ils visités ? Ont-ils visité d'autres pays francophones ? ...

– Faire remarquer que les noms des pays et des continents sont précédés d'un article, sans entrer dans des explications (ce sera l'objet de la leçon 4).

On pourra aussi faire remarquer l'orthographe et la prononciation en français des noms de villes et de pays. Dans une classe composée de plusieurs nationalités, les apprenants pourront donner la traduction dans leur langue des pays mentionnés dans l'activité.

Corrigé

4 1 (Bruxelles) / la Belgique ; 2 (Dakar) / le Sénégal ; 3 (Paris) / la France ; 4 (Tunis) / la Tunisie ; 5 (Montréal) / le Canada ; 6 (Hanoï) / le Vietnam ; 7 (Beyrouth) / le Liban ; 8 (Lausanne) / la Suisse ; 9 (Bamako) / le Mali

Culture(s)

▶ Le français parlé dans le monde 10 min

Production orale

→ **Parler de la langue française dans le monde**

Lire l'encadré et permettre quelques réactions en langue maternelle ou en langue commune si nécessaire.

Prolongement de la leçon

› Entraînement linguistique
- Demander aux apprenants de relire la double page et les documents travaillés.

› Évaluation formative
- Les activités du **Cahier d'activités** correspondant à la leçon sont aux pages 8-9.
- Les activités du **Parcours digital®**.

Classe inversée

Avant la leçon 4

Le professeur peut demander aux apprenants de regarder la double page de la leçon 4 et de la comparer avec les leçons de l'unité 1.

Faites le point page 20

Cf. Introduction (C.1.4) page 24.

Évaluez-vous !

Corrigés

› CAHIER [c a h i ə ʀ]
› 15 ; 73 ; 13 ; 40 ; 63 ; 87 ; 93 ; 50
› Bonjour. / Salut. ; Bonsoir. / Salut.
› : Écoutez. ; : Travaillez par deux. ;
 : Ouvrez votre livre.
› un stylo ; un livre ; un cahier

Entrez en contact !

UNITÉ 2

> Livre de l'élève p. 21-32

) Page d'ouverture

page 21

En classe entière Suivre la démarche proposée en introduction (C.1.1), page 23.

Corrigés

Exemples de production :

> C'est l'unité 2. Elle est verte.
> Elle s'appelle *Entrez en contact !*
> Sur la photo, il y a une jeune femme au téléphone.
> Les objectifs sont : apprendre à se présenter, échanger des informations personnelles, préciser des informations.
> Les points de grammaire sont : les articles définis *le, la, l', les* ; l'adjectif interrogatif *quel/quelle* ; les adjectifs possessifs (1)

mon/ma, ton/ta, son/sa, votre ; les articles indéfinis *un, une, des* ; les verbes *être, s'appeler, habiter (à), parler, avoir* au présent.

> Dans la leçon 7, on crée une carte de visite et on fait le trombinoscope de la classe.
> Dans la vidéo ▶ 04, Nadine se présente.
> Le site TV5Monde Enseigner le français propose des fiches pédagogiques d'exploitation de cette vidéo : https://enseigner. tv5monde.com/fiches-pedagogiques-fle/inspire

) LEÇON 4 Se présenter

pages 22-23

		SE PRÉSENTER ⏱ 2 h 30								
		**Savoir-faire et savoir agir : saluer et prendre congé (2) • se présenter (2) : demander et dire son prénom, sa nationalité, son pays • dire sa profession**								
		DOC. 1			**DOC. 2**			**DOC. 3**		
COMPRENDRE	15'	15'	15'	10'	15'	10'	10'	5'	15'	15'
	Act. 1 🎧 016-017	Act. 2 Grammaire	Vocabulaire	Act. 3	Act. 4 📖 Grammaire	Phonétique 🎧 020 ▶ 05	Act. 5 💬	Act. 6a 📖	Grammaire	Act. 6b et 6c
	· saluer, dire son prénom et sa nationalité	· le mas- culin et le féminin des adjec- tifs de nationalité	· les natio- nalités	· dire sa natio- nalité	· le genre des noms de pays, les articles définis	· le rythme	· dire son prénom, sa natio- nalité et le nom de son pays	· saluer, dire son prénom, sa natio- nalité	· le verbe *s'appeler* et le verbe *être* au présent · les pronoms personnels sujets singuliers · le *vous* de politesse	· dire la nationalité et la pro- fession de quelqu'un
AGIR	25'	Act. 7 ✏️	· se présenter sur un réseau social							

La leçon 4 est la première leçon dont la structure va être récurrente, de l'unité 2 à l'unité 8. Il est donc important que les apprenants perçoivent comment elle est constituée afin de comprendre comment elles fonctionnent toutes. L'enseignant pourra y consacrer une dizaine de minutes en début de séance.

Éléments à mettre en évidence :

– les deux bandeaux *Comprendre* et *Agir*. Demander aux apprenants de faire des hypothèses sur le travail proposé dans ces deux parties. Il s'agit de travailler dans un premier temps (*Comprendre*) des documents de compréhension orale ou écrite afin d'accéder au sens et de décrypter le fonctionnement de la langue grâce à des activités d'accès au sens et de conceptualisation. Ces activités de compréhension et de conceptualisation sont suivies de productions orales intermédiaires permettant une appropriation des formes linguistiques et des compétences interactionnelles. Dans un second temps (*Agir*), il s'agit de mettre en pratique, en action, les savoirs et savoir-faire étudiés :

– les encadrés de grammaire et de vocabulaire. Ils aident à synthétiser les éléments repérés dans les activités ;

– la présence d'un point phonétique accompagné d'un tutoriel vidéo. Ce point phonétique sera présent dans deux leçons de chaque unité.

COMPRENDRE

 DOC. 1 🎧 016-017

Activité 1 🎧 016-017 ⏱15 min

→ **Saluer, dire son prénom et sa nationalité**

Sensibilisation

En classe entière Faire observer le document 1 p. 22. Rappeler que ce sont les photos de neuf étudiants en langue française qui vont intervenir dans les différentes leçons de la méthode. Faire repérer le sexe des personnes (*il y a 5 femmes et 4 hommes*). Faire repérer le drapeau en haut à droite de chaque photo. Faire dire qu'il s'agit des drapeaux des pays des personnes. Ne pas demander quels sont les pays représentés par les drapeaux, ce sera l'objet de l'activité 4.

– Pour faciliter la compréhension du Document 1 (rapport phonie-graphie), lire les nationalités présentées sous les photos et les faire répéter.

Compréhension globale

Seul puis **En classe entière a.** Faire écouter le document ; en faire identifier le type et la situation de communication : il s'agit d'une visio-conférence dans laquelle les neuf étudiants se présentent : ils disent bonjour, donnent leur prénom et leur nationalité. L'objectif prioritaire étant de comprendre la situation, il est possible d'avoir recours à la langue maternelle ou à une langue commune. Laisser également les apprenants réagir aux accents des neuf personnes. Demander notamment quel est celui qu'ils comprennent le mieux et pourquoi.

Compréhension finalisée

Seul puis **À deux b.** Pour cette phase, anticiper sur le travail de conceptualisation du masculin et du féminin des adjectifs de nationalité et écrire la grille vierge ci-dessous **au tableau**. Demander aux apprenants de la recopier.

– Demander ensuite aux apprenants de compléter la grille avec les nationalités.

	Prénom	Nationalité	
		Homme	Femme
a		mexicain	
b			chinoise
c		espagnol	
d			marocaine
e			brésilienne
f		polonais	
g			nigériane
h			allemande
i			italien

– Faire réécouter et compléter individuellement avec le prénom de chacun.

En classe entière Pour la mise en commun, demander à un apprenant de venir au tableau pour écrire les prénoms.

Transcription 🎧 016-017

1. Bonjour, je m'appelle Juan. Je suis mexicain. Et vous ?
2. Bonjour, je m'appelle Pablo, je suis espagnol.
3. Salut, je m'appelle Antonio. Je suis italien.
4. Bonsoir, je m'appelle Adam. Je suis polonais.
5. Enchantée, je m'appelle Nina. Je suis allemande.
6. Bonsoir, je m'appelle Ying. Je suis chinoise.
7. Salut, je m'appelle Aïcha. Je suis marocaine.
8. Bonjour, je m'appelle Doris. Je suis nigériane. Et toi ?
9. Bonjour, je m'appelle Angelica, je suis brésilienne.

Corrigé

1 b.

	Prénom	Nationalité	
		Homme	Femme
a	Juan	mexicain	
b	Ying		chinoise
c	Pablo	espagnol	
d	Aïcha		marocaine
e	Angelica		brésilienne
f	Adam	polonais	
g	Doris		nigériane
h	Nina		allemande
i	Antonio	italien	

Activité 2 15 min

Grammaire

Conceptualisation

▶ Le masculin et le féminin des adjectifs de nationalité

Cette activité va permettre de découvrir et de conceptualiser le genre masculin et le genre féminin des adjectifs de nationalité, leur différence d'orthographe et de prononciation. La conceptualisation des verbes *s'appeler* et *être* se fera plus tard, à l'activité 6.

En classe entière **a.** Faire réécouter les présentations ; pour cette étape, travailler avec la piste 🎧 017 où l'enregistrement est plus lent. Demander aux apprenants de repérer la structure de l'énoncé répété par chaque personne : (Bonjour/Salut/Bonsoir/Enchanté(e), je m'appelle + *prénom*, je suis + *nationalité*). Écrire l'énoncé au tableau et le faire écrire sur les cahiers.

– Faire lire la consigne 2a, observer l'exemple et décrypter le code couleur : le bleu représente un homme, le vert, une femme. L'enseignant peut préciser aux apprenants qu'en français, presque tous les adjectifs de nationalité ont une forme différente au masculin et au féminin. Dans la méthode, la couleur bleue sera utilisée pour le masculin et le vert pour le féminin dans les encadrés de grammaire.

À deux Faire faire l'activité d'appariement.

En classe entière **b.** Procéder à la mise en commun. On peut donner un canevas de phrase-réponse : *italien : un homme ; marocaine : une femme*…

En classe entière Faire observer la finale des adjectifs de nationalité au masculin (terminés par une consonne : *italien, polonais*). Faire observer la finale des adjectifs de nationalité au féminin (terminés par un *-e*) et faire répondre à la question b.

Demander à un apprenant de reformuler la règle : « Pour former le féminin d'un adjectif de nationalité, on ajoute un *-e* à l'adjectif masculin. » Le professeur peut indiquer que cette règle s'applique à tous les autres adjectifs avec quelques irrégularités qui seront étudiées plus tard.

Corrigés

2 a. **A** (un homme) : 1. italien, 4. polonais ; **B** (une femme) : 2. marocaine, 3. française, 5. chinoise. 2 b. Vrai.

Vocabulaire

 018   15 min

▶ Les nationalités

En classe entière Demander aux apprenants d'observer la partie *Les nationalités* de l'encadré Vocabulaire page 23 : le tableau met bien en évidence la forme du féminin avec la présence du *-e*. Faire constater le doublement de consonne pour les adjectifs de nationalité se terminant par *-en* (italien/italienne).

💡 Demander aux apprenants de reprendre la grille qu'ils ont remplie dans l'activité 1 et de la compléter avec les adjectifs masculins et féminins. Ils n'ont qu'à appliquer la règle. Pour plus de cohérence, leur demander d'ajouter des prénoms. On peut aussi ajouter l'adjectif *français/française*.

	Prénom	Nationalité	
		Homme	Femme
a	Juan / **Birgit**	mexicain	**mexicain**e
b	**Tao** / Ying	**chinois**	chinoise
c	Pablo / **Silvia**	espagnol	**espagnol**e
d	**Jalal** / Aïcha	**marocain**	marocaine
e	**Ruiz** / Angelica	**brésilien**	brésilienne
f	Adam / **Mirka**	polonais	**polonais**e
g	**Paul** / Doris	**nigérian**	nigériane
h	**Kurt** / Nina	**allemand**	allemande
i	Antonio / **Monica**	italien	**italien**ne
	Emmanuel / **Anne**	français	français**e**

– Pour cette dernière étape, il est essentiel de signaler les différences de prononciation entre le féminin et le masculin. Faire écouter la piste 🎧 018 et insister sur la différence de prononciation entre le masculin et le féminin pour les trois premiers adjectifs. Signaler que pour l'adjectif terminé par un *-l* au masculin, l'ajout du *-e* ne change pas la prononciation. Expliquer enfin que certains adjectifs se terminent par un *-e* au masculin et que, dans ce cas, il n'y a pas de différence entre le masculin et le féminin, ni à l'écrit ni dans la prononciation.

À deux Demander aux apprenants de reproduire oralement chaque présentation de l'activité 1 avec la transcription pour un travail phonétique et intonatif ; les binômes peuvent travailler avec l'enregistrement.

Activité 3 10 min

→ Dire sa nationalité

Cette activité de production orale intermédiaire permet de mettre en pratique ce qui a été étudié précédemment et va consister à dire sa nationalité.

Préparation

En classe entière Dans le cas d'une classe avec plusieurs nationalités, faire la liste des nationalités de la classe et les écrire au tableau. Les lire à voix haute pour donner la prononciation correcte et les faire répéter par l'ensemble de la classe.

💡 Dans une classe où il n'y a qu'une nationalité, l'enseignant aura préparé à l'avance une liste de nationalités qu'il attribuera aux apprenants.

Production

En petit groupe Demander aux membres de chaque groupe de se présenter en suivant le modèle suivant : A se présente (*Je suis…*) et pose la question à B (*Et toi ? / Et vous ?*) – B se présente à son tour (*Je suis…*) et pose la question à C (*Et toi ? / Et vous ?*) – et ainsi de suite. Circuler parmi les groupes pour veiller à la bonne réalisation de l'activité et corriger éventuellement la prononciation.

3 Productions libres.

> S'entraîner   activité 1 page 30

Activité 4   🕐 15 min

Le genre des noms de pays, les articles définis

Compréhension

En classe entière **a.** Faire observer la carte du monde présentée dans le document 2 ; si possible, la projeter. Faire repérer les noms des pays des neuf étudiants. Faire dire à un apprenant le nom du pays de Doris (*le Nigéria*). Poursuivre de la même manière pour les huit autres étudiants avec un apprenant différent à chaque fois. Corriger la prononciation.

Conceptualisation

Cette activité va permettre de comprendre le fonctionnement des articles avec les noms de pays.

À deux **b.** Demander aux apprenants de classer les neuf pays des étudiants dans la grille.

En classe entière Pour la correction, projeter la grille ou la recopier au tableau et demander à un apprenant de venir la compléter. Faire valider les réponses par la classe.

Demander à la classe de tirer une conclusion de ce tableau : ils doivent avoir compris que les noms de pays en français sont masculins ou féminins, que la plupart des noms de pays féminins se terminent par un -e avec une exception dans la liste (*le Mexique*) et que les autres sont masculins.

c. Cette dernière étape de la conceptualisation consiste à remarquer qu'on utilise l'article *l'* devant un nom de pays qui commence par une voyelle.

En classe entière Demander aux apprenants d'observer, dans l'encadré Grammaire page 23, la partie *Les articles définis le, la, l', les pour nommer les pays* : expliquer que certains noms de pays sont pluriels et que, dans ce cas, on utilise l'article *les*. Expliquer également que certains noms de pays sont utilisés sans article (cf. 🛑 de l'encadré).

4 a. Juan, le Mexique ; Ying, la Chine ; Pablo, l'Espagne ; Aïcha, le Maroc ; Angélica, le Brésil ; Adam, la Pologne ; Doris, le Nigéria ; Nina, l'Allemagne ; Antonio, l'Italie

4 b.

le	la	l'
le Mexique	la Pologne	l'Espagne
le Maroc	la Chine	l'Allemagne
le Brésil		l'Italie
le Nigéria		

4 c. On utilise *l'* devant le nom de pays avec une voyelle.

> S'entraîner   activité 2 page 30

     020 05 🕐 10 min

Le rythme

En classe entière Faire travailler le point phonétique de la page 23 avec le tutoriel vidéo. Nous rappelons que l'enregistrement audio apporte les mêmes informations que le tutoriel vidéo mais n'est pas interactif. Il est bien sûr préférable de travailler avec le tutoriel vidéo. L'encadré phonétique et l'enregistrement audio servent de mémo.

– Faire visionner le tutoriel qui est suffisamment explicite, même si le mot *syllabe* est inconnu. Expliquer l'importance du rythme dans une langue et reformuler le point important : toutes les syllabes ont la même longueur, sauf la dernière qui est plus longue. Indiquer que Jean-Thierry exagère pour que la règle soit bien comprise et que, naturellement, cette insistance sur la dernière syllabe, bien que réelle, est moins perceptible dans les échanges naturels.

– Demander aux apprenants de répéter le nom des quatre pays en frappant également dans leurs mains pour scander la syllabation.

💡 **À deux** Demander aux apprenants de choisir quelques mots dans la double page de la leçon et de les scander en frappant dans leurs mains. Leur demander d'exagérer la longueur de la dernière syllabe.

  05

Le rythme

Bonjour ! Aujourd'hui : le rythme. En français, le rythme est très important. Respectez le nombre de syllabes ! Les syllabes sont toutes identiques sauf la dernière qui est plus longue. Écoutez et regardez : la / Chine / *(2 tapements de main)* : 2 syllabes. La Chine. L'I / ta / lie / *(3 tapements)* : 3 syllabes. L'Italie. Le / Ca / na / da / *(4 tapements)* : 4 syllabes. Le Canada. La / Nou / velle / -Zé / lande / *(5 tapements)* : 5 syllabes. La Nouvelle-Zélande. À vous ! Répétez les pays ! La Chine, l'Italie, le Canada, la Nouvelle-Zélande. Bravo ! Au revoir ! À bientôt !

Le rythme

En français, le rythme est très important. Respectez le nombre de syllabes. Les syllabes sont toutes identiques, sauf la dernière qui est plus longue.

Exemple : la / Chine *(2 tapements de main)* : 2 syllabes → la Chine
l'I / ta / lie / *(3 tapements)* : 3 syllabes → l'Italie
le / Ca / na / da / *(4 tapements)* : 4 syllabes → le Canada
la / Nou / velle / -Zé / lande / *(5 tapements)* : 5 syllabes → la Nouvelle-Zélande

  S'entraîner ⟩ activité 5 page 30

Activité 5 10 min

→ **Dire son prénom, sa nationalité et le nom de son pays**

Cette activité de production orale intermédiaire permet de mettre en pratique ce qui a été étudié depuis le début de la leçon, à savoir saluer et se présenter en donnant son prénom, sa nationalité et son pays.

En classe entière Faire lire ou présenter la consigne et s'assurer de sa bonne compréhension. Faire lire l'exemple.

À deux Faire réaliser l'activité à deux en guise d'entraînement. Circuler dans la classe pour veiller à son bon déroulement et corriger éventuellement les productions.

En classe entière On peut faire une mise en commun ludique : chaque étudiant se lève à tour de rôle et salue la classe qui lui répond par un « Bonjour ! » ou se manifeste par un signe, un applaudissement, etc.

Corrigé

5 Productions libres.

Activité 6 a 5 min

→ **Saluer, dire son prénom et sa nationalité**

Sensibilisation et compréhension

Seul puis **En classe entière** Faire décrire le document 3 (*c'est un téléphone portable. On voit un groupe de type WhatsApp – application de messagerie instantanée qui permet de communiquer par messages écrits, appels téléphoniques ou vidéo –. Le nom de ce groupe est « Cours de français ». Il y a des messages*).

– Demander aux apprenants de lire les messages et d'identifier la situation (quatre personnes se présentent). Poser la question de la consigne (*une professeure et des étudiants*). Il est possible de demander si les apprenants reconnaissent ces prénoms. Ce sont quatre étudiants du document 1.

Grammaire 15 min

▶ **Les verbes *être* et *s'appeler* au présent**

En classe entière

Avant de poursuivre l'activité 6, il est essentiel de travailler les conjugaisons puisqu'en **6 b** on demande aux apprenants de passer de *je suis/m'appelle* à *il/elle est/s'appelle*. Ce travail grammatical consiste à sensibiliser à la notion de conjugaison et à conjuguer le verbe *être* et le verbe *s'appeler* aux quatre personnes (je, tu, il/elle, vous).

– Faire repérer aux apprenants quels sont les deux verbes utilisés dans les échanges. L'enseignant écrit **au tableau** la phrase d'Emma en entourant les deux verbes :

 Je m'appelle Emma, je suis professeur.

Ces deux verbes ne sont pas nouveaux puisqu'ils les ont déjà entendus, notamment à l'activité 1.

– Demander aux apprenants d'observer, dans l'encadré Grammaire de la page 23, les parties intitulées *Le verbe être au présent pour dire la nationalité* et *Le verbe s'appeler au présent pour dire le prénom*. Faire repérer les pronoms sujets et les différentes formes du verbe. Signaler que seules les formes du singulier sont présentées dans cette leçon et que la forme avec *vous* est la forme de politesse.

💡 En cas de demande des apprenants, l'enseignant peut donner les autres formes (*nous sommes*, *vous êtes*, *ils/elles sont*) et leur donner la possibilité de se reporter à la conjugaison du verbe *être* à la page 135 du Précis de conjugaison.

Corrigé

6 a. Emma (la professeure) écrit. Trois étudiants lui répondent : Ying, Angelica et Antonio.

Activités 6 b et c 15 min

→ **Dire le prénom, la nationalité et la profession de quelqu'un**

b. Faire lire la consigne et s'assurer de sa bonne compréhension : il s'agit non plus de se présenter soi-même mais de présenter une autre personne.

– Faire lire l'exemple à voix haute et l'écrire **au tableau** en utilisant des couleurs : faire des flèches comme dans le modèle pour montrer que le changement de pronom sujet entraîne un changement de forme verbale.

 Elle s'appelle **Ying**, elle est **chinoise**.
    ↓   ↓   ↓   ↓
     Je m'appelle **Ying**, je suis **chinoise**.

En petit groupe Demander aux apprenants de présenter oralement les quatre personnes du groupe WhatsApp. Circuler parmi les groupes pour veiller à la bonne réalisation de l'activité.

En classe entière c. Pour présenter les personnes de la classe, demander à un apprenant de présenter son voisin de droite qui, à son tour, présentera son voisin de droite, etc.

6 b. Elle s'appelle Angelica, elle est brésilienne. Elle est étudiante. Il s'appelle Antonio, il est italien. Il est étudiant.
6 c. Productions libres.

> S'entraîner > activités 3 et 4 page 30

AGIR

Activité 7 25 min

→ **Se présenter sur un réseau social**

Préparation

En classe entière Présenter la tâche aux apprenants, expliquer les différentes étapes de l'activité et en vérifier la bonne compréhension : les apprenants vont créer le groupe de leur classe sur un réseau social.

a. Pour trouver un nom au groupe, chaque étudiant en propose un à la cantonade. Noter les propositions au tableau **et faire voter les apprenants**. Les inviter à être créatifs.

Production

Seul b. Chaque apprenant écrit son message de présentation. L'enseignant circule dans la classe pour corriger les messages.

c. Tous les messages sont regroupés et épinglés au mur.

Hors de la classe, un apprenant (aidé ou non d'un camarade) crée un groupe de messagerie instantanée et envoie son message aux autres après avoir recueilli les numéros de téléphone de la classe. Chaque apprenant devra répondre et envoyer son message de présentation.

7 Productions libres.

Prolongement de la leçon

> **Entraînement linguistique**
■ Demander aux apprenants de relire la double page, de réécouter les documents travaillés.

> **Évaluation formative**
■ Les activités du **Cahier d'activités** correspondant à la leçon sont **aux pages 10-13**.
■ Les activités du **Parcours digital®**.

Classe inversée

Avant la leçon 5

L'enseignant peut demander aux apprenants de :

– faire le travail de phonétique : regarder le tutoriel, lire l'encadré de la page 25 et répéter les sons de l'alphabet ;

– préparer une description de l'affiche (Document 1).

| | | | | ÉCHANGER DES INFORMATIONS PERSONNELLES 2 h 10 | | | | | | |

Savoir-faire et savoir agir : se présenter (3) · demander et dire son e-mail · demander et dire les langues parlées · dire la ville où on habite

	DOC. 1 et DOC. 2						DOC. 3			
COMPRENDRE	15'	5'	10'	15'	15'	5'	15'	10'	10'	
	Phonétique 026 07	Act. 1	Act. 2 021-022	Act. 3 Grammaire	Grammaire	Act. 4	Act. 5	Act. 6a 023-024	Act. 6b/c Grammaire	Grammaire
	l'alphabet (2), l'e-mail	repérer le thème d'une affiche	demander et donner des informations personnelles	*habiter à* + nom de ville *parler* + nom de la langue	les verbes *habiter* et *parler* au présent	saluer, dire son prénom et la ville où on habite	décrire une photo	demander et donner des informations personnelles	l'adjectif interrogatif *quel/quelle*	les adjectifs possessifs (1)

AGIR	20'	Act. 7	· créer la fiche contacts de la classe
	10'	Act. 8	· s'inscrire au Parcours digital® d'*Inspire 1*

COMPRENDRE

Phonétique   026   07   15 min

L'alphabet (2) et l'e-mail

En classe entière Dans la mesure où les deux documents audio de la leçon demandent de comprendre comment épeler un mot, il est recommandé, avant d'entrer dans la leçon, de vérifier que les apprenants ont bien mémorisé la prononciation de l'alphabet étudié à la leçon 2 page 16.

Il est possible, pour cela, de faire réciter l'alphabet en faisant un tour de table et en demandant à chaque apprenant de dire une lettre. L'enseignant peut avoir aussi préparé des cartes avec une lettre sur chacune d'entre elles et montrer aléatoirement une carte ; les apprenants doivent dire oralement de quelle lettre il s'agit.

– Ensuite, faire le travail phonétique proposé dans cette leçon 5. Faire regarder et écouter le tutoriel vidéo et demander aux apprenants de répéter avec Jean-Thierry. Ce tutoriel est composé de deux parties : la première présente une façon différente de mémoriser les lettres de l'alphabet grâce au son vocalique commun à plusieurs lettres. Il explique également comment prononcer les lettres avec accents, ce qui est utile à savoir quand on épelle un mot. L'enseignant peut expliquer qu'en français,

quand on épelle une lettre double, par exemple « ll » on dit « 2l ». La seconde partie du tutoriel présente la façon de prononcer quelques signes de ponctuation indispensables pour donner son e-mail.

À la fin du tutoriel, demander aux apprenants d'écrire le nom de famille de Jean-Thierry.

À deux Demander à chaque apprenant d'épeler son nom et son prénom. L'enseignant circule pour apporter son aide.

Transcription   07

Bonjour ! Aujourd'hui : l'alphabet. Voilà une façon de retenir la prononciation des lettres de l'alphabet en français.

Écoutez et regardez ! Lettres avec le son [a] : a, h, k. Lettres avec le son [e] : b, c, d, g, p, t, v, w. Lettres avec le son [ɛ] : f, l, m, n, r, s, y, z. Lettres avec le son [i] : i, j, x. Lettres avec le son [y] : u, q. Lettre avec le son [o] : o. Lettre avec le son [ə] : e.

Observez et écoutez maintenant les accents et la ponctuation : *e* accent aigu, *e* accent grave, *e* accent circonflexe, point, virgule, tiret, espace. Écoutez et écrivez ! Je m'appelle Jean-Thierry LE BOUGNEC. LE BOUGNEC, comment ça s'écrit ? L / E / espace B / O / U / G / N / E C /. Regardez pour vérifier ! L / E espace B / O / U / G / N / E / C /. Bravo ! Au revoir. À bientôt !

Transcription 026

L'alphabet (2)
L'e-mail
Voir manuel page 25.

Activité 1 5 min

→ Repérer le thème d'une affiche

Sensibilisation

En classe entière Faire observer le document 1 page 24 et faire décoder le maximum d'informations. Exemples de productions : *il y a une fusée, une carte du monde, beaucoup de couleurs, une date, un horaire...* Pour cette étape, laisser les apprenants s'exprimer librement en français et/ou en langue maternelle ou commune ; écrire les mots français de l'affiche au tableau et les expliquer. Donner le mot « affiche » et faire cocher la bonne réponse. Expliquer aussi simplement le mot *salon* qui peut dérouter les apprenants. Un salon professionnel est un événement où les professionnels d'un même domaine viennent présenter leurs produits et les vendre. Exemples : le salon de l'Automobile, le salon de l'Agriculture...).
Les apprenants doivent avoir compris qu'il s'agit d'une affiche publicitaire pour un salon sur les langues. Ce salon a lieu le 24 janvier de 10 h à 18 h.

– Faire faire des hypothèses sur le thème du document que les apprenants vont écouter en relation avec cette affiche.

Corrigé

1 C'est une affiche pour un salon.

 et

Activité 2

→ Demander et donner des informations personnelles

Compréhension globale

Seul puis **En classe entière** Faire écouter la conversation et identifier la situation de communication : c'est un dialogue. Un homme (un visiteur) donne des informations à l'employée à l'accueil pour faire son badge (donner le mot) d'entrée.

Compréhension finalisée

Seul puis **À deux** a. Faire réécouter le document pour répondre à la consigne. Faire comparer les réponses par deux et mettre en commun. L'enseignant demande aux élèves de justifier leurs réponses et les écrit au tableau, par exemple : « m'appelle, prénom, e-mail, habite à Madrid... ». Puis il reformule tous les énoncés entendus et les écrit. Il explique aussi les nouveaux mots relevés par les élèves, comme *habiter* ou *parler*. Cela permettra de préparer l'étape de conceptualisation des structures *habiter* à + ville et *parler* + langue parlée proposée en activité 3.

b. Faire observer le document 2 et demander de l'identifier : c'est le badge d'entrée au salon de l'homme du dialogue. Réécouter et corriger les deux informations.

Transcription 021-022

– Bonjour Monsieur !
– Bonjour ! Je m'appelle Javier Gonzalez. Mon badge, s'il vous plaît...
– Oui. Gonzalez, comment ça s'écrit ?
– G – O – N – Z – A – L – E – Z.
– Et votre prénom ? R – A – V...
– Non, non ! J – A – V – I – E – R.
– Ah ! Pardon. Quel est votre e-mail ?
– Mon e-mail, c'est j.gonzalez@gmail.com.
– Vous habitez à... ?
– J'habite à Madrid.
– D'accord. Vous parlez anglais ?
– Je parle anglais, français et espagnol !
– Merci ! Voilà votre badge. Bonne journée !

Corrigés

2 a. Les informations demandées sont : 1. la ville, 2. le prénom, 3. le nom, 6. l'e-mail, 8. les langues parlées.

2 b. prénom : Javier ; ville : Madrid

> S'entraîner > activité 6 page 30

Activité 3 15 min

Grammaire

▶ *Habiter à* + nom de ville – *parler* + nom de la langue

Conceptualisation

Cette activité a pour objectif de faire mémoriser deux structures utiles pour se présenter : *habiter à* + nom de ville et *parler* + nom de la langue ; il s'agit aussi de préciser que le nom de la langue parlée est masculin.
Pour cette étape, faire écouter la piste 022 où l'enregistrement est plus lent.

Seul puis **À deux** a. et b. Demander aux apprenants de faire les appariements. Par déduction, les formes verbales se terminant par *-ez* seront associées à *vous*. Faire comparer les réponses par deux et mettre en commun.

– Faire un tour de table : demander à chaque apprenant de rappeler sa nationalité et de dire quelle(s) langue(s) il parle : « Je suis allemande, je parle allemand ». Ce travail sera surtout utile pour les femmes qui doivent varier le genre du mot.

Cette activité présente donc deux verbes en *-er* et une partie de leur conjugaison : toujours les personnes du singulier et le *vous* de politesse.

En classe entière Reprendre les phrases relevées dans l'activité 2a. Demander aux apprenants d'observer, dans l'encadré Grammaire de la page 25, les parties intitulées *Le verbe* habiter (à) *pour dire la ville où on habite* et *Le verbe* parler *pour dire la langue parlée*. C'est la première fois que les apprenants voient la conjugaison des verbes en *-er*. Faire repérer les différentes finales en rouge des verbes (*-er* pour l'infinitif, puis -e avec *je*, -es avec *tu*, -e avec *il/elle* et -ez avec *vous*) et indiquer que les verbes en -er ont tous les mêmes terminaisons. Oraliser ces formes pour montrer que les trois formes du singulier ont la même prononciation.

 L'enseignant peut choisir de commencer, à ce moment-là, la systématisation de la conjugaison des verbes en -er au présent. Mais il est peut-être prématuré de le faire lors de cette leçon ; il est recommandé d'attendre l'unité 3 et la leçon 10 où ce travail sera proposé.

Corrigés

3 a. 1-b ; 2-a ; 3-b ; 4-a.

3 b. Le nom de la langue parlée est masculin.

> **S'entraîner** > **activité 7 page 30**

Activité 4 ▶ 06 ⏱15 min

→ **Saluer, dire son prénom et la ville où on habite**

Préparation

 puis Visionner la vidéo d'Adam. Faire répéter la présentation par les apprenants. Leur demander de prendre comme modèle la vidéo pour se présenter à leur voisin. Circuler parmi les binômes pour veiller à la bonne réalisation de l'activité. Les apprenants peuvent ajouter la (les) langue(s) parlée(s).

Production

En classe entière Demander à chaque binôme de venir devant la classe pour répéter la présentation.

Transcription ▶ 06

Bonjour ! Je m'appelle Adam. J'habite à Varsovie. Et vous ?

Corrigé

4 Productions libres.

 023-024

Activité 5 💬 ⏱5 min

→ **Décrire une photo**

Sensibilisation

En classe entière Faire observer le document 3 page 25 et faire répondre à la consigne de l'activité.

Corrigé

5 Un homme et une femme parlent et échangent un document. Ils sont peut-être à un salon.

Activité 6 🎧 023-024 ⏱15 min

→ **Demander et donner des informations personnelles**

Compréhension globale

Seul puis **En classe entière** Faire écouter le document et identifier la situation de communication : c'est un dialogue. Une femme veut s'inscrire. Elle répond à l'employé et lui donne des informations personnelles.

Compréhension finalisée

Seul puis **En classe entière a.** Faire réécouter la piste 🎧 023 et faire réaliser l'activité individuellement, puis mettre en commun. Demander de formuler oralement les réponses en les structurant : « Elle s'appelle Elisabete De Oliveira. L'adresse e-mail est e-oliv@gmail.com. Elle parle portugais. »

Demander aux apprenants s'ils ont entendu les questions posées par l'homme et commencer à les noter au tableau. Faire réécouter la piste 🎧 024, arrêter l'enregistrement après chaque question et la noter et au tableau pour compléter la liste. Ce repérage anticipera le travail grammatical sur *quel/quelle* et sur les adjectifs possessifs.

 Quel est votre nom ?

Quel est votre prénom ?

Comment ça s'écrit ?

Et votre adresse courriel ?

Quelle est votre langue maternelle ?

Grammaire ⏱10 min

● **L'adjectif interrogatif *quel / quelle* (1)**

Conceptualisation

b. et **c.** Cette étape va permettre aux apprenants de découvrir la forme et l'utilisation de l'adjectif interrogatif *quel / quelle*. Seules les formes du singulier sont données pour les besoins de la leçon.

À deux Faire observer les deux phrases de l'activité **b** et les ajouter à la liste du tableau. Le professeur peut entourer d'une couleur la forme de l'adjectif interrogatif *quel*. Les lire à voix haute afin que les apprenants entendent la prononciation et remarquent qu'elle est identique pour *quel / quelle* mais que leur orthographe est différente. Faire répondre à la consigne **c**. Demander à un apprenant d'oraliser la règle et inviter les élèves à vérifier avec l'encadré Grammaire page 25 intitulé « L'adjectif interrogatif » : « Avec un nom masculin, c'est *quel* (Q U E L) et avec un mot féminin c'est *quelle* (Q U E L L E). » Insister encore sur la prononciation identique.

Enfin, le professeur attirera l'attention des apprenants sur les deux structures utilisées « *Quel/quelle est...* » et « *quel / quelle* + nom » en entourant deux exemples.

Laisser les phrases au tableau pour la conceptualisation des adjectifs possessifs. On peut juste effacer « Comment ça s'écrit ? ».

– Bonjour ! C'est pour l'inscription ?
– Oui. Bonjour.
– Quel est votre nom ?
– Mon nom, c'est De Oliveira : D – E espace O – L – I – V – E –
  I – R – A.
– Quel est votre prénom ?
– Elisabete.
– Comment ça s'écrit ?
– E – L – I – S – A – B – E – T – E.
– Et votre adresse courriel ?
– E tiret O – L – I – V arobase gmail point com.
– Quelle est votre langue maternelle ?
– Le portugais.

Corrigés

6 a. a. Nom : De Oliveira ; b. Prénom : Elisabete ; c. E-mail :
e-oliv@gmail.com ; d. Langue : portugais.

6 b. 1. quelle → féminin ; 2. quel → masculin.

> S'entraîner > activité 8 page 30

Grammaire ⏱10 min

Les adjectifs possessifs (1)

En classe entière Pour ce travail de grammaire sur les adjectifs possessifs, travailler à partir des phrases déjà écrites au tableau contenant des adjectifs possessifs auxquelles on ajoutera une des réponses de la jeune femme avec *mon* :

- Quel est votre nom ?
- Quel est votre prénom ?
- Et votre adresse courriel ?
- Quelle est votre langue maternelle ?
- Quel est ton nom ?
- Mon nom c'est De Oliveira.

– Pour l'accès au sens, soit les apprenants auront intuitivement compris la notion, soit on peut passer par les gestes : l'enseignant se frappe légèrement la poitrine en disant : « Mon nom est… Et toi, *(en s'adressant à un apprenant)* quel est ton nom ? ».

Reprendre les questions écrites au tableau et entourer « ton » et « votre » pour attirer l'attention des apprenants sur la différence entre les deux formes. Leur demander d'expliquer cette différence par un schéma comme par exemple : *ton* → tu et *votre* → *vous*

– Une fois la notion comprise, demander aux apprenants d'observer, dans l'encadré Grammaire de la page 25, la partie intitulée *Les adjectifs possessifs pour dire à qui c'est*. Pour faire comprendre les formes de l'adjectif possessif, on peut dessiner **au tableau** un schéma et utiliser les couleurs pour indiquer que la forme du possessif dépend à la fois du nom qu'il accompagne et du nombre de possesseurs.

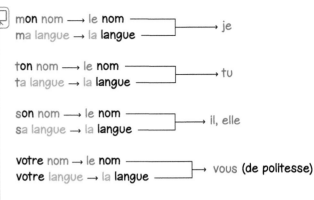

mon nom → le nom
ma langue → la langue } → je

ton nom → le nom
ta langue → la langue } → tu

son nom → le nom
sa langue → la langue } → il, elle

votre nom → le nom
votre langue → la langue } → vous (de politesse)

On peut demander à un apprenant d'oraliser la règle : « Avec un nom masculin, c'est *mon*, *ton*, *son* et avec un mot féminin c'est *ma*, *ta*, *sa*. *Votre* est masculin ou féminin ».

💡 Demander aux binômes de reprendre la transcription du dialogue du document 3 p. 2 du livret encarté et de jouer le dialogue en transformant les *votre* en *ton* et *ta*, et en donnant leurs informations personnelles. Les faire changer de rôle.

> S'entraîner > activité 9 page 31

AGIR

Deux tâches sont à réaliser dans cette leçon : une activité de production orale de médiation, à savoir créer une fiche contacts des membres de la classe, et une production écrite consistant à s'inscrire au Parcours digital® d'*Inspire*.

Activité 7 ⏱20 min

→ Créer la fiche contacts de la classe

Préparation

En classe entière Présenter la tâche aux apprenants. **Faire décider par la classe quelles sont les informations nécessaires à l'élaboration d'une fiche sur le modèle proposé ci-dessous** que les apprenants recopient. Si certains suggèrent d'ajouter le numéro de téléphone, on peut accepter de remplir le titre de la colonne mais renvoyer à la leçon suivante le moment de la renseigner puisque ce point fait partie des savoir-faire de la leçon 6.

Nom		E-mail	
Prénom		Âge	
Nationalité		...	
Langue(s)		...	

Production

À deux Chaque membre remplit la fiche de son binôme en lui posant les questions : « Quel est ton nom ? Comment ça s'écrit ? Quel est ton prénom ? … »
L'enseignant rassemble toutes les fiches et les redistribue de façon aléatoire.

Chaque apprenant présente la personne dont il a la fiche :
« Je vous présente X, il/elle... ».

 Si la classe dispose d'un ordinateur, l'enseignant pourra créer une feuille Word ou Excel qu'il remplira au fur et à mesure des présentations.

Corrigé

7 Productions libres.

Activité 8   10 min

→ S'inscrire au Parcours digital® d'*Inspire 1*

Ce travail individuel peut être fait en classe ou en dehors de la classe.

Prolongement de la leçon

> Entraînement linguistique

■ Demander aux apprenants de relire la double page, de réécouter les documents travaillés.

> Évaluation formative

■ Les activités du **Cahier d'activités** correspondant à la leçon sont aux **pages 14-17**.

■ Les activités du **Parcours digital®**.

Classe inversée

Avant la leçon 6

L'enseignant peut demander aux apprenants de :

– réviser les nombres de 0 à 99 vus dans la leçon 2, page 17 ;

– regarder et écouter, dans l'encadré Vocabulaire page 27, *Les nombres de 100 à 1 000 000* ;

– lire la page d'accueil du site de réservation page 26, (Document 1).

LEÇON 6 Préciser des informations

PRÉCISER DES INFORMATIONS ⏱ 2 h 15

Savoir-faire et savoir agir : se présenter (4) : demander et dire son âge · demander et dire son numéro de téléphone · faire une réservation et dire la date · exprimer la possession

			DOC. 1						
	5'	10'	15'	20'	10'	20'	10'	10'	10'
COMPRENDRE	Act. 1 📖	Act. 2 📖	Act. 3 🎧 027-028	Act. 4 🎧 027-028	Act. 5 💬	Grammaire	Act. 6 Grammaire	Vocabulaire 🎧 029	Act. 7 Vocabulaire
	· identifier la page d'un site Internet	· repérer des informations et compléter un formulaire de réservation	· demander et donner des précisions	· comprendre des informa-tions chiffrées (n° de réser-vation et n° de téléphone)	· demander et donner un numéro de téléphone	· les verbes *être* et *avoir* au présent · les pronoms personnels sujets pluriels	· les articles indéfinis	· les nombres de 100 à 1 000 000	· dire les mois de l'année et les saisons

AGIR	15'	Act. 8 ✏	· compléter le formulaire d'une agence de voyages
	10'	Act. 9 💬	· présenter les informations d'un voyage

COMPRENDRE

DOC. 1 🎧 027-028

Activité 1 📖 ⏱ 5 min

→ **Identifier la page d'accueil d'un site Internet**

Compréhension globale

 puis Faire observer le document 1 page 26 et le faire identifier : c'est une page de site Internet de réservation de chambre d'hôtel. Donner la consigne à haute voix et demander à un apprenant de répondre. Faire valider la réponse par la classe et justifier : le site est très connu (Booking.com) ; sur la photo, on voit l'enseigne « hôtel » ; il y a le nom de l'hôtel sur la page (Cler Hôtel), des expressions sans équivoque (« réserver une chambre », « 1 nuit »).

Corrigé

1 une chambre d'hôtel

Activité 2 📖 ⏱ 10 min

→ **Repérer des informations et compléter un formu-laire de réservation d'une chambre d'hôtel**

Compréhension finalisée

 Faire observer une nouvelle fois le docu-ment pour en faire remarquer les trois parties (page du site / zoom sur les informations concernant une chambre pour 3 personnes / formulaire de réservation). Faire repérer les différentes informations sur la page du site (sur fond orange : les éléments de la recherche de l'internaute faisant notam-ment apparaître la durée du séjour et le nombre de personnes / sur la photo : les commentaires de clients).

À deux puis **En classe entière** Faire compléter le formu-laire de réservation par deux, puis mettre en commun. Les apprenants se demanderont peut-être comment compléter le champ « téléphone portable » : cette information n'ap-paraît pas dans les documents visuels. Ce sera l'objet de l'activité 3.

Corrigé

2 Date d'arrivée : 4 mai 2020 ; Nombre de personnes : 2 adultes – 1 enfant.

Activité 3  027-028 ⏱15 min

→ Demander et donner des précisions

Sensibilisation et compréhension globale

Seul puis **En classe entière** Dire aux apprenants qu'ils vont écouter un document audio en lien avec le document 1 (la page de réservation). Faire faire des hypothèses sur le type d'audio et son contenu. Propositions de réponses : il y a un problème avec la réservation, la dame a oublié quelque chose…
– Faire écouter le document pour identifier la situation de communication : c'est une conversation téléphonique. Pour préciser la situation, faire répondre au vrai/faux. Interroger un apprenant différent pour chaque item et faire valider les réponses par la classe.

Corrigés

3 a. Faux (2 personnes parlent : l'employé et Mᵐᵉ Dumont).

3 b. Faux (c'est l'hôtel qui appelle Mᵐᵉ Dumont).

3 c. Vrai.

 Avant de faire l'activité 4, on peut faire une révision des nombres de 0 à 99 vus dans la leçon 2, page 17, et attirer l'attention des apprenants sur la prononciation des nombres de 21 à 91 rappelés dans l'encadré Vocabulaire de la page 27.
À deux Un apprenant écrit sous la dictée d'un autre apprenant un nombre entre 0 et 99.

Activité 4  027-028 ⏱20 min

→ Comprendre des informations chiffrées (un numéro de réservation et un numéro de téléphone)

Compréhension finalisée

Seul puis **À deux** a. et b. Faire réécouter le dialogue pour répondre aux consignes. Faire comparer les réponses par deux et mettre en commun.

Corrigés

4 a. 2. 11 57 2 ZM.

4 b. Numéro de téléphone portable : 07 22 63 10 07.

Activité 5   ⏱10 min

→ Demander et donner un numéro de téléphone

En classe entière Faire observer les deux numéros de téléphone du formulaire de réservation (activités 2 et 4). Expliquer que, en France, les numéros de téléphone sont composés de 10 chiffres que l'on donne généralement par deux. Par exemple, le n° 05 97 45 12 08 se prononce zéro cinq / quatre-vingt-dix-sept / quarante-cinq / douze / zéro huit.

En petit groupe Répartir les apprenants par groupes de quatre ou cinq. À tour de rôle, un apprenant demande à un autre : « Quel est ton/votre numéro de téléphone ? » L'apprenant interpellé répond, les autres notent sa réponse puis comparent leurs notes. Le groupe dresse ainsi la liste des numéros de téléphone de ses membres sur la fiche de contacts créée lors de l'activité 7 de la leçon 5.

Corrigé

5 Productions libres.

Grammaire ⏱20 min

● Les verbes *être* et *avoir* au présent
En classe entière

Ces deux verbes ont été vus par les apprenants dans les leçons précédentes de façon passive pour le verbe *avoir* et de façon plus formelle pour *être* quand il a été demandé de donner sa nationalité à la leçon 4. Expliquer l'importance de ces deux verbes et l'irrégularité de leur conjugaison.

Avant de travailler sur les conjugaisons proprement dites, consacrer quelques minutes à l'observation et l'analyse de l'ensemble des pronoms sujets et attirer l'attention sur les points importants. Le professeur écrit **au tableau** les pronoms sujets les uns au-dessous des autres :

Je/J'
Tu
Il/Elle
Nous
Vous
Ils/Elles

L'enseignant demande à la classe d'énoncer ce qu'ils remarquent et il note au tableau de façon schématique les points relevés et importants à retenir. Par exemple :

je → j' + voyelle

Il(s)/Elle(s)

Vous = ou

Je, tu, nous sont masculin et féminin

Demander ensuite aux apprenants d'observer, dans l'encadré Grammaire de la page 25, les parties intitulées *Le verbe* avoir *au présent pour dire l'âge, ce qu'on possède et informer* et *Le verbe* être *au présent*. Faire repérer les différentes formes de ces deux verbes, les lire pour donner la prononciation correcte et les faire répéter à voix haute par les apprenants.

 Faire réécouter le dialogue avec la piste 🎧 028 (version lente) et demander aux apprenants de dire « stop » quand ils entendent une des formes de l'un des deux verbes.

> S'entraîner ⟩ activités 13, 14, 15 et 16 page 31

Activité 6 ⏱ 10 min

Grammaire

▶ **Les articles indéfinis**

En classe entière Les articles définis ont été présentés dans la leçon 4. Dans cette leçon-ci, ce sont les formes des indéfinis qui sont travaillées. Dans la leçon 9, sera proposée une réflexion sur l'opposition des deux articles.

– Faire observer les deux exemples. Rappeler que le mot « chambre » est féminin et que le mot « numéro » est masculin. Faire dire par un apprenant que pour l'article féminin, on ajoute un -*e* à l'article masculin. Bien insister sur la différence de prononciation.

– Demander aux apprenants de lire, dans l'encadré Grammaire de la page 27, la partie *Les articles indéfinis* un, une, des *pour nommer des choses* : expliquer qu'il y a deux formes au singulier, *un* et *une*, et une seule forme au pluriel, *des*. Faire remarquer aussi la présence du -*s* au pluriel du nom. Faire lire le tableau à voix haute par un apprenant et faire observer qu'il n'y a pas de différence de prononciation entre le singulier et le pluriel du nom : on n'entend pas le -*s* final.

Corrigé

6 L'article masculin est *un* ; on ajoute un -*e* pour l'article féminin.

> S'entraîner ⟩ activité 12 page 31

Vocabulaire 🎧 029 ⏱ 10 min

▶ **Les nombres de 100 à 1 000 000**

Seul puis **En classe entière** Demander à chaque apprenant de lire silencieusement l'encadré **Culture(s)** sur *La tour Eiffel en chiffres* et de chercher à comprendre les informations.

L'enseignant peut autoriser le recours au dictionnaire pour le vocabulaire incompris.

– Demander à un apprenant de lire la première information (324 mètres) à haute voix, puis à un autre la deuxième, et ainsi de suite. Les apprenants vont constater qu'ils n'arrivent pas à prononcer correctement les grands nombres donc les orienter vers la seconde partie de l'encadré Vocabulaire pour écouter la prononciation de ces nombres, puis les faire répéter. Reprendre alors la lecture à haute voix des informations sur la tour Eiffel.

– Il est possible aussi de préciser l'orthographe de *cent* : on écrit le -*s* du pluriel dans *deux cents*, *trois cents*… mais pas lorsque *cent* est suivi d'un autre chiffre (*trois cent vingt*). Préciser également que *mille* ne prend jamais de -*s* (*trois mille*…).

 Il est possible de demander aux apprenants de préparer, en prenant exemple sur l'encadré Culture(s), des nombres concernant un monument ou un lieu très visité de leur pays.

Par ailleurs, pour aider à la mémorisation des nombres, plusieurs activités ont été proposées à la suite de l'activité 2 de la leçon 2 (cf. page 18). Elles peuvent être reprises ici avec les nombres de 100 à 1 000 000.

> S'entraîner ⟩ activité 10 page 31

Activité 7 🎧 030-031 ⏱ 5-10 min

Vocabulaire

▶ **Les mois de l'année et les saisons**

En classe entière Demander aux apprenants de regarder, dans l'encadré Vocabulaire de la page 27, les parties *Les mois de l'année* et *Les saisons*. Expliquer aux apprenants qu'en France, il y a quatre saisons. Faire écouter la piste audio et insister sur la prononciation correcte des mots, notamment sur l'absence de prononciation du -*r* final et du -*t* final dans *janvier*, *février* et *juillet*, sur la nasalisation [ã] dans *janvier*, *em* dans *septembre*, *novembre*, *décembre* et *printemps*, [ɛ̃] dans *juin* et *printemps*.

– Dans la langue maternelle ou la langue commune, faire décrire et expliquer rapidement les quatre émoticônes de l'activité : en juin, en France, c'est le début de l'été, il y a généralement du soleil (émoticône avec des lunettes de soleil). En août, ce sont les vacances pour une grande partie de la population (émoticône représentant la plage). En septembre, c'est le début de l'automne, les arbres changent de couleur (émoticône représentant des feuilles d'arbre de différentes couleurs). En octobre, c'est la période des vendanges dans beaucoup de régions de France (émoticône représentant une grappe de raisin).

À deux Demander aux apprenants de dessiner une émoticône pour leur pays. Au choix, les apprenants pourront reprendre les mêmes mois que l'activité ou choisir quatre autres mois. Demander à chaque binôme de venir présenter son travail à la classe.

7 Productions libres.

> S'entraîner **>** activité 11 page 31

AGIR

Activité 8   15 min

→ **Compléter le formulaire d'une agence de voyages**

Préparation

En classe entière Dans un premier temps, faire observer le formulaire et demander à un apprenant de lire à voix haute les intitulés des rubriques. Répondre aux questions de compréhension éventuelles. Présenter ensuite la tâche aux apprenants, expliquer les différentes étapes de l'activité et en vérifier la bonne compréhension : les apprenants vont compléter le formulaire d'une agence de voyages. Pour cela, **ils vont d'abord décider de la ville de départ puis de la destination, des dates de voyage et du nombre de personnes.** Ensuite, ils vont imaginer et donner un nom et une adresse e-mail au groupe. Enfin, ils vont compléter le formulaire. Si la classe dispose d'ordinateurs, le formulaire peut être reproduit et complété sur un PowerPoint ou autre.

Production

En petit groupe Constituer des groupes de trois ou quatre personnes et faire réaliser l'activité. Circuler parmi les groupes pour veiller à son bon déroulement et aider les apprenants si nécessaire.

8 Productions libres.

Activité 9 10 min

→ **Présenter les informations d'un voyage**

En classe entière a. Recopier le formulaire vierge au tableau et demander à chaque groupe de venir le compléter et de présenter oralement à la classe la destination choisie, le nom du groupe, le nombre de personnes et l'adresse e-mail du groupe. Si la classe dispose d'un écran et d'un ordinateur, le formulaire pourra être enregistré et projeté à la classe pendant la présentation de chaque groupe.

b. Après chaque présentation, il est possible de demander à la classe d'attribuer une note au voyage et, à la fin de l'activité, de voter pour un voyage.

Prolongement de la leçon

> Entraînement linguistique

■ Demander aux apprenants de relire la double page, de réécouter les documents travaillés.

> Évaluation formative

■ Les activités du **Cahier d'activités** correspondant à la leçon sont aux **pages 18-21**.

■ Les activités du **Parcours digital®**.

Classe inversée

Avant la leçon 7

– Pour la première tâche : le professeur peut demander de lire les documents 1 et 2, page 28.

– Pour la seconde tâche, il est impératif que chaque apprenant apporte un petit objet qu'il aime. L'enseignant peut aussi demander que chaque apprenant prenne une photo de lui-même avec l'objet choisi et l'imprime. Cette phase peut être faite en classe si l'équipement informatique permet d'imprimer les photos.

... créer sa carte de visite 40 min

Cette première tâche consiste à découvrir et analyser la composition d'une carte de visite, puis à créer sa propre carte.

Une carte de visite est un document de petite taille utilisée pour transmettre ses coordonnées à une personne dans un cadre professionnel. La tâche consistant à créer ce document permet, du point de vue linguistique, de transférer tout le travail réalisé sur les présentations. C'est, par ailleurs, un document authentique très utilisé dans le milieu professionnel, ce qui inscrit cette tâche dans la vie réelle.

LIRE et

Activité 1 10 min

[Découverte]

 puis **En classe entière** Faire observer le document 1 et le document 2 ; si possible les projeter. Faire identifier ces documents (*ce sont des cartes de visite*). Demander aux étudiants quelle est la fonction d'une telle carte et si elle est utilisée dans leur pays.

a. Pour les deux cartes, demander d'entourer la bonne réponse et de la justifier (*Cf.* corrigé).

b. Écrire au tableau – ou projeter – une grille sur le modèle de celle du corrigé, puis demander aux apprenants de repérer les éléments suivants sur les cartes de visite : le nom des personnes, leur prénom, leur profession et la ville où elles travaillent. Faire remarquer que, pour le différencier du prénom, le nom de famille est souvent écrit en majuscules. Il en va de même très souvent pour le nom de la ville.

Corrigés

1 a. professionnels (présence d'un logo, d'un nom d'entreprise « ECO+ » et de la profession des deux personnes)

1 b.

	Doc. 1	Doc. 2
Nom	COUTURIER	MERTENS
Prénom	Inès	Charles
Profession	Consultante	Professeur de piano
Ville	BOULOGNE	TOURS

Activité 2 10 min

[Analyse]

Seul puis **À deux** Faire lire la consigne de l'activité et vérifier la compréhension des intitulés donnés. Deux mots peuvent poser un problème de compréhension : « le logo » et « le code QR » (voir Culture(s)+ ci-dessous).

– Demander aux apprenants de relire les deux documents et de réaliser l'activité individuellement. **Faire comparer les réponses par deux**, puis proposer une correction collective. Recenser oralement les éléments composant une carte de visite professionnelle.

– Demander aux apprenants de lire le mémo *Pour créer sa carte de visite* de la page 28 et s'assurer de sa totale compréhension.

> Afin de préparer l'étape de production, on peut demander aux apprenants de dire quelle carte de visite est la meilleure et pourquoi.

Culture(s) +

■ **Un logo** est un signe graphique servant à identifier visuellement une entreprise, une marque...
■ **Le code QR** (= *Quick Response Code*) est un type de code-barres avec des parties noires et blanches définissant une information.

Corrigé

2 Doc. 1 : A-4 ; B-2 ; C-1 ; D-3 ; E-6 ; F-5.
Doc. 2 : A-2 ; B-6 ; C-1 ; D-5.

ÉCRIRE

Activité 3 20 min

Seul À l'aide des rubriques du mémo *Pour créer sa carte de visite* page 28, étudié dans l'activité 2, demander à chaque apprenant de créer sa propre carte de visite professionnelle. Selon l'âge et l'activité réelle des apprenants, l'enseignant pourra proposer des professions fictives ou l'apprenant pourra en imaginer une. Si les apprenants ne résident pas en France, les inviter à imaginer des adresses postales en France (ils peuvent pour cela faire des recherches au préalable sur Internet) et un numéro de téléphone français.

– Chaque apprenant affichera sa carte de visite sur un mur de la classe. **Faire commenter les productions par la classe** qui repérera éventuellement des éléments manquants et/ou mal orthographiés et qui donnera son avis sur la composition de la carte.

 Pour davantage d'authenticité, demander de découper des cartes du format de celle du document 1 ou 2 dans du papier ou du carton et faire composer la carte avec les informations demandées. Encourager la créativité : la composition, la couleur, le dessin du logo... Ce travail peut être fait en dehors de la classe pour que les apprenants disposent de davantage de temps et puissent utiliser des outils numériques s'ils le veulent.

Corrigé

3 Productions libres.

... faire le trombinoscope de la classe

Cette seconde tâche consiste à découvrir et analyser les constituants d'un trombinoscope et à établir celui de la classe.

Un trombinoscope est la liste des photos des membres d'un groupe, d'une classe (à l'école), d'une entreprise. La photo peut être légendée avec différentes informations selon la situation : le nom de la personne, la fonction dans l'entreprise. Ce document permet de reconnaître ou de mieux connaître les personnes de son entourage.

Du point de vue linguistique, cette tâche permet aussi de transférer le travail fait sur les présentations et développe l'aspect culturel puisque la phase orale finale permet de mieux faire connaissance.

 LIRE

Activité 4 ⏱ 5 min

[Découverte]

Seul puis **En classe entière** Faire observer le document 3, si possible le projeter. Le faire décrire. Les apprenants vont reconnaître les étudiants de français présentés dans la leçon 4. Faire repérer les différents éléments (des photos des étudiants, leur prénom, leur nationalité, le drapeau de leur pays et un objet qui les représente).
Demander à un ou plusieurs apprenants de répondre aux consignes. Faire valider par la classe.

Corrigés

4 a. c. un groupe de personnes.

4 b. le prénom, l'objet, la nationalité.

Activité 5 ⏱ 5 min

[Analyse]

Seul puis **À deux** Demander aux binômes de regarder simultanément le trombinoscope (Doc. 3) et le schéma de présentation d'une personne puis de noter les numéros correspondant à chaque élément.

Corrigé

5 a-4 ; b-3 ; c-1 ; d-2

 ÉCRIRE

Activité 6 ⏱ 10 min

[Préparation]

En classe entière Présenter la tâche aux apprenants, expliquer les différentes étapes de l'activité et en vérifier la bonne compréhension.

 Il est recommandé de demander aux apprenants, lors d'une séance précédente, de faire en dehors de la classe la recherche d'objet, la prise et l'impression de la photo.

À deux Selon la préparation qui a été faite en amont, les binômes réalisent les deux fiches pour le trombinoscope avec la photo de la personne tenant l'objet, le prénom, la nationalité et le nom de l'objet choisi. Ce trombinoscope peut être réalisé numériquement si l'équipement le permet.

Production

En classe entière Demander aux apprenants d'afficher leur fiche sur un mur de la classe. **Chacun explique le choix de son objet.**

Corrigé

6 Productions libres.

S'entraîner pages 30-31

Cf. Introduction (C.1.3), page 24.

– **Corrigés** des activités 1 à 16 : p. 136.
– **Parcours digital®** : toutes les activités des pages 30-31 sont proposées en version auto-corrective, sauf l'activité 5 de phonétique sur le rythme qui est à faire à deux.

Faites le point page 32

Cf. Introduction (C.1.4), page 24.

Évaluez-vous !

Corrigés

Exemples de production :

> Hongrie, hongroise
> +352 666 821 449 (numéro luxembourgeois) (plus trois cent cinquante-deux / six cent soixante-six / huit cent vingt-et-un / quatre cent quarante-neuf)
> arabe, anglais et chinois
> J'habite à Budapest.
> Quel est ton prénom ?
> Elle s'appelle Carla Bony, elle est belge, elle a 47 ans.

Classe inversée

Avant la leçon 8

Le professeur peut demander aux apprenants de/d' :

– lire le Document 1 page 34 ;

– lire et d'écouter le vocabulaire de la famille page 35 et de chercher le sens des mots dans un dictionnaire ;

– regarder le Document 3 (l'arbre généalogique) et d'en préparer un pour leur propre famille ou pour une famille imaginaire (activité 7) ;

– apporter une photo d'un membre de sa famille ou d'une famille imaginaire de préférence en pied (activité 6). Cette photo sera conservée en classe pour le travail de la leçon 9 « Décrire la personne ».

– choisir une photo de famille célèbre ou personnelle et de l'apporter (activité 8).

Faites connaissance !

› Livre de l'élève p. 33-44

Page d'ouverture

page 33

En classe entière 🕙10 min

Suivre la démarche proposée en Introduction (C.1.1), page 23.

Corrigés

Exemples de production :

› C'est l'unité 3. Elle est rouge.

› Elle s'appelle *Faites connaissance !*

› Sur la photo, il y a un homme et un jeune enfant. L'homme est sûrement le père ; il montre quelque chose à son enfant. (Cette photo montre de la tendresse et une relation forte entre l'adulte et l'enfant. Ils sont unis dans le même regard.)

› Les objectifs sont : parler de la famille, décrire une personne, échanger sur les goûts.

› Les points de grammaire sont : le pluriel des noms, l'interrogation avec *qui, c'est / il-elle est*, les adjectifs possessifs au pluriel, le masculin, le féminin et le pluriel des adjectifs, les articles définis et indéfinis, la négation (1) *ne... pas*, l'interrogation *Est-ce que / Qu'est-ce que*, l'intonation, l'inversion, *mais, moi aussi, moi non plus*, l'adjectif interrogatif (2) *quels/quelles*, le présent des verbes en *-er*.

› Dans la leçon 11, on fait une vidéo pour se présenter et on écrit un e-mail amical.

› Dans la vidéo ▶ 08, Nabil se présente et présente sa famille.

LEÇON 8 Parler de la famille

pages 34-35

PARLER DE LA FAMILLE 🕙 2 h 20								
Savoir-faire et savoir agir : présenter sa famille · décrire sa famille · dire la profession								
	DOC. 1			**DOC. 2** et **DOC. 3**			**DOC. 4**		**C**ulture(s)
COMPRENDRE	10'	5'	15'	15'	15'	10'	15'	10'	15'
	Act. 1 📖	Vocabulaire 🎧 038	Grammaire	Act. 2 🎧 036-037	Act. 3 🎧 039 Grammaire	Act. 4 💬	Act. 5 Grammaire	Act. 6 💬	💬
	• repérer les liens familiaux	• la famille	• les adjectifs possessifs (2) • le pluriel des noms	• présenter sa famille : donner le nom et la profession	• le masculin et le féminin des noms de professions (2) artistiques	• demander et dire sa profession	• *Qui est-ce ?/ C'est qui ? • C'est (2) – Il/ Elle est...*	• présenter un membre de sa famille	• échanger sur les noms de famille
AGIR	20'	Act. 7 💬	• présenter un arbre généalogique						
	10'	Act. 8 ✏️	• légender une photo						

En lisant le contrat d'apprentissage, les apprenants vont remarquer qu'ils ont commencé à étudier certains points de grammaire de façon intuitive ou formelle : le pluriel des noms, les adjectifs possessifs, le masculin et le féminin des adjectifs, l'intonation de la question (lorsque le professeur pose des questions). Il s'agit donc, dans cette unité, de commencer à synthétiser certains points.

COMPRENDRE

Activité 1 ⏱10 min
→ **Repérer les liens familiaux**

Sensibilisation et compréhension globale

Seul puis **En classe entière a.** Faire observer la photo et demander aux élèves s'ils connaissent le chanteur. Faire identifier le document et leur demander si c'est une affiche, une carte ou un article. Faire lire le titre du document 1 et répondre aux deux questions oralement.

Compréhension finalisée

Seul b. Demander aux apprenants de lire l'article et de faire les associations demandées. Dire aux élèves de justifier leurs réponses en soulignant les noms des membres de la famille du document (*parents*, *fils*, *grand-père*, *père*, *oncle*, *tante*, *mère*, *sœur*). Procéder à la mise en commun en demandant de faire une phrase simple : « Tao est le fils de Matthieu. Matthieu est le père de Tao. Loïca est la mère de Tao. Billie est la sœur de Tao. Matthieu et Loïca sont les parents de Tao. »

 🎧038 ⏱5 min

La famille

À deux Faire lire et écouter le nom des membres de la famille dans l'encadré Vocabulaire, partie *La famille* de la page 35. Pour accéder au sens, les apprenants sont autorisés à utiliser leur dictionnaire.

 Pour aider à la mémorisation et à la prononciation, on peut demander aux binômes d'avoir recours à la langue maternelle ou à une langue commune et de s'interroger à tour de rôle : « Comment on dit en français *the sister* ? » / « La sœur. » / « Comment on dit en français *el primo* ? » / « Le cousin. »

Corrigés

1 a. 1. Matthieu Chedid est un chanteur. Il a 47 ans. 2. Il a un bébé à 47 ans.
1 b. 1/b (Tao/le fils) ; 2/a (Matthieu/le père) ; 3/e (Loïca/la mère) ; 4/c (Billie/la sœur) ; 5/d (Matthieu et Loïca/les parents)

⏱15 min

Grammaire
▶ **Les adjectifs possessifs (2)**
▶ **Le pluriel des noms**

Conceptualisation

Une partie des adjectifs possessifs a été travaillée dans l'unité 2 à la leçon 5. Il s'agit ici de voir toutes les formes. On peut les travailler à ce moment de la leçon.

En classe entière Projeter le document 1 **au tableau** ou le recopier et faire du repérage : demander aux apprenants d'entourer les adjectifs possessifs.

 Matthieu Chedid (alias « M ») et (sa) compagne Loïca sont les heureux <u>parents</u> d'un petit garçon. (Leur) <u>fils</u> s'appelle Tao.

Le petit Tao entre dans une famille d'artistes : (son) <u>grand-père</u>, (son) <u>père</u>, (son) <u>oncle</u> et (sa) <u>tante</u> sont chanteurs. (Sa) <u>mère</u> est organisatrice de festivals, et (sa) <u>sœur</u>, Billie, chante à 16 ans.

– Écrire au tableau les éléments suivants :

 le fils de Matthieu → son fils / le père de Tao → son père

la mère de Tao → sa mère / la sœur de Tao → sa sœur

Demander pourquoi dans certains cas on utilise *son* et pourquoi dans d'autres cas on utilise *sa*. Amener ainsi les apprenants à dire que la forme du possessif dépend du nom qu'il accompagne. On peut compléter par d'autres exemples et en utilisant des couleurs :

 J'ai un **frère**. → mon **frère**

J'ai une **sœur**. → ma **sœur**

J'ai des **cousins**. → mes **cousins**

– Écrire ensuite au tableau :

 le fils de Matthieu → son **fils**

le fils de Matthieu et de Loïca → leur **fils**

Demander pourquoi dans le premier exemple on utilise *son* et pourquoi dans le deuxième exemple on utilise *leur*. Amener ainsi les apprenants à dire que la forme du possessif dépend également du nombre de possesseurs.

À deux Demander aux apprenants de se reporter à l'encadré de Grammaire, partie *Les adjectifs possessifs (2)* de la page 35 pour prendre connaissance des formes et commencer à se les approprier. Procéder par étapes car il y a de nombreuses formes à mémoriser.

 Commencer avec les formes *ma*, *mon*, *mes*, *ta*, *ton*, *tes* pour que les apprenants parlent de leur propre famille. Si certains sont fils ou fille unique, leur demander d'imaginer une famille.

Écrire le micro-dialogue **au tableau** et demander aux binômes de le pratiquer.

- Tu as des frères et sœurs ?
- Oui, un frère et une sœur.
- Comment s'appelle ton frère ?
- Mon frère s'appelle Milo.
- Et ta sœur ?
- Ma sœur s'appelle Aline. Et toi ?
- J'ai deux frères et trois sœurs.
- Comment s'appellent tes frères ?
- Mes frères s'appellent Luc et Vic.
- Et tes sœurs ?
- Mes sœurs s'appellent Léa, Lola et Anne.

> S'entraîner   > activité 5 page 42

– Terminer cette phase grammaticale en demandant de regarder l'encadré de Grammaire, partie *Le pluriel des noms* page 35 et montrer que, pour former le pluriel des noms, il faut ajouter un *-s*. Indiquer que ce *-s* ne se prononce pas et que les formes au singulier et au pluriel ont la même prononciation.
La seule façon de reconnaître un nom pluriel à l'oral consiste à identifier l'article ou l'adjectif possessif précédant le nom.

> S'entraîner   > activité 1 page 42

 et

Activité 2 🕐 15 min

→ **Présenter sa famille : donner le prénom et la profession**

Sensibilisation

En classe entière Expliquer que Matthieu Chedid va être interviewé par un journaliste. Demander de faire des hypothèses sur les sujets de l'interview ; les réponses attendues sont : son bébé, sa famille, sa profession, sa vie…

Compréhension globale

Seul puis **En classe entière** a. Faire écouter le document (🎧 036) et identifier les deux thèmes de l'interview. Une fois les deux thèmes repérés, on peut faire réécouter l'introduction de l'interview en demandant de préciser le lieu et la date du concert *(le 6 septembre, à l'opéra Garnier)*. Préciser qu'il s'agit de l'un des deux opéras de Paris.

Compréhension finalisée

En petit groupe b. Demander aux groupes de prendre connaissance de l'arbre généalogique de la page 34 (Doc. 3). Grâce à l'activité 1, ils peuvent retrouver certains membres de la famille (Matthieu, Loïca, Tao et Billie). Aider les apprenants à repérer que quatre générations

sont présentées et que les membres les plus jeunes sont en bas de l'arbre (Tao et Billie) et les plus âgés en haut (Andrée et Louis Sélim).

– Dire aux apprenants que, pendant la seconde écoute, il doivent se concentrer sur les professions des membres de la famille. Faire écouter et compléter l'arbre (🎧 036 ou 🎧 037). Demander aux membres de chaque groupe de comparer leurs réponses.

c. Faire réécouter plutôt la piste 🎧 037 pour vérifier les réponses, puis mettre en commun. Écrire les mots au tableau pour que les apprenants vérifient l'orthographe de leur propres réponses.

Transcription   036-037

– Concert de la famille Chedid, le 6 septembre à l'opéra Garnier. Dans la famille Chedid, vous avez Louis, le père, et Matthieu, le fils. Anna, la sœur, et Joseph, le frère chantent aussi. Notre invité, Matthieu Chedid. Bonjour Matthieu !
– Bonjour.
– Matthieu, vous êtes le fils du chanteur Louis Chedid et le petit-fils d'Andrée Chedid, écrivaine et poétesse. Votre mère, Marianne, est journaliste-styliste. Pourquoi ce concert en famille ?
– Nous sommes une famille d'artistes. Nos parents, bien sûr ! Notre sœur Émilie est réalisatrice. Notre oncle est conservateur et notre tante est peintre. Notre cousine Berryl est réalisatrice et notre cousine Élisabeth est conservatrice. Ma fille Billie chante aussi. Nous avons de la chance !
– Une belle famille !
– Oui. Nous chantons ensemble parce que…

Corrigés

2 a. L'interview parle du concert • de la famille • ~~du bébé~~ de Matthieu Chédid.

2 b. Andrée : écrivaine et poétesse – Marianne : journaliste-styliste – Émilie : réalisatrice – Michèle : peintre – Jean-Luc : conservateur – Berryl : réalisatrice – Élisabeth : conservatrice.

Activité 3 🕐 15 min

Grammaire

▶ **Le masculin et le féminin des noms de professions (2) artistiques**

Conceptualisation

Cette activité a pour objectif de sensibiliser à la différence entre les noms de profession masculins et féminins.
En classe entière Demander aux apprenants de faire les associations demandées dans l'activité 3. Leur demander quelles différences ils remarquent (outre le *-e* ajouté au féminin, il y a aussi une modification de la finale du mot : *-eur/ -euse*, *-ien/-ienne*). **Demander à un apprenant de formuler la règle** (*cf.* corrigé). Faire remarquer aux apprenants qu'ils ont déjà vu la transformation *-ien/-ienne* quand ils ont étudié les adjectifs de nationalité. Écrire un exemple au tableau.

3 masculin : **a.** chanteur, **d.** musicien ; féminin : **b.** chanteuse, **c.** musicienne. Si le masculin est -*eur*, le féminin est -*euse* ; si le masculin est -*ien*, le féminin est -*ienne*.

 À deux Pour compléter la conceptualisation, dessiner **au tableau** une grille comme celle ci-dessous, la faire reproduire aux apprenants sur une feuille ou le cahier et demander de la remplir avec les informations de l'arbre généalogique. Pour faciliter la correction, on peut leur demander de noter les professions par ordre alphabétique.

Homme	Femme
	artiste
chant**eur**	chant**euse**
	conserva**trice**
	écrivai**ne**
médecin	
music**ien**	music**ienne**
	organisa**trice**
	poét**esse**

 Demander ensuite de compléter la grille ensemble en s'aidant de l'encadré Vocabulaire, partie *Les professions* (2) *artistiques* de la page 35 et de compléter avec les deux autres professions *réalisateur* et *styliste*. On peut, comme dans l'encadré, utiliser des couleurs pour les terminaisons.

Homme	Femme
artiste	artiste
chant**eur**	chant**euse**
conserva**teur**	conserva**trice**
écrivain	écrivai**ne**
médecin	médecin
music**ien**	musicie**nne**
organisa**teur**	organisa**trice**
peintre	peintre
poète	poét**esse**
réalisa**teur**	réalisa**trice**
styliste	styliste

En classe entière Pour terminer la conceptualisation et synthétiser les informations, le professeur écrit **au tableau** -*teur* → -*trice* et demande aux apprenants de citer d'autres transformations qu'il écrira au tableau les unes au-dessous des autres :

-teur → -trice

-eur → -euse

-ien → -ienne

-ain → -aine

-e → -e (Les adjectifs terminés par un -e au masculin ont la même forme au féminin.)

 Pour systématiser les transformations, le professeur peut faire un exercice oral avec d'autres noms de professions artistiques (*acteur / actrice*, *photographe*, *dessinateur / dessinatrice*, *danseur / danseuse*, *comédien / comédienne*). Le professeur dit le mot au masculin et la classe donne le féminin.

 S'entraîner activité 2 page 42

Activité 4 10 min

→ **Demander et dire sa profession**

Cette activité de production orale intermédiaire permet à l'apprenant de présenter sa propre profession et donc d'élargir le lexique à d'autres professions que celles qui sont artistiques.

En petit groupe Chaque apprenant cherche dans le dictionnaire le nom de sa profession et la dit. Il devra connaître la forme du masculin et du féminin.

En classe entière Chaque apprenant se lève à tour de rôle pour donner sa profession : « Je suis… » **Demander à deux apprenants d'aller au tableau pour compléter la grille amorcée à l'activité 3 avec les noms de profession donnés par chaque apprenant. L'un écrira la forme du masculin et l'autre** celle du féminin. Alterner les élèves qui vont au tableau au cours de l'activité si nécessaire.

 Dans une classe où les apprenants ne travaillent pas et n'ont donc pas de profession, l'activité se fera avec la profession des parents ou d'une autre personne de la famille : « Mon père est… Ma mère est… Ma sœur est… ».

 On peut demander aux apprenants de se reporter au tableau *Le nom* à la page 122 du Précis grammatical pour avoir une vue synthétique de ces transformations. Ce même tableau du Précis peut être reproduit sur un fichier Word ou sur une feuille de papier pour que les apprenants insèrent les exemples de la leçon. Ils pourront compléter cet outil lexico-grammatical en ajoutant tous les noms qu'ils rencontreront dans les leçons suivantes.

DOC. 4

Activité 5 15 min

Grammaire

L'interrogation avec *qui* – *C'est / Il-Elle est*…

Conceptualisation

En classe entière

Demander aux apprenants de regarder dans l'encadré Grammaire les parties *L'interrogation avec qui* et *C'est / Il-Elle est*. Faire comprendre le sens de cette question et la façon d'y répondre : *C'est qui ? Qui est-ce ?* → *C'est…*

– Pratiquer oralement : le professeur désigne un apprenant et demande aux autres : « C'est qui ? » La classe répond : « C'est + *le prénom de la personne* ». Grâce à l'encadré, montrer qu'on peut répondre avec un nom : *c'est **ma** sœur, c'est **mon** père, c'est **un** ami, c'est **le** professeur, ce sont **mes** parents, ce sont **des** femmes.*

– Demander de faire l'activité 5 et mettre la réponse en commun en justifiant. Matthieu dit : « C'est moi » et il présente son père, son frère et sa sœur en disant : « C'est mon… » et « C'est ma… ».

– Après la correction, écrire **au tableau** les deux phrases suivantes :

 C'est un **musicien.** Il est un **musicien.**

Expliquer que les deux phrases présentent la profession d'une personne de deux façons différentes. Si on utilise *Il est/Elle est*, on ne doit pas mettre d'article. Écrire **au tableau** :

 Il est ~~un~~ **musicien.**

 À deux On peut faire une activité de production orale intermédiaire et demander aux apprenants de pratiquer oralement ce point grammatical en se reportant à l'arbre généalogique. Un apprenant choisit un membre de la famille Chedid et demande à l'autre de le présenter sur le modèle du dialogue que le professeur écrit au tableau :

 A. Qui est Berryl ? / Berryl, c'est qui ? / Berryl, qui est-ce ?

B. C'est la fille de Michèle et de Jean-Luc, c'est la sœur d'Élisabeth, c'est la petite-fille d'Andrée et de Louis Selim et c'est la cousine de Matthieu. Elle est réalisatrice.

> S'entraîner > activité 4 page 42

Corrigé

5 Matthieu

Activité 6 ▶ 09   ⏱ 25 min

→ **Présenter un membre de sa famille**

À deux Projeter la vidéo où Nina présente sa sœur et demander à chaque participant de présenter un membre de sa famille ou d'une famille célèbre.

À la fin de la séance précédente, le professeur peut demander aux apprenants d'apporter une photo d'un membre de leur famille ou d'une famille célèbre, de préférence en pied. Cette photo peut être utilisée pour cette activité et sera conservée en classe pour le travail de la leçon 9 « Décrire la personne ».

Corrigé

6 Productions libres.

Culture(s) ⏱ 15 min

▶ **Échanger sur les noms de famille**

Pour terminer cette première partie de la leçon, demander aux apprenants de lire l'encadré sur les noms de famille.

– Avant de donner la parole aux apprenants pour échanger sur la coutume dans leur pays, leur demander de se reporter à l'arbre généalogique de la page 35 pour vérifier l'exactitude de l'information : ils constateront que, par exemple, la tante de Matthieu, Michèle, a eu deux enfants avec Jean-Luc Koltz qui portent le nom de leur père. Même constat pour les deux enfants de Matthieu qui portent le nom de leur père et non celui de leurs mères respectives.

– Pour répondre à la question « Et dans votre pays ? », si les apprenants sont de nationalités variées, on peut faire un tour de table en proposant un modèle simple de production : « Dans mon pays, l'enfant porte le nom de… » Il se peut que dans plusieurs pays, l'usage soit le même. Plutôt que de faire répéter toujours la même phrase, le professeur peut donner aux apprenants des formes lexicalisées comme par exemple : « Dans mon pays, c'est la même chose. »

– On peut ensuite laisser les apprenants s'exprimer en langue maternelle ou en langue commune s'ils souhaitent partager leurs opinions sur les différentes traditions.

Culture(s) +

■ Depuis une loi de 2002, il est possible pour les parents de choisir le nom transmis à leur(s) enfant(s), parmi quatre configurations : l'enfant peut porter le nom du père, le nom de la mère, ou le double nom (deux choix possibles). Ainsi, par exemple, si Loïc Durand et Marion Dupuis ont un enfant, Paul pourra s'appeler Paul Durand, Paul Dupuis, Paul Durand-Dupuis ou Paul Dupuis-Durand. Ce **choix du nom** doit être fait au plus tard au moment de la déclaration de naissance de l'enfant. C'est ainsi que, même si les enfants portent encore majoritairement le nom de famille du père (entre 80 % et 85 %), ils sont un peu plus de 10 % à porter le double nom.

AGIR

Activité 7 ⏱ 20 min

→ **Présenter un arbre généalogique**

Préparation

En classe entière puis **Seul** a. Présenter la tâche aux apprenants : ils vont devoir dessiner l'arbre généalogique de leur famille sur le modèle de celui de la famille Chedid (Doc. 3), à savoir sur quatre générations au maximum. Préciser qu'ils se placent eux-mêmes à la base de l'arbre et devront ainsi indiquer, au-dessus d'eux, les parents, puis au-dessus, les grands-parents, et enfin, les arrière-grands-parents (si possible). Si un apprenant est marié ou père de famille, il peut se situer au même niveau que Matthieu Chedid. Indiquer que le prénom, le nom et la profession de chaque membre doivent être bien mentionnés. Comme l'indique la consigne, les apprenants peuvent choisir une famille célèbre ou imaginaire. Pour préparer la phase de production, ne pas hésiter à donner une matrice : « Je suis là. J'ai un frère, Peter, et deux sœurs Jane et Mary. Jane est médecin et Mary est chanteuse. Peter est marié à Julia... »

 Cette phase de préparation peut être faite hors de la classe.

Production

En petit groupe **b.** Chaque apprenant présente les membres de sa famille et explique son arbre aux autres membres.

Corrigé

7 Productions libres.

Activité 8   10 min

→ **Légender une photo**

Préparation

En classe entière **a.** Présenter la tâche aux apprenants : ils vont devoir choisir une photo et la légender à la manière du document 4. Faire un remue-méninge pour décider des informations à donner : le nom, le prénom, la nationalité, l'âge, la profession, la relation familiale. Le professeur incitera les apprenants à formuler des phrases courtes et à prendre pour modèle la rédaction du document 4.

Production

En petit groupe **b.** et **c.** Le choix de la photo et la recherche d'informations peuvent se faire hors de la classe et la rédaction peut être commune. Les photos et les légendes affichées, les apprenants en prendront connaissance.

Le professeur pourra aussi recueillir l'ensemble des productions sous forme numérique et les poster sur le groupe de la classe.

Corrigé

8 Productions libres.

Prolongement de la leçon

> **Entraînement linguistique**

■ Demander aux apprenants de relire la double page, de réécouter les documents travaillés.

■ Créer une fiche-lexique sur le thème de *la famille*.

■ Créer une fiche-lexique sur le thème de *la profession* qui sera complétée à la leçon 24.

> **Évaluation formative**

■ Les activités du **Cahier d'activités** correspondant à la leçon sont **aux pages 24-27**.

■ Les activités du **Parcours digital®**.

Classe inversée

Avant la leçon 9

L'enseignant peut demander aux apprenants de/d' :

– lire et écouter le vocabulaire de la page 37, partie *Le physique, l'apparence et le caractère* ;

– lire et écouter le vocabulaire de la page 37, partie *Les vêtements* (1) *et les accessoires* (1) et de chercher d'autres mots dont ils pourraient avoir besoin pour décrire la façon dont ils sont habillés ;

– apporter la photo d'une personnalité (activité 7) ;

– regarder le tutoriel vidéo de phonétique (*Les lettres finales muettes* [▶] 10).

DÉCRIRE UNE PERSONNE ⏱ 2 h 45									
Savoir-faire et savoir agir : décrire et caractériser une personne									
DOC. 1			DOC. 2 🎧 040-041						
10'	5'	10'	15'	15'	15'	10'	10'	10'	15'
Act. 1 📖	Vocabulaire 🎧 045	Act. 2 Grammaire	Act. 3 a/b 🎧	Act. 3 c 🎧	Act. 4 Grammaire	Vocabulaire 🎧 043-044	Act. 5 Grammaire	Phonétique ▶ 10	Act. 6 💬
· identifier une situation de communication	· la soirée	· les articles indéfinis et définis	· identifier une situation de communication	· décrire une personne	· le masculin, le féminin et le pluriel des adjectifs	· le physique, l'apparence et le caractère ; les vêtements (1) et les accessoires (1)	· le masculin et le féminin des adjectifs	· les lettres finales muettes	· décrire physiquement une personne

AGIR		
25'	Act. 7 💬	· présenter une personnalité
25'	Act. 8 ✏	· caractériser une personne avec un mot

COMPRENDRE

DOC. 1 📖

Activité 1 📖 ⏱ 15 min

→ **Identifier une situation de communication**

Sensibilisation et compréhension globale

 puis **a.** Faire décrire le document 1. *(C'est un téléphone portable. Il y a deux photos sur le post Instagram et une conversation entre Julie et Davidmilo.)* Rappeler si besoin qu'Instagram est une application, un réseau social et un service de partage de photos et de vidéos. Les apprenants remarqueront peut-être aussi les 3 # (hashtag) ; ce signe est utilisé sur les réseaux sociaux et permet soit de marquer un contenu avec un mot-clé afin de partager ce contenu et d'y faire référence plus facilement, soit de regrouper l'ensemble des discussions faisant référence à un même thème.

b. À deux Demander d'observer les photos, de lire les messages du post Instagram et les six mots proposés. Demander aux apprenants de regarder les mots de *La soirée* dans l'encadré Vocabulaire page 37 et expliquer les mots nouveaux ou autoriser l'utilisation du dictionnaire pour l'accès au sens. Demander ensuite à chaque binôme d'entourer les mots liés aux sujets de la conversation du document 1.

 Pour permettre le réemploi des nouveaux mots, demander à chaque binôme de préparer une phrase résumant la situation avec un maximum de mots. Ex. : Julie est dans un restaurant à une soirée karaoké avec des amis. Elle poste une photo à un copain David milo.

Compréhension finalisée

c. Les apprenants choisiront facilement la phrase 3 par élimination. Lors de la mise en commun, demander de justifier les réponses. Ex. : « Julie ne présente pas Madonna mais elle chante une chanson de Madonna. » La justification pour l'élimination de la phrase 2 exige la compréhension du verbe *décrire* que les apprenants ne connaissent peut-être pas. Ce verbe est important pour la suite des activités de la leçon. Leur demander de chercher ce verbe dans le dictionnaire et d'imaginer une description de la photo envoyée par Julie. Ex. : « Julie est avec deux amies, elle chante une chanson. »

> **Corrigés**
>
> **1 a.** Julie et davidmilo
>
> **1 b.** Les sujets sont : la soirée, le karaoké, les chansons.
>
> **1 c.** 3. Julie présente un restaurant.

Activité 2 10 min

▶ Les articles indéfinis et définis

Conceptualisation

Cette activité va permettre d'induire la différence entre les articles définis et indéfinis.

À deux **a.** Demander aux binômes de souligner les deux informations qui leur semblent donner une information précise. Mettre en commun. Le professeur écrit les deux phrases **au tableau**. Demander en quoi elles sont précises et entourez le nom de la chanson et le nom du restaurant.

 La chanson Isla Bonita.

C'est le restaurant La Felicità.

b. Demander de répondre à la question, **mettre en commun en faisant énoncer la règle** : pour une information précise, l'article est *le* ou *la*. Pour une information imprécise, l'article est *un* ou *une*. Puis demander aux apprenants de se reporter aux deux parties de l'encadré de Grammaire : *L'article indéfini pour donner une information non précise* et *L'article défini pour donner une information précise* p. 37. Ils ont déjà étudié ces articles précédemment à la leçon 4 page 23 pour nommer les pays et à la leçon 6 page 27 pour nommer des choses (article indéfini). Ils les ont déjà rencontrés également dans les consignes et les différents documents. Il s'agit ici d'opposer les deux articles : cette opposition est facile à comprendre pour les apprenants dont la langue possède ces deux articles mais elle est plus difficile pour ceux dont la langue ne possède pas d'article. Il est capital de faire comprendre aux apprenants qu'il est très rare en français d'utiliser un nom sans article et que la forme de cet article dépend du genre et du nombre du nom.

💡 Pour compléter la règle, on peut, à cette étape, renvoyer les apprenants à la page 122 du Précis grammatical (*Les articles définis et indéfinis*) afin d'ajouter la notion de « chose unique » pour justifier l'utilisation de l'article défini ; donner des exemples comme *la Terre, la Lune, la France*… Difficile à ce stade d'aller beaucoup plus loin dans la pratique orale du choix des articles par des micro-dialogues car l'usage de ces articles en contexte est complexe et les apprenants risquent d'avoir besoin d'éléments linguistiques qu'ils ne connaissent pas (les démonstratifs, les relatifs) et d'être confrontés à des questions auxquelles il sera difficile de répondre.

Corrigés

2 a. **1.** La chanson *Isla Bonita*. ; **4.** C'est le restaurant *La Felicità*, à Paris.

2 b. Pour une information précise, l'article est *le* ou *la*. Pour une information imprécise, l'article est *un* ou *une*.

> S'entraîner > activité 6 page 42

Activité 3  🎧 30 min

→ Décrire une personne

Sensibilisation

En classe entière Faire lire la consigne et s'assurer que les apprenants comprennent qu'ils vont entendre une conversation entre les deux personnes qui ont échangé sur Instagram dans le document 1 (David étant le prénom du pseudo davidmilo). Faire faire des hypothèses sur le contenu de leur échange : ils parlent de la soirée, du restaurant…

Compréhension globale

En classe entière Faire écouter le document 2 (🎧 040) et identifier la situation : après la soirée (le lendemain, peut-être), Julie montre une autre photo à David sur laquelle on la voit avec des personnes que David ne connaît pas. Il lui pose des questions.

a. et **b.** Les apprenants peuvent alors répondre aux deux premières parties de l'activité. Faire justifier les réponses de la partie b : David n'est pas sur la photo car il dit : « Tu es avec qui ? » ; David ne connaît pas les personnes sur la photo car il demande : « C'est qui ? ». Julie dit que ce sont ses collègues et elle les décrit.

Compréhension finalisée

c. Faire réécouter le document 2 en associant chaque description à un prénom. Pour cela, les apprenants ne comprendront peut-être pas tout mais s'attacheront à un indice ou à certains mots qu'ils connaissent ou devinent. Demander aux membres du groupe de comparer leurs réponses. Pour la mise en commun, demander aux apprenants quel est le mot-clé qui les a aidés à répondre : pour Chiara ? Elle est brune et c'est la seule brune des trois filles ; pour Danny ? L'indication du chapeau ; pour Kathy ? Elle est blonde et sportive. Pour Florence ? Elle a des lunettes ; pour Bertrand ? Aucun indice objectif mais ce n'est pas Danny.

Transcription 🎧 040-041

Julie : Regarde !
David : Tu es avec qui ?
Julie : Avec mes collègues. Alors, lui, c'est Danny, l'informaticien. Il est grand. Il est élégant avec sa veste ! Et il porte toujours un chapeau : so chic !
David : Il est triste !
Julie : Triste ? Non, il est sérieux !
David : Et elle, la petite brune, c'est qui ?
Julie : C'est la copine de Danny, c'est Chiara. Elle est très jolie et sympa. Et la fille avec les cheveux longs, là, c'est Kathy. Elle est belle, hein ?!!!
David : Elle est grande, non ?
Julie : Elle n'est pas grande : elle est SPORTIVE !
David : Mouais…
Julie : Et là, c'est Florence. J'aime bien Florence, elle est a-do-ra-ble ! J'adore ses lunettes !
David : Et lui ? Il est beau ! C'est Brad Pitt ?
Julie : Arrête !!! C'est Bertrand. C'est mon chef !!!

3a. David pose des questions sur les collègues de Julie.

3b. Vrai : 3 ; Faux : 1, 2

3c. 1. Chiara : a ; 2. Bertrand : d ; 3. Kathy : c ; 4. Florence : e ; 5. Danny : b

Activité 4 041 🕐 15 min

→ **Décrire une personne**

À deux a. Faire réécouter plutôt la piste 🎧 041, plus lente pour faire le repérage. Demander aux apprenant de réécouter la conversation et d'associer les mots entendus aux personnes.

b. Par deux, les apprenants vont comparer leurs réponses et élucider le sens des adjectifs. Au fur et à mesure, l'enseignant pourra élucider les significations des adjectifs et des mots de vêtements et accessoires.

c. Demander aux apprenants de classer les adjectifs selon les rubriques « L'apparence » et « Le caractère ».

Mettre en commun en classe entière en demandant à un apprenant de décrire l'une des personnes et changer d'apprenant pour chacune des personnes à présenter.

4a. Danny : grand, élégant, triste, sérieux, chic ; Chiara : petite, brune, jolie, sympa ; Kathy : belle, grande, sportive ; Florence : adorable ; Bertrand : beau

4c. l'apparence : élégant, jolie, sympa, belle, beau, chic ; le caractère : triste, sérieux, adorable

Prénoms	Le corps	Les cheveux	L'apparence	Le caractère	Les vêtements et les accessoires
Danny	grand		élégant, chic	triste, sérieux	veste élégante et chapeau
Chiara	petite	brune / cheveux bruns	jolie	sympa	
Kathy	grande, sportive	longs	belle		
Florence				adorable	lunettes
Bertrand			beau		

▶ **Le physique, l'apparence et le caractère / Les vêtements (1) et les accessoires (1)**

Demander aux apprenants de se reporter à l'encadré Vocabulaire de la page 37 pour lire les mots découverts dans le document 2.

En groupes Reprendre le vocabulaire de l'encadré. Pour s'assurer de sa bonne compréhension, on pourra, pour quelques adjectifs, demander aux apprenants de décrire une personne de la classe, par exemple : « *Nom d'un(e) apprenant(e) est grande.* » ou « *Nom d'un(e) apprenant(e) est sérieux.* »

Activité 5 🕐 10 min

Grammaire

▶ **Le masculin et le féminin des adjectifs**

Conceptualisation

Cette activité a pour objectif de travailler sur la morphologie des adjectifs qualificatifs afin de permettre aux élèves de travailler sur la formation du féminin des adjectifs et de comprendre la construction de formes irrégulières. Les apprenants ont déjà vu certaines formes irrégulières pour les adjectifs de nationalité à la leçon 4, page 23. Sont ajoutées dans cette leçon quelques autres formes irrégulières.

À deux a. et **b.** Demander aux binômes d'observer les adjectifs et d'**induire une règle de formation des adjectifs** féminins à partir de ce corpus. Mettre en commun (*cf.* corrigé).

En classe entière c. Faire écouter la piste 🎧 042 pour faire repérer qu'il s'agit de l'adjectif *joli/jolie* qui a la même prononciation et signaler que tous les adjectifs terminés par une voyelle ont généralement la même prononciation au masculin et au féminin. Ce point pourra être renforcé lors du travail phonétique sur les lettres finales muettes.

💡 On peut, à cette étape de la méthode, synthétiser tout ce que les apprenants ont induit jusqu'ici sur la formation du féminin et du pluriel des noms et des adjectifs.

À deux Demander aux apprenants de se reporter aux pages 122, 123 et 124 du Précis grammatical, de lire et d'oraliser les tableaux sur le nom et l'adjectif. Le professeur circule parmi les groupes pour apporter son aide.

En classe entière Une fois ce travail effectué, signaler aux apprenants qu'ils devront toujours se reporter à ces tableaux lorsqu'ils auront une difficulté pour trouver la forme correcte d'un nom ou d'un adjectif.

Le physique

grand • grande	joli • jolie	sportif • sportive
petit • petite	sérieux • sérieuse	

 046 10 10 min

Les lettres finales muettes

– Faire travailler le point Phonétique de la page 37.
– Faire visionner le tutoriel vidéo et en vérifier la bonne compréhension.

  10

Les lettres finales muettes

Bonjour ! Aujourd'hui, les lettres finales. En général, on ne prononce pas les consonnes en fin de mot. Il est très grand. Ils sont grands. On ne prononce pas le -e en fin de mot. Elle est grande. Elles sont grandes.
Écoutez et regardez. Il est étudiant. Je ne prononce pas le « t ». Elle est étudiante. Je ne prononce pas le -e mais je prononce le -t. Ça va ? C'est facile ! Au revoir ! À bientôt !

 046

Les lettres finales muettes

En général, on ne prononce pas les consonnes et le -e en fin de mot.
Ex. : Il est très grand. Elle est grande. Ils sont grands. Elles sont grandes.

Corrigés

5 b. Pour *grand*, *petit*, *joli*, on ajoute un *-e* au féminin. Si le masculin est *-eux*, le féminin est *-euse* ; si le masculin est *-f*, le féminin est *-ve*.
5 c. joli/jolie

Activité 6   15 min

→ Décrire physiquement une personne

En groupes Cette activité de production orale intermédiaire consiste à réutiliser les adjectifs servant à décrire quelqu'un physiquement.
– Faire lire la consigne et l'exemple. On peut demander aussi de décrire les vêtements et éventuellement les accessoires.
– Chaque membre du groupe prépare à l'écrit une description d'une personne de la classe et la lit **pour la faire deviner aux autres membres du groupe.**

Corrigé

6 Productions libres.

AGIR

Activité 7   25 min

→ Présenter une personnalité

Préparation

Seul puis **En classe entière a.** Présenter la tâche aux apprenants : ils vont devoir préparer la description de la personnalité de leur pays dont ils ont apporté la photo et présenter oralement cette personne devant la classe.
– La phase de recherche et le travail individuel de description est à faire hors de classe de préférence. L'apprenant pourra présenter une photo papier ou numérique.
Le professeur peut donner une matrice :
Je vous présente + prénom et nom de la personnalité.
C'est un/une + profession.
Il/Elle est + adjectifs de description physique ou du caractère.
Sur la photo, il/elle porte + vêtements.

Production

En classe entière b. Chaque apprenant présente la personnalité qu'il a choisie. Pour rendre l'activité plus ludique, avant de faire la présentation de la personnalité, l'apprenant demande à la classe si elle connaît la personne en montrant la photo et en demandant : « Qui est-ce ? ».

Corrigé

7 Productions libres.

Activité 8   25 min

→ Caractériser une personne avec un mot

Préparation

En classe entière a. et **b.** Présenter la tâche aux apprenants : ils vont devoir associer un mot, en fait un adjectif, à une personne de la classe pour la caractériser : la caractérisation peut être physique (*blond(e)*...), concerner l'apparence (*élégant(e)*...) ou le caractère (*sérieux*...). Le professeur s'assurera que les adjectifs choisis ne blessent personne.
– Demander à chaque apprenant de chercher dans son dictionnaire deux mots, puis de les donner. Le professeur écrit tous les adjectifs au tableau en notant la forme du masculin et celle du féminin. Les apprenants recopient ces mots.

Production

En petit groupe c. et **d.** Chaque groupe choisit quelques apprenants (entre 5 et 10) dans la classe et associe un prénom à un adjectif en l'écrivant sur une feuille. Ex. : Birgit / souriante ; John / curieux... Le professeur circule pour apporter son aide.
e. Pour la mise en commun, toutes les listes peuvent être affichées et la classe circule pour lire les mots associés à chaque prénom. Les apprenants disent s'ils sont d'accord avec les mots proposés.

Corrigé

8 Productions libres.

LEÇON 10 Échanger sur ses goûts

pages 38-39

ÉCHANGER SUR SES GOÛTS 🕐 3 h 05

Savoir-faire et savoir-agir : dire et demander ce qu'on aime

		DOC. 1 📖				DOC. 2 🎧 047-048				
	30'	20'	5'	10'	20'	10'	30'	10'	5'	10'
COMPRENDRE	Grammaire	Act. 1 📖	Act. 2 Grammaire	Act. 3 💬	Act. 4 🎧	Grammaire	Grammaire	Culture(s)	Act. 5 💬	Phonétique 🎧 051
	• les verbes en -*er* au présent	• nommer les activités de loisirs et les animaux • Les sports (1)	• la négation (1) *ne... pas*	• dire ce qu'on aime et ce qu'on n'aime pas	• dire ce qu'on aime et demander à quelqu'un ce qu'il aime	• *moi aussi / moi non plus*	• l'interrogation : *Est-ce que ? Qu'est-ce que ?* l'intonation, l'inversion • l'adjectif interrogatif (2) *quels/quelles* • *mais*	• la France et le cinéma	• échanger sur les goûts	• les combinaisons de voyelles
AGIR	15'	Act. 6 ✏️	• faire une liste de « j'aime, je n'aime pas »							
	20'	Act. 7 💬	• fabriquer un jeu « Est-ce que tu aimes ? »							

Cette leçon, qui consiste à échanger sur les goûts, est capitale du point de vue grammatical pour la suite de l'apprentissage puisqu'elle :

– systématise la conjugaison au présent des verbes en -*er* ;

– synthétise les trois formes de la question ;

– présente la structure de la phrase négative.

Il peut être utile de consacrer une période d'enseignement spécifique à la conjugaison des verbes en -*er* avant d'entrer dans la leçon proprement dite afin que les apprenants prennent conscience que la systématisation de la conjugaison est un point fondamental de l'apprentissage car elle leur permet de devenir plus autonome.

Ce travail sur les verbes peut être fait avant de travailler le document 1 ou bien après l'exercice 3, pour ceux qui préfèrent découvrir les verbes en contexte.

Les verbes en -er au présent

En classe entière

Le professeur doit veiller à présenter la notion de conjugaison de façon visuelle en organisant son tableau et en veillant à ne rien effacer jusqu'à la fin du travail.

– Pour vérifier que la notion de « verbe » est bien comprise, écrire **au tableau** quelques phrases que les apprenants ont déjà vues ou produites en mettant en évidence la forme du verbe (en les entourant) et en rappelant la notion d'« infinitif » :

 Infinitifs

Je (suis) brésilienne. → être

J'(ai) trois frères. → avoir

Je (parle) espagnol. → parler

J'(habite) à Rome. → habiter

J'(aime) le basket. → aimer

– Dire que les verbes en -er représentent environ 80 % des verbes français et que la mémorisation de leur conjugaison est donc fondamentale.

– Rappeler que le verbe qui exprime l'action indique si cette action a lieu au présent, au passé ou au futur et que, pour l'instant, on travaille les formes du présent. Faire lister par les apprenants les personnes et les écrire **au tableau**.

 Je
Tu
Il/Elle
Nous
Vous
Ils/Elles

– Rappeler que certaines formes des verbes *parler* et *habiter* ont déjà été vues à la leçon 5. Prendre l'exemple du verbe *parler*.

 Parler

Je   parle
Tu   parles
Il/Elle parle
Nous   ———
Vous   parlez
Ils/Elles ———

– Donner et écrire au tableau les deux formes manquantes et les entourer.

Parler

Je   parle
Tu   parles
Il/Elle parle
Nous   [parlons]
Vous   parlez
Ils/Elles [parlent]

– Faire remarquer aux apprenants qu'en français, lorsque l'on conjugue un verbe, il y a une base à laquelle on ajoute des terminaisons. C'est le radical du verbe :

 Parle
      └→ radical

– Pour les verbes en -ER, les terminaisons sont :

 e, es, e, ons, ez, ent : les terminaisons des verbes en -ER

– Prononcer les formes du verbe *parler* et demander aux apprenants de les répéter. Attirer leur attention sur la prononciation de ces formes et montrer que quatre d'entre elles se prononcent de la même façon (*parle, parles, parle, parlent*).

 Parler

Je parle
Tu parles
Il parle / Elle parle
Nous parlons
Vous parlez
Ils parlent / Elles parlent

– Pour sensibiliser les apprenants aux différences quand le verbe commence par une voyelle ou un -h muet, placer à côté de la conjugaison du verbe *habiter* et celle du verbe *aimer* (dont le sens ne devrait poser aucun problème) et demander aux apprenants de les conjuguer à leur tour.

Le professeur reconstruit les conjugaisons avec eux et écrit les formes **au tableau**. Attirer l'attention sur l'élision, l'enchaînement et la liaison.

Habiter	Aimer
J'habite	J'aime
Tu habites	Tu aimes
Il habite / Elle habite	Il aime / Elle aime
Nous habitons	Nous aimons
Vous habitez	Vous aimez
Ils habitent / Elles habitent	Ils aiment / Elles aiment

À deux Demander aux binômes de faire une liste de dix verbes en -er qu'ils connaissent. Pour cela, les autoriser à feuilleter leurs notes ou les leçons précédentes pour repérer notamment les verbes des consignes. Le professeur circule pour s'assurer que les apprenants ne notent que des verbes en -er.

En classe entière Pour conclure ce travail, rappeler aux apprenants que la mémorisation progressive des conjugaisons est fondamentale pour la progression de l'apprentissage. Les encourager à s'entraîner régulièrement et à se reporter au Précis grammatical et au Précis de conjugaison page 132. Les conjugaisons d'autres verbes et d'autres systèmes seront vus progressivement dans les leçons suivantes.

❯ S'entraîner ❯ activité 12 page 43

COMPRENDRE

Activité 1 ⏱20 min

→ **Nommer les activités de loisirs et les animaux**

Sensibilisation

En classe entière Faire lire le titre de la leçon et vérifier sa bonne compréhension. Faire observer le document 1 p. 38 et le faire identifier : c'est un site Internet, un forum.

Compréhension globale

Seul a. Demander de lire la page du site et d'entourer les réponses. Expliquer que c'est le site Internet du magazine *Psychologies Magazine* qui est un mensuel français grand public consacré au bien-être et au développement personnel. Procéder à la mise en commun.

Compréhension finalisée

À deux b. Demander d'observer les phrases associées aux émoticônes et attirer l'attention des élèves sur la structure de la phrase négative. Écrire **au tableau** :

 Pierre n'aime pas les chiens.

Demander ensuite aux élèves de relire la page du site et de faire les associations. Procéder à la mise en commun en demandant aux apprenants d'oraliser les réponses : « Pierre aime les chats, l'équitation et le cyclisme. Pierre n'aime pas les chiens, courir, regarder la télé, lire les magazines. ».

– Demander aux apprenants d'observer quel type de mot suit le verbe *aimer* : soit un nom (*le basket*, *l'équitation*...) soit un verbe à l'infinitif (*danser*, *manger*). Faire remarquer que le nom qui suit le verbe *aimer* est toujours précédé d'un article défini *le*, *la*, *l'*, *les*.

c. et **d.** Pour l'activité de classement demandée, faire faire une grille. Pour la mise en commun, demander à des apprenants de venir écrire les réponses au tableau.

Les animaux	
Les loisirs	
Les sports	

Corrigés

1 a. 1. la psychologie ; 2. forum ; 3. un jeu ; 4. de ses goûts.

1 b. Pierre aime : 4, 6, 7 ; Pierre n'aime pas : 1, 2, 3, 5

1 c.

Les animaux	les chats, les hippopotames, les moustiques
Les loisirs	danser, manger au restaurant, lire les magazines
Les sports	l'équitation, le cyclisme, le tennis, la Formule 1, courir (la course)

Activité 2 ⏱5 min

Grammaire

La négation (1) *ne... pas*

Conceptualisation

En classe entière Il s'agit ici de conceptualiser ce qui a été observé lors de l'activité 1. Demander aux apprenants de lire les phrases et de souligner la réponse négative. Inviter les élèves à regarder à nouveau la phrase de l'activité 1b écrite au tableau (*Pierre n'aime pas.*) pour les aider à trouver la phrase négative.

– Leur demander de se reporter à l'encadré Grammaire *La négation (1) ne... pas* et de montrer comment former une phrase négative en français ; il y a deux mots : *ne* ou *n'* devant le verbe et *pas* après le verbe.

💡 **À deux** Demander aux apprenants de reprendre leur liste de verbes en -*er* travaillés en amont et de passer de la forme affirmative à la forme négative : un des membres donne une forme verbale (*Il parle*) et l'autre donne la forme négative (*Il ne parle pas*).

Corrigé

2 Phrase **b** : « Non, je n'aime pas le basket. »

⟩ **S'entraîner** ⟩ **activité 11 page 43**

Activité 3 ⏱10 min

→ **Dire ce qu'on aime et ce qu'on n'aime pas**

En groupes Cette activité de production orale intermédiaire permet de s'entraîner à dire ce qu'on aime et ce qu'on n'aime pas.

– Faire regarder la vidéo ▶ 11 d'Antonio et, chacun leur tour, les membres du groupe expriment leurs goûts. Les apprenants remarqueront peut-être qu'Antonio a du mal à prononcer le mot *chien* (prononcé *chian*). Cette difficulté de prononciation peut être soulignée pour aider à décomplexer certains apprenants. Le professeur pourra aussi en profiter pour faire un travail de discrimination entre les sons *en* et *ien*, selon le public.

Corrigé

3 Productions libres.

 047-048

Activité 4 ⏱20 min

→ **Dire ce qu'on aime / demander à quelqu'un ce qu'il aime**

Sensibilisation

En classe entière Faire lire la consigne et expliquer ce qu'est un micro-trottoir (un journaliste pose une question à plusieurs personnes, généralement dans la rue). Dire aux apprenants qu'ils vont écouter quatre dialogues.

Compréhension globale

Seul puis **En classe entière** **a.** Faire écouter le document 2 (047) et demander, pour chaque dialogue, le nombre de personnes entendues et le sujet : il y a quatre dialogues et sept personnes (le journaliste + deux personnes dans le dialogue 1 + une personne dans le dialogue 2 + deux personnes dans le dialogue 3 + une personne dans le dialogue 4. Ils parlent des activités culturelles).

Compréhension finalisée

En classe entière puis **À deux** **b.** Pour cette activité de repérage lexical, faire une grille au tableau, la faire recopier par les apprenants et bien expliquer l'activité. Il est même conseillé de faire le repérage avec les apprenants pour le premier dialogue. Il s'agit en fait de repérer si la personne aime ou non le cinéma et de quelle façon elle le dit.

– Faire faire l'activité aux binômes dialogue par dialogue et mettre en commun au fur et à mesure pour guider le repérage (*cf.* corrigé).

	aime le cinéma	n'aime pas le cinéma	n'a pas de réponse
1	Oui, j'aime bien.		
2	Moi aussi, j'aime le cinéma.		
3			
4			
5			
6			

– Une fois le repérage terminé, demander de relever les verbes qui sont utilisés pour exprimer les goûts ; le point de conjugaison ayant été vu en amont, on peut se concentrer sur le sens :

1. *aimer* (*j'aime, je n'aime pas*) : montrer que l'on peut nuancer ce verbe : *j'aime bien, j'aime beaucoup*.

2. *adorer* : expliquer qu'on ne peut pas l'utiliser à la forme négative.

3. *préférer* (= aimer beaucoup) : expliquer qu'on ne peut pas l'utiliser à la forme négative.

Transcription 047-048

– Bonjour. Vous avez deux minutes pour une enquête sur les loisirs ?
– Oui, d'accord !
– Est-ce que vous aimez le cinéma ?
– Oui, j'aime bien ! Toi aussi ! Tu aimes, hein ?!
– Oui ! Moi aussi, j'aime le cinéma.
– Et qu'est-ce que vous aimez ?
– Nous aimons les films américains !
– Les films d'action !

– Bonjour, avez-vous deux minutes ?
– C'est pour quoi ?
– C'est pour une enquête sur les loisirs.
– Mmmmh… Bon, deux minutes max !
– Est-ce que vous aimez le cinéma ?
– Non, je n'aime pas le cinéma mais j'aime bien le théâtre.
– Quelles pièces de théâtre aimez-vous ?
– J'aime bien les comédies.
– Et l'opéra ?
– Ah oui ! J'adore les opéras italiens !

– Bonjour. Vous avez deux minutes pour une enquête sur les loisirs ?
– Oui, bien sûr !
– Est-ce que vous aimez le cinéma ?
– Non, je n'aime pas le cinéma.
– Moi non plus. Je préfère lire.
– Ah ! Et qu'est-ce que vous aimez lire ?
– Les romans policiers ! J'adore Maigret !

– Bonjour. Avez-vous deux minutes pour une enquête sur les loisirs ?
– Non, désolée !

Corrigés

4 a. les activités culturelles

4b.	aime le cinéma	n'aime pas le cinéma	n'a pas de réponse
1	Oui, j'aime bien.		
2	Moi aussi, j'aime le cinéma.		
3		Non, je n'aime pas le cinéma.	
4		Non, je n'aime pas le cinéma.	
5		Moi non plus.	
6			Non, désolée.

Le micro-trottoir introduit deux points grammaticaux : les réponses *moi aussi/moi non plus* et surtout la structure de la question, point capital pour la suite de l'apprentissage.

Grammaire ⏱10 min

Moi aussi, Mon non plus

Conceptualisation

En classe entière Reprendre les échanges relevés dans la grille en 4 b en entourant *moi aussi* et *moi non plus*.

- Oui, j'aime bien ! (Toi aussi) ! Tu aimes, hein ?!
- Oui ! (Moi aussi), j'aime le cinéma.

- Non, je n'aime pas le cinéma.
- (Moi non plus). Je préfère lire.

Posez quelques questions pour guider la conceptualisation : « Dans le premier échange, est-ce que les deux personnes aiment le cinéma ? Oui, alors la seconde dit : *Moi aussi*. Souligner les deux verbes pour mettre en évidence qu'ils sont à la forme affirmative. Poursuivre les questions : « Et dans le second échange est-ce que les deux personnes aiment le cinéma ? Non, elles n'aiment pas le cinéma. Pourquoi la seconde dit-elle : *moi non plus* et pas *moi aussi* ? Parce que la première phrase est négative. »

- Oui, j'aime bien ! Toi aussi ! Tu aimes, hein ?!

- Oui ! Moi aussi, j'aime le cinéma.

- Non, je n'aime pas le cinéma.

- Moi non plus. Je préfère lire.

– Prendre un autre exemple pour renforcer la compréhension. Demander à un apprenant qui est russe par exemple : « Tu es russe ? » Il va répondre : « Oui, je suis russe » ; demander à un autre étudiant russe : « Et toi ? » Il doit répondre : « Moi aussi » ; puis demander à un apprenant qui n'est pas russe : « Tu es russe ? » Il va répondre : « Non, je ne suis pas russe. » ; demander à un autre qui n'est pas non plus russe : « Et toi ? » Il doit répondre : « Moi non plus. »

À deux Demander aux binômes de pratiquer avec d'autres verbes : « Tu habites à Paris ? Tu es étudiant ? Tu travailles ?... »

Grammaire
🕐 20 min

▶ *Est-ce que* / *Qu'est-ce que* et l'inversion pour poser des questions sur les goûts

▶ L'adjectif interrogatif *quels* / *quelles* (2)

Conceptualisation

En classe entière Revenir au micro-trottoir pour travailler sur le point de grammaire au centre de la leçon « l'interrogation ». Dire aux étudiants qu'ils vont le réécouter et, cette fois, qu'ils vont devoir se concentrer sur les questions qui sont posées. Pour ce travail de repérage, le professeur repasse l'enregistrement pour que les apprenants notent les questions. Ce travail peut aussi se faire à l'aide de la transcription : les apprenants surlignent les questions.

À deux Une fois la liste des questions dressée, demander aux apprenants d'observer, de repérer des similitudes et d'essayer de classer les différentes formes de questions. Ce travail est la première étape de la conceptualisation.

En classe entière Grâce au travail précédent, le professeur va pouvoir compléter la conceptualisation. Son objectif est d'amener les apprenants à distinguer la question ouverte de la question fermée (réponse *oui/non*), d'expliquer les trois façons de poser une question ouverte (intonation, avec *est-ce que*, avec inversion) et de rappeler l'utilisation de *quel*.

– Dans un premier temps, reprendre les questions ouvertes et montrer les trois façons de les formuler : les apprenants ont étudié à la leçon 1 la question avec intonation et ont l'habitude d'écouter ces questions posées par le professeur ; écrire **au tableau** les phrases suivantes :

Vous aimez le cinéma ?

– Faire remarquer que la phrase est structurée comme une affirmation. La différence avec la phrase affirmative est la présence du point d'interrogation et l'intonation montante.
Écrire ensuite :

Aimez-vous le cinéma ?

– Faire remarquer que, dans la question avec inversion, il suffit de mettre le verbe avant le pronom sujet. Écrire la troisième forme :

Est-ce que vous aimez le cinéma ?

Montrer qu'il suffit d'ajouter *Est-ce que* à la forme affirmative. S'il le souhaite, le professeur peut dire que c'est l'équivalent de « do » en anglais mais que *est-ce que* est invariable.

– Une fois la forme *Est-ce que vous aimez le cinéma ?* comprise, il s'agit d'expliquer que la question **Qu'est-ce que vous aimez ?** est plus générale et demande une réponse précise. Écrire *Qu'est-ce que vous aimez ?* au tableau et entourer *Qu'*.

– Pour la question avec *quel* qui a été étudiée à la leçon 5, il s'agit de montrer qu'il existe des formes plurielles. Dans le dialogue, la forme relevée est avec l'inversion. Expliquer aux apprenants que les autres formes de questions sont possibles et écrire les trois phrases **au tableau** :

Quelles pièces de théâtre vous aimez ?

Quelles pièces de théâtre aimez-vous ?

Quelles pièces de théâtre est-ce que vous aimez ?

Pour synthétiser, faire formaliser les règles dans la grille suivante avec les exemples des dialogues et à l'aide de l'encadré Grammaire de la page 39.

	intonation	avec *est-ce que*	inversion
Question avec réponse *oui/non*	Vous avez deux minutes ?	Est-ce que vous avez deux minutes ?	Avez-vous deux minutes ?
Question avec *quel*	Quelles pièces vous aimez ?	Quelles pièces est-ce que vous aimez ?	Quelles pièces aimez-vous ?

▶ **S'entraîner** ▶ **activité 13 page 43**

Le point grammatical qui consiste à savoir poser une question a volontairement été décomposé et progressivement présenté tout au long de la méthode selon les besoins des leçons.

Jusqu'à présent, les apprenants savent :

– poser une question sur une personne (leçon 8) : *C'est qui ? Qui est-ce ?*

– poser une question ouverte de trois façons (leçon 10) : *Tu aimes ? Est-ce que tu aimes ? Aimes-tu ?*

– poser la question : *Qu'est-ce que ... ?* (leçon 10)

– utiliser *Quel* (leçons 5 et 10) : *Quel est ton nom ? Tu parles quelle(s) langue(s) ? Quels sports tu aimes ?*
Donc soit le professeur suit la progression proposée par la méthode et récapitule les formes de la question à l'unité 8 comme cela est prévu ; soit il considère qu'il peut présenter ce point de façon plus globale dès à présent et le retravailler plus systématiquement au fil des leçons.

Dans ce cas, il peut consacrer un moment à ce travail et demander aux apprenants de se reporter à la page 127 du Précis grammatical et de lire les différents tableaux. Un certain nombre de points leur seront familiers et ils découvriront l'ensemble des mots interrogatifs avec, pour chacun d'entre eux, les trois types de questions. Le professeur attirera leur attention sur le point le plus difficile : *Que / Quoi.*

Mais pour exprimer l'opposition 10 min

Écrire le mot *mais* au tableau et demander aux apprenants de l'utiliser dans des phrases. Si le sens de ce mot a déjà été compris de façon intuitive, les productions le montreront, sinon, le professeur donnera des exemples pour expliquer le sens de cette conjonction de coordination.

Pour rappel, *mais* a un sens d'opposition (*J'aime le théâtre mais je n'aime pas le cinéma.*) Il peut aussi avoir une valeur concessive (*J'habite en France mais je ne parle pas français*). À ce stade, il convient de ne pas expliciter cette finesse et d'accepter toutes les phrases dont le sens convient.

Activité 5 5 min
→ Échanger sur les goûts

À deux Cette activité de production orale intermédiaire consiste à échanger sur les goûts.

Préparation

– Faire ligne la consigne et l'exemple. Donner des consignes pour cadrer les échanges et les écrire au tableau :
  – utilisation de questions en variant les formes ;
  – reprise du vocabulaire des goûts et des loisirs ;
  – utilisation des verbes servant à exprimer les goûts (formes positives et négatives) ;
  – utilisation de *moi aussi* et *moi non plus.*

Production

– Les binômes échangent. Le professeur circule pour aider.
– À la fin de l'activité, on peut demander à quelques binômes volontaires ou choisis de venir refaire leur échange devant la classe.

Corrigé

5 Productions libres.

Culture(s) 10 min

Classe entière Demander aux apprenants de lire l'encadré sur la fréquentation des cinémas. Expliquer le mot « cinéphile » (= qui aime le cinéma). Laisser réagir les élèves et leur proposer de classer leur propre pays dans le classement, selon le ressenti qu'ils ont par rapport au nombre de cinémas de leur pays et leur fréquentation ou à partir de données chiffrées à rechercher sur Internet.

AGIR

Activité 6 15 min
→ Faire une liste de « j'aime, je n'aime pas »

Préparation

En classe entière a. Présenter la tâche aux apprenants : ils vont devoir faire une liste de « j'aime » et de « je n'aime pas » sur une feuille qu'ils devront afficher dans la classe et la faire lire aux autres membres. Pour aider les apprenants, il est préférable de choisir les thèmes avec eux et de leur demander de faire une grille similaire à celle faite à l'activité 1c sur les animaux, les loisirs, les sports.

Production

Seul b. Chaque élève établit sa liste avec l'aide du professeur qui circule dans la classe.

En classe entière c. Une fois les listes affichées, les apprenants circulent pour les lire et **cherchent des points communs entre deux personnes ou entre les autres et eux-mêmes** en produisant des énoncés comme ceux proposés dans l'exemple. Ils pourront ainsi travailler les formes verbales de première personne ou de troisième personne du pluriel. Pour l'option numérique, les listes peuvent être publiées sur le groupe de la classe.

Corrigé

6 Productions libres.

Activité 7   20 min
→ Fabriquer un jeu « Est-ce que tu aimes ? »

Préparation

En classe entière Présenter la tâche aux apprenants : ils vont devoir fabriquer un jeu qui leur permettra d'échanger oralement sur leurs goûts.

En groupes a. b. et c. Chaque groupe découpe une feuille en 21 morceaux : 7 pour le thème « ANIMAUX », 7 pour le thème « LOISIRS » et 7 pour le thème « SPORTS ». Sur une face est écrit le nom du thème et, sur l'autre, le nom d'un mot du thème.

Exemple : Recto : ANIMAUX – Verso : les chats

Une fois tous les papiers préparés, ils sont rassemblés pour former des piles par thème, face du thème visible. Il y a donc 7 fois le nombre de groupes de papiers dans chaque pile. S'il y a trois groupes, il y aura 21 papiers pour chaque thème.

Production

À deux **d.** et **e.** Chaque binôme choisit deux papiers de chaque thème soit six papiers et échange sur ses goûts selon le dialogue donné en exemple.

Corrigé

7 Productions libres.

Phonétique 051 12 🕙 10 min

Les combinaisons de voyelles

Le point phonétique de la leçon peut faire l'objet d'une activité isolée et ludique. Les apprenants ont déjà certainement remarqué qu'en français, il y avait une grande différence entre ce qui était écrit et ce qui était prononcé. Ils ont notamment travaillé formellement les lettres finales muettes (leçon 9). Il s'agit ici de travailler sur la combinaison de voyelles qui ne produisent qu'un seul son.

Faire visionner le tutoriel 12 et faire répéter les apprenants.

 Ce travail de phonie-graphie sera repris à différentes leçons de la méthode sur des sons spécifiques.

S'il le souhaite, le professeur peut à ce moment du travail entraîner les apprenants à prendre davantage conscience de ce phénomène et leur demander de se reporter aux pages 120 et 121 du Précis de phonétique « Graphie-phonie ».

À deux Les apprenants peuvent lire les tableaux.

Transcription [▶] 12

Les combinaisons de voyelles

Bonjour ! Aujourd'hui, les combinaisons de voyelles. Les groupes de voyelles forment un son. J'écris une voyelle, deux voyelles, trois voyelles et je prononce un son. Par exemple : *o, a-u, e-a-u* se prononcent [o] : *nos, au, nouveau. O-u* se prononcent [u] : *nous, nouveau. E* accent aigu, *e* accent grave, *e* accent circonflexe, *a-i* se prononcent [e] : *bébé, mère, vous êtes, j'ai. E, e-u, o-e-u* se prononcent [œ] : *je, chanteur, sœur. O-i* se prononce [wa] : *moi, toi.* Lisez avec moi ! *Moi, j'aime beaucoup la vidéo de ma sœur !* Tchao ! À très bientôt !

Transcription 🎧 051

Les combinaisons de voyelles

J'écris 1 voyelle, 2 voyelles, 3 voyelles : je prononce un son.
* *o, a u, e a u* se prononcent [o]. Exemples : n**o**s, **au**, nouv**eau**
* *o u* se prononcent [u]. Exemples : n**ou**s, n**ou**veau
* *e* accent aigu, *e* accent grave, *e* accent circonflexe, *a i* se prononcent [e]. Exemples : b**é**b**é**, m**è**re, vous **ê**tes, j'**ai**
* *e, e u, œ u* se prononcent [œ]. Exemples : j**e**, chant**eu**r, s**œu**r

> **S'entraîner** > **activité 14 page 43**

Prolongement de la leçon

> **Entraînement linguistique**

■ Demander aux apprenants de :
– relire la double page, de réécouter les documents travaillés avec la transcription ;
– réviser le travail sur la conjugaison des verbes en *-er* au présent et sur la structure de la question (Précis grammatical pages 127, 129-130) ;
– réviser le vocabulaire de la leçon avec le lexique thématique.

■ Créer une fiche-lexique sur le thème des *Sports et loisirs* qui sera complétée à la leçon 14, à la leçon 16, à la leçon 26.

> **Évaluation formative**

■ Les activités du **Cahier d'activités** correspondant à la leçon sont **aux pages 31-35**.

■ Les activités du **Parcours digital®**.

Classe inversée

Avant la leçon 12

Demander aux apprenants de :

– bien regarder le plan de Marseille (Doc.1, page 48) pour faciliter le travail de l'activité 1 ;

– lire et écouter l'encadré Vocabulaire *Les lieux de la ville* page 49 🎧 058 ;

– visionner le tutoriel de Jean-Thierry [▶] 16, écouter et lire l'encadré Phonétique *Le groupe rythmique* page 49 🎧 061 ;

– trouver le plan d'une ville qu'ils aimeraient visiter pour faciliter le travail de l'activité 7 ;

– trouver le plan de leur ville pour faciliter le travail de l'activité 8.

... faire une vidéo pour se présenter 60 min

Cette première tâche consiste à découvrir et analyser les composants d'une vidéo pour se présenter avec des informations sur la personnalité et les goûts, puis à en réaliser une pour soi-même. Cette tâche de production orale permettra de réinvestir les connaissances acquises lors des trois leçons de l'unité. Par ailleurs, réaliser une vidéo de présentation est une action couramment pratiquée, par exemple sur les réseaux sociaux ou sur des sites de rencontres.

 LIRE **REGARDER**

Activité 1 10 min

[Découverte]

Seul puis **En classe entière** Faire observer le document 1 et, si possible, projeter les quatre groupes. Faire identifier le document. *(Il s'agit de la page d'accueil du site de Meetup.)* Les apprenants connaissent peut-être ce site. Il s'agit d'une plateforme permettant de rencontrer des personnes qui ont un intérêt commun dans une zone géographique. Ce site existe en anglais, en espagnol, en allemand, en français, en portugais, en italien.

– Faire lire le titre de la page Internet « Choisissez un groupe et parlez-nous de vous » et l'activité proposée dans chaque groupe, puis demander d'entourer la bonne réponse.

Corrigé

1 Faire des activités avec des personnes

Activité 2 10 min

Seul puis **En classe entière** **a.** et **b.** Pour cette seconde activité de découverte et, avant de visionner la vidéo, faire faire des hypothèses sur son contenu. Visionner la vidéo qui dure 40 secondes et demander aux apprenants de faire l'activité.

Transcription 13

Bonjour, je m'appelle Guy et je suis australien. Je suis architecte à Paris. Je voudrais parler français le soir, après le travail, ou le week-end. Trois mots pour me décrire... calme, timide et sympa. Trois objets ? Mes lunettes, mon stylo, mon carnet. J'aime les livres, le cinéma et la nature.
À bientôt, j'espère !

Corrigés

2a. Guy se présente.

2b. Il participe au groupe « Parler français après le travail ».

Activité 3 20 min

[Analyse]

À deux Faire lire la consigne de l'activité et les six informations. Les apprenants ont peut-être déjà des réponses à donner suite à la première écoute. Les binômes peuvent commencer à numéroter.
– Visionner à nouveau et laisser quelques secondes pour numéroter. Mettre en commun.
– Demander alors aux apprenants de regarder l'encadré pour qu'ils réalisent que les points correspondent aux informations qu'ils ont numérotées avec les propos de Guy.
– Afin de synthétiser le travail d'analyse, on peut faire une grille avec toutes les informations et la structure de la vidéo. Le professeur dessine la grille au tableau (que les apprenants recopient) et renseigne la première ligne avec les apprenants (en gras dans la grille ci-dessous). Laisser les binômes compléter les autres cases.

	Pour se présenter...	**Guy dit...**
1	**Saluer, dire bonjour**	**Bonjour**
2	Dire son prénom, son nom, sa nationalité et sa profession	Je m'appelle Guy et je suis australien. Je suis architecte à Paris.
3	Parler de son projet	Je voudrais parler français le soir après le travail ou le week-end.
4	Parler de sa personnalité, décrire son caractère	Trois mots pour me décrire... calme, timide et sympa.
5	Montrer et nommer des objets personnels	Trois objets ? Mes lunettes, mon stylo, mon carnet.
6	Parler de ses goûts, dire ce qu'on aime	J'aime les livres, le cinéma et la nature.
7	Prendre congé, dire au revoir	À bientôt, j'espère !

Corrigés

3 1/b : dire son prénom, sa nationalité et sa profession ; 2/f : parler de son projet ; 3/c : Décrire son caractère ; 4/e : Nommer des objets ; 5/a : Dire ce qu'on aime ; 6/d : dire au revoir

 **PARLER**

Activité 4 20 min

[Préparation]

En classe entière La réalisation de cette vidéo demande de clarifier quelques points :

– elle ne doit pas excéder 1 minute ;

– elle doit respecter le schéma de la vidéo modèle ;

– le lexique doit être préparé (pour les objets et les traits de la personnalité) ; les formulations peuvent un peu varier ;

– les objets doivent être montrés.

 Pour éviter de n'avoir que des objets de la classe, le professeur peut demander en amont aux apprenants d'apporter trois objets personnels.

Seul Inviter les apprenants à relire l'encadré *Pour faire une vidéo pour se présenter* qui récapitule la structure et donne des exemples d'expressions à utiliser.

Chaque apprenant prépare son intervention. Il demande de l'aide au professeur si besoin notamment pour la pronociation et répète. Il est bon que chaque élève possède suffisamment d'espace pour s'isoler.

[Production]

À deux a. Chaque binôme s'isole, choisit un cadre et se filme tour à tour avec les téléphones portables. Prévoir assez de temps car une seule prise ne sera certainement pas suffisante pour obtenir un résultat satisfaisant.

En petits groupes b. Les apprenants visionnent les vidéos de différents membres et les commentent.

 Le professeur peut faire un montage pour que la classe ait l'ensemble des vidéos de présentation. Ils auront ainsi un trombinoscope de la classe (réalisé à l'unité 2) et une vidéo.

Corrigé

4 Productions libres.

écrire un e-mail amical ⏱ 40 min

Cette seconde tâche consiste à se présenter et à vouloir faire connaissance avec quelqu'un dans un e-mail amical. L'e-mail est devenu l'un des moyens de communiquer le plus utilisé. Si la structure de l'e-mail est assez universelle, il est important, en revanche, que les apprenants identifient les éléments linguistiques utilisés en français (expéditeur, destinataire, objet) afin de bien les renseigner. Il en va de même pour les formules de salutations pour saluer et prendre congé.

 LIRE DOC. 2

Activité 5 10 min

[Découverte]

 Seul puis **En classe entière** Faire lire l'e-mail et identifier la situation de communication en répondant aux 3 questions de l'activité. Mettre en commun en demandant à un apprenant d'y répondre oralement. La classe valide.

– Comme Bruno écrit à Clotilde pour avoir plus d'informations, demander aux apprenants de lister celles qu'il connaît déjà : Elle s'appelle Clotilde Dilmen (destinataire), elle habite actuellement à Paris, elle a une famille.

Corrigé

5 Bruno écrit à Clotilde. Il veut avoir des précisions (Objet : Avoir plus d'informations). Il se présente, parle de sa famille, de ses goûts et pose des questions à Clotilde sur sa famille et ses goûts.

Activité 6 5 min

[Analyse]

À deux Demander aux apprenants de relire le document 2. Pour réaliser l'activité, ils doivent bien identifier la structure de l'e-mail qui est toujours composé d'une introduction dans laquelle on salue, du corps du texte dans lequel on écrit le message et d'une conclusion dans laquelle on demande une réponse pour garder le contact, puis on prend congé et on signe.

Corrigé

6 1/d (Dire bonjour) ; 2/c (Écrire son texte) ; 3/e (Demander une réponse) ; 4/a (Dire au revoir) ; 5/b (Signer)

– Une fois la structure de l'e-mail identifiée, demander aux apprenants de revenir sur l'objet du message qui constitue le corps de l'e-mail. Pour cela, demander de faire le même travail de synthèse qu'à la première tâche de cette double page, à savoir un tableau récapitulatif.

	Écrire un e-mail amical pour faire connaissance	Bruno écrit ...
1	Saluer, dire bonjour	Bonjour Clotilde !
2	Se présenter, parler de sa famille	Je m'appelle Bruno, j'habite à Versailles. Je suis guide touristique à Paris. Je suis papa d'une adolescente de 13 ans et d'un garçon de 7 ans.
3	Demander des précisions sur la famille et les goûts	Est-ce que ta famille habite avec toi à Paris ? Qu'est-ce que tu aimes faire ? Est-ce que tu aimes le sport ? Aimes-tu le cinéma français ?
4	Parler de ses goûts, dire ce qu'on aime	Moi, j'aime mon travail et l'histoire. Je préfère habiter une petite ville.
5	Garder le contact	J'attends ta réponse.
6	Prendre congé, dire au revoir	À bientôt !
7	Signer	Bruno M.

Activité 7 10 min

[Analyse]

– Pour ce travail sur la ponctuation, faire surligner les signes dans l'e-mail (doc. 2).

 Il est intéressant de s'arrêter un peu sur la ponctuation puisque c'est le véritable premier écrit que les apprenants ont à produire. Donner le nom de chaque signe et sa fonction dans une grille qui pourra être complétée au fur et à mesure des leçons :

Signe de ponctuation	Nom du signe	Fonction du signe
.	le point	Il termine une phrase. Il est suivi d'une majuscule.
,	la virgule	Elle sépare des éléments dans une phrase dans une énumération. Elle n'est pas suivie d'une majuscule.
;	le point virgule	Il sépare des éléments dans une phrase. Il n'est pas suivi d'une majuscule.
!	le point d'exclamation	Il termine une phrase par laquelle on veut exprimer un sentiment. Il est suivi d'une majuscule.
?	le point d'interrogation	Il termine une question. Il est suivi d'une majuscule.

– On peut demander aux apprenants d'identifier le sentiment exprimé par chacun des trois points d'exclamation du message de Bruno : *Bonjour Clotilde !* (enthousiasme) / *J'aime beaucoup ta vidéo !* (enthousiasme) / *À bientôt !* (désir de garder le contact)

7 Bonjour Clotilde ! J'aime beaucoup ta vidéo ! Moi, je m'appelle Bruno, j'habite à Versailles. Je suis guide touristique à Paris. Je suis papa d'une adolescente de 13 ans et d'un garçon de 7 ans. Est-ce que ta famille habite avec toi à Paris ? Qu'est-ce que tu aimes faire ? Est-ce que tu aimes le sport ? Aimes-tu le cinéma français ? Moi, j'aime mon travail et l'histoire. Je préfère habiter une petite ville. J'attends ta réponse. À bientôt ! Bruno M.

ÉCRIRE

Activité 8 15 min

[Préparation]

En classe entière a. Présenter la tâche aux apprenants, leur expliquer les contraintes de leur production : ils doivent structurer leur e-mail et en respecter les parties. Dans le corps du texte, ils doivent se présenter et poser des questions pour faire connaissance. Leur rappeler qu'ils doivent utiliser des formes différentes de questions étudiées dans les leçons précédentes. Le professeur doit donner un temps imparti à l'activité.

[Production]

Seul b. Chaque apprenant rédige son mail.

 Le professeur peut choisir de faire de ce travail une activité d'évaluation sommative en n'apportant aucune d'aide pendant la rédaction et en n'autorisant pas le recours aux notes et aux leçons précédentes. Le travail sera fait sur une feuille, relevé et noté.

Ou il peut faire de cette activité un entraînement et répondre aux questions, apporter de l'aide et autoriser le recours aux notes. Les productions seront recopiées dans une version propre.

8 Productions libres.

S'entraîner pages 42-43

Cf. Introduction (C.1.3), page 24.

– **Corrigés** des activités 1 à 14 : p. 137 du Livre de l'élève.
– **Parcours digital®** : toutes les activités des pages 42-43 sont proposées en version auto-corrective.

Faites le point

Cf. Introduction (C.1.4), page 24.

Évaluez-vous !

Corrigés

> **Il est** médecin. **C'est** mon père.

> Exemple de production : Voici mon fils. Il est ingénieur. Il a 31 ans. Il s'appelle Luis. Il habite au Luxembourg.

> Exemple de production : Le tennis et l'équitation.

> Exemple de production : Lire et écouter de la musique.

> **Est-ce que** tu aimes le rap ? **Qu'est-ce que** tu aimes ?

> Exemple de production : Ma petite sœur est timide. Mon chien est adorable.

> Exemple de production : Mia est petite, elle a les cheveux longs et blonds. Elle est jolie. Elle est sympathique et elle aime les vêtements.

Classe inversée

Avant la leçon 12

Demander aux apprenants de :

– regarder la page d'ouverture de l'unité 4 page 47.

– bien regarder le plan de Marseille (Doc. 1 page 48) pour faciliter le travail de l'activité 1 ;

– lire et écouter l'encadré Vocabulaire *Les lieux de la ville* (1) page 49 🎧 058 ;

– visionner le tutoriel de Jean-Thierry ▶ 16, écouter et lire l'encadré Phonétique *Le groupe rythmique* page 49 🎧 061 ;

– trouver le plan d'une ville qu'ils aimeraient visiter pour faciliter le travail de l'activité 7 ;

– trouver le plan de leur ville pour faciliter le travail de l'activité 8.

Préparation au DELF A1

I COMPRÉHENSION DE L'ORAL

5 points

◖ **Exercice 1. Comprendre un message sur un répondeur**

🎧 055 **Transcription**

> Lisez les questions, écoutez deux fois le message puis répondez.
> – Radio Musique, bonjour ! Vous vous présentez ?
> – Salut, moi, c'est Marie et je suis musicienne. Mon frère s'appelle Julien, il a 28 ans et il est chanteur dans un groupe de musique. Nous adorons la musique ! Notre groupe organise un concert samedi !

1. Julien. (1 point) ; 2. 28 ans. (1 point) ; 3. Photo b. (1 point) ; 4. Samedi. (2 points)

II COMPRÉHENSION DES ÉCRITS

5 points

◖ **Exercice 1. Comprendre des instructions simples dans un message court**

1. Brahim. (1 point) ; 2. Au restaurant italien. (1 point) ; 3. Espagnole. (1 point) ; 4. Photo b. (2 points)

III PRODUCTION ORALE

10 points

◖ **Exercice 1. L'entretien dirigé**

L'apprenant peut se présenter comme demandé dans la consigne.

IV PRODUCTION ÉCRITE

10 points

◖ **Exercice 1. Compléter un formulaire**

On ne tiendra pas compte de l'orthographe, sauf si celle-ci gêne la compréhension des informations données.

Items	Éléments pour la correction	Nombre de points
Nom	1 point si l'apprenant a écrit un nom. 0 point si l'apprenant a écrit une information autre qu'un nom.	1 point
Prénom	1 point si l'apprenant a écrit un prénom. 0 point si l'apprenant a écrit une information autre qu'un prénom.	1 point
Date de naissance	1 point si l'apprenant a écrit sa date de naissance avec le format attendu : jour/mois/année.	1 point
Pays	1 point si l'apprenant a écrit le nom d'un pays en français ou dans sa langue mais en alphabet latin.	1 point
Adresse	2 points si l'apprenant a écrit une adresse en France avec le format attendu. On ne tiendra pas compte de la cohérence entre le code postal et la ville et on ne pénalisera pas s'il y a absence du code postal. 1 point si l'adresse est partiellement écrite (s'il manque la ville ou la voie par exemple)	2 points
Numéro de téléphone	1 point si l'apprenant a écrit un numéro de téléphone plausible.	1 point
E-mail	1 point si l'apprenant a écrit une adresse électronique avec un format adéquat.	1 point
Sports	2 points si l'apprenant a écrit deux ou plusieurs sports. Toute réponse cohérente est acceptée. Si plus de deux sports sont mentionnés, ne pas prendre en considération les éventuels mots mal orthographiés.	2 points (1 point/réponse)

Organisez une sortie !

UNITÉ 4

> Livre de l'élève p. 47-58

Page d'ouverture

page 47

En classe entière ⏱ 10 min

Suivre la démarche proposée en introduction (C.1.1), page 23.

Corrigés

Exemples de production :

> C'est l'unité 4. Elle est bleue.

> Elle s'appelle *Organisez une sortie !*

> Sur la photo, il y a une jeune femme. Elle est dans le métro. Elle regarde son téléphone. Elle parle avec un ami ou une amie.

> Les objectifs sont : s'informer sur un lieu, indiquer un chemin, proposer une sortie.

> Les points de grammaire sont : les présentatifs *c'est* et *il y a*, les adverbes de lieu *ici* et *là*, les prépositions de lieu (1) : *à côté de /*

loin de, les prépositions *en, à, au, aux* + pays, l'interrogation avec *où*, l'impératif (1), le verbe *aller* au présent + *au, à la, à l', aux*, les pronoms toniques, l'interrogation avec *quand*, les indicateurs de temps (1) : *à* + heure, *entre, le* + jour ou + moment, les verbes *pouvoir* et *vouloir* au présent, le verbe *faire* au présent, le verbe *venir* au présent.

> Dans la leçon 15, on fait une carte postale sonore de notre ville et on réalise un itinéraire dans une ville.

> La vidéo ▶ 14 permet de découvrir les lieux incontournables de la ville de Bruxelles, en Belgique.

LEÇON 12 S'informer sur un lieu

pages 48-49

S'INFORMER SUR UN LIEU ⏱ 3 h 15		
Savoir-faire et savoir agir : décrire un lieu • situer un lieu sur un plan • dire le pays où on habite • s'informer sur un lieu		
	DOC. 1	
30'	10'	10'
Act. 1 📖 Vocabulaire 🎧 059	Vocabulaire 🎧 058	Act. 2 💬
• situer un lieu sur un plan • les points cardinaux	• les lieux de la ville (1)	• nommer les lieux de la ville qu'on aime ou qu'on n'aime pas

					DOC. 2 🎧 056-057			
C O M P R E N D R E	10'	10'	10'	10'	5'	15'	15'	15'	10'

<table>
<tr><td rowspan="3">C
O
M
P
R
E
N
D
R
E</td><td>10'</td><td>10'</td><td>10'</td><td>10'</td><td>5'</td><td>15'</td><td>15'</td><td>15'</td><td>10'</td></tr>
<tr><td>Act. 3 🎧</td><td>Grammaire</td><td>Act. 4 🎧</td><td>Grammaire 🎧 060</td><td>Vocabulaire 🎧 060</td><td>Act. 5 Grammaire</td><td>Act. 6 ▶15 💬</td><td>Culture(s) 💬</td><td>Phonétique 🎧 061 ▶16</td></tr>
<tr><td>• identifier une situa-tion de commu-nication</td><td>• les adverbes de lieu ici, là
• les présen-tatifs c'est et il y a</td><td>• situer un lieu dans la ville et parler des dépla-cements</td><td>• les préposi-tions à côté de, loin de</td><td>• les dépla-cements</td><td>• les pré-positions en, à, au, aux + pays</td><td>• dire où on habite et présenter ce lieu</td><td>• donner le nombre d'habitants et leur nom
• repérer les grandes villes françaises</td><td>• le groupe rythmique</td></tr>
<tr><td rowspan="2">A
G
I
R</td><td>15'</td><td colspan="2">Act. 7 💬</td><td colspan="6">• présenter un lieu à visiter</td></tr>
<tr><td>30'</td><td colspan="2">Act. 8 ✏</td><td colspan="6">• présenter les lieux incontournables de sa ville</td></tr>
</table>

À partir de l'unité 4, les apprenants sont devenus suffisam-ment autonomes, ont compris la structure de la méthode et ont acquis des réflexes, notamment pour structurer les réponses demandées dans les activités. Le professeur peut continuer à proposer des grilles à remplir pour répondre à certaines questions mais il peut également laisser les apprenants proposer eux-mêmes une façon structurée de donner les réponses quand ils travaillent en binômes ou en petits groupes.

COMPRENDRE

Activité 1 ⏱ 30 min

→ **Situer un lieu sur un plan**

Sensibilisation et compréhension globale

 puis **En classe entière** **a.** Faire observer le document 1 page 48 et le faire identifier oralement : il s'agit d'un plan de Marseille avec des petites photos.
– Dire aux apprenants de se reporter à la carte de France à la fin du livre et de repérer la ville de Marseille.
– Demander aux apprenants de regarder l'encadré Vocabulaire de la page 49 *Les points cardinaux* et poser la question à un apprenant : « Où se trouve Marseille ? » Réponse attendue : « Au sud de la France. »
– Revenir au document 1 et le faire identifier de façon plus précise : il s'agit d'un document pour les touristes, fait pour leur donner des conseils de visite dans la ville de Marseille. Donner le mot *dépliant* et l'écrire au tableau. Pour en expli-quer le sens, l'enseignant peut soit en avoir apporté un de sa ville soit plier une feuille en accordéon et la déplier devant les apprenants.
Afin de préparer le travail de repérage des huit lieux, faire lire le titre du document « Marseille les incontournables ». Donner une définition de l'adjectif *incontournable* (= qu'il faut absolument visiter, qu'on ne peut pas manquer).

Compréhension finalisée

 b. Comme le demande la consigne, laisser les appre-nants repérer les huit lieux « incontournables ». Préciser que quatre lieux figurent sur le plan et que les quatre autres sont présentés dans le bandeau situé sous le plan (ces lieux sont soit dans un autre quartier comme Notre-Dame-de-la-Garde et le stade Orange Vélodrome, soit à l'extérieur de Marseille comme le château d'If et les Calanques).

💡 Pour structurer les réponses et donner du sens aux informations, on peut proposer la grille suivante. (*Cf.* corrigé pour la grille renseignée).

	Nom du lieu	Qu'est-ce que c'est ?	Informations/ Précisions
1	Le MuCEM		
2	La cathédrale de La Major		
3	Le Panier		
4	Le Vieux-Port		
5	Notre-Dame-de-la-Garde		
6	Le château d'If		
7	Les Calanques		
8	Le stade Orange Vélodrome		

N.B. : Le professeur peut avoir préparé en amont une pré-sentation numérique avec des photos des différents lieux cités ou à l'aide de son manuel numérique.

En classe entière **c.** et **d.** Pour préparer les deux activités de repérage lexical, demander aux apprenants de repérer sur le plan les logos utilisés et de leur donner du sens ; puis de commencer à travailler le lexique des lieux de la ville. Le professeur écrit **au tableau** le résultat des repérages.

🗺 Ⓟ → un parking ; 🛏 → un hôtel ;
🍴 → un restaurant ; Ⓔ → une station-service ;
🚆 → la gare ; Ⓜ → une station de métro ;
🚊 → une station de tramway ; ➕ → une pharmacie ;
🛍 → un magasin.

N.B. : Aucun logo ne correspond à « l'hôtel de ville » mais le mot est écrit en toutes lettres sur le plan. Expliquer ce mot déroutant pour un apprenant étranger. L'hôtel de ville est le bâtiment destiné à l'administration d'une ville. On utilise plus fréquemment le mot *mairie*, le mot *hôtel de ville* étant utilisé dans les grandes villes.

– Une fois les logos identifiés, les apprenants entourent les différents lieux demandés sur le livre. Pour la correction, on peut projeter le dépliant **au tableau** et quelques apprenants viennent montrer les lieux et les citer. Le professeur peut donner quelques matrices simples pour oraliser les réponses : « Là, il y a un parking, c'est le parking de l'hôtel de ville », « Pour manger, il y a le restaurant *Chez Étienne* ; pour acheter un souvenir, il y a *Le bazar de César…* ».

Seul d. Les apprenants viennent au tableau pour la correction en montrant le lieu et en l'accompagnant d'un commentaire : « Pour manger, il y a le restaurant *Grain de sable* ou… ».

 Pour ces deux activités de repérage, si les apprenants ne sont pas autorisés à écrire sur le livre, leur proposer une grille à compléter.

Un parking	
Un hôtel	
Un restaurant	
L'hôtel de ville	
Une station-service	
La gare	
Une station de métro	
Une station de tramway	

Un lieu pour manger	
Un lieu à visiter	
Un lieu pour acheter de l'aspirine	
Un lieu pour acheter un souvenir	
Un lieu pour se reposer	

Corrigés

1 b.

	Nom du lieu	Qu'est-ce que c'est ?	Informations/ Précisions
1	Le MuCEM	Un musée	Des informations sur les civilisations de l'Europe et de la méditerranée
2	La cathédrale de La Major	Une cathédrale (grande église)	Une architecture originale
3	Le Panier	Un quartier	Des rues historiques
4	Le Vieux-Port	Un quartier (un port)	Des bateaux, des monuments, des restaurants, des cafés
5	Notre-Dame-de-la-Garde	Une grande église	Le symbole de Marseille
6	Le château d'If	Une prison	La prison du Comte de Monte-Cristo, le personnage du roman d'Alexandre Dumas
7	Les Calanques	La côte	La mer, la nature sauvage
8	Le stade Orange Vélodrome	Un stade de foot	Le club de Marseille, l'OM

1 c.

Un parking	le parking de l'hôtel de ville
Un hôtel	l'hôtel Mercure / l'Holiday Inn Express / l'Intercontinental Hôtel-Dieu / l'Aparthotel Centre-Vieux-Port
Un restaurant	Grain de sable / Chez Étienne / Miramar
L'hôtel de ville	(en bas du plan, au milieu)
Une station-service	Avia
La gare	Saint-Charles
Une station de métro	Jules Guesde / Noailles / Saint-Charles
Une station de tramway	République Dames / Belsunce Alcazar / Canebière Capucins

1 d.

Un lieu pour manger	*Grain de sable / Chez Étienne / Le glacier du Roi / Miramar*
Un lieu à visiter	le musée des Docks romains / le centre de la Vieille Charité / le musée d'histoire de Marseille
Un lieu pour acheter de l'aspirine	la pharmacie du Vieux-Port / la pharmacie Belsunce
Un lieu pour acheter un souvenir	le Bazar de César / Les Galeries Lafayette
Un lieu pour se reposer	l'hôtel Mercure / l'Holiday Inn Express / l'Intercontinental Hôtel-Dieu / l'Aparthotel Centre-Vieux-Port

(Vocabulaire) 058 ⏱10 min

▶ Les lieux de la ville (1)

En classe entière À la fin de l'activité 1, faire écouter, lire et répéter l'encadré de la page 49 afin de récapituler le lexique travaillé dans l'activité.

Activité 2   ⏱10 min

→ Nommer les lieux de la ville qu'on aime ou qu'on n'aime pas

À deux Laisser les apprenants échanger. Cette activité demande de réinvestir le vocabulaire des lieux de la ville et invite les apprenants à réutiliser les expressions pour donner ses goûts, vues en leçon 10, et la forme négative *je n'aime pas*.

On peut proposer une mise en commun ludique pour faire un classement du top 3 des lieux préférés de la classe.

 056-057

Activité 3 🕙 10 min

→ **Identifier une situation de communication**

Sensibilisation

Seul puis **En classe entière** Expliquer aux apprenants qu'ils vont entendre une conversation en relation avec le document 1. Faire faire des hypothèses sur la situation de communication : des touristes visitent Marseille avec un plan, des personnes demandent leur chemin, un guide donne des informations à des touristes…

Compréhension globale

Seul puis **En classe entière** Faire écouter le document 2 et identifier la situation. Le professeur peut proposer les questions suivantes :

1. Il y a combien de personnes ? 1, 2 ou 3 personnes ? (*3 personnes*) 2. Elles sont où ? dans un café, un appartement ou un hôtel ? (*un appartement*)

Faire faire l'activité de *Vrai / Faux* et demander de justifier (*cf.* corrigé). Une seconde écoute sera certainement nécessaire.

Insister particulièrement sur la justification des items a et c pour commencer à attirer l'attention des apprenants sur les deux points de grammaire : les prépositions + nom de pays et les présentatifs. Les apprenants peuvent s'aider du dictionnaire. Écrire les phrases au tableau.

Pour l'item a, écrire sans expliquer davantage :

 Ils habitent au Mexique. Ils habitent en Espagne.

Pour l'item c, écrire ces phrases et demander à un apprenant de mimer la dame qui montre le plan. L'apprenant fera probablement bouger son doigt à deux endroits différents sur le plan.

 Regardez le plan. Ici, c'est l'appartement. Là, c'est le quartier du Panier.

Une fois l'activité 3 faite, demander aux élèves de situer l'appartement sur le plan (dans le quartier du Panier).

La partie en bleu concerne l'activité 4.

Laure : Et voilà pour la visite !

Macarena : J'aime beaucoup l'appartement. C'est parfait pour le week-end !

Laure : Est-ce que vous avez des questions ?

Macarena : Euh, non…

Gerardo : *¿Ella sabe qué visitar al lado del apartamento?*

Macarena : Ah ! sí! Qu'est-ce qu'il y a à visiter à côté de l'appartement ?

Laure : Regardez le plan : ici, c'est l'appartement. Là, c'est le quartier du Panier ; au sud, il y a le Vieux-Port. Et à côté, le MuCEM et la cathédrale de La Major. C'est à dix minutes à pied.

Macarena : Et les Calanques ?

Laure : Ah, c'est loin ! Vous n'êtes pas en voiture… Il y a des transports : le métro et le bus. Il y a aussi le bateau pour visiter le château d'If.

Macarena à Gerardo : *¿Te gustaría visitar el château d'If de Alexandre Dumas?*

Laure : Vous êtes espagnols ?

Macarena : Oui, nous habitons en Espagne, à Malaga. Mon mari est mexicain, de Puebla, au Mexique. Moi, je suis américaine de Denver…

Laure : Ah oui, Denver aux États-Unis ! Eh bien moi, je suis Marseillaise ! Bon, vous avez mon numéro de téléphone et mon e-mail. Et là, les informations touristiques !

Grammaire 🕙 10 min

▸ **Les adverbes *ici*, *là***
▸ **Les présentatifs *c'est* et *il y a***

Conceptualisation

Préciser aux apprenants :

– qu'on peut combiner *c'est* et *il y a* et qu'on change d'adverbe pour situer deux lieux ou deux objets différents ;

– qu'ils peuvent utiliser une autre expression pour présenter un lieu et dire : « **Ici, il y a** l'appartement. **Là, il y a** le quartier du Panier. » Ils peuvent aussi combiner les deux présentatifs : « **Ici, c'est** l'appartement. **Là, il y a** le quartier du Panier. »

À deux Pour renforcer l'utilisation de la structure, demander aux apprenants de se reporter au plan de Marseille (Doc. 1) et de présenter des lieux en les situant avec le doigt et la parole. Ex. : « Ici, c'est le MuCEM et là, c'est l'hôtel de ville. »

Activité 4 057 10 min

→ Situer et présenter un lieu dans la ville. Parler des déplacements

Indiquer aux apprenants qu'ils vont réécouter l'extrait du dialogue dans lequel la dame marseillaise indique où se trouvent les lieux à visiter.
Faire lire les items de l'activité 4 et demander quels lieux sont cités (le MuCEM, l'appartement, les Calanques, le château d'If, le Vieux-Port). Faire un rapide remue-méninges pour vérifier que le sens de certains mots est connu pour que l'activité de compréhension puisse être réalisée : le professeur ou un apprenant peut mimer ou dessiner pour expliciter le sens de *loin, à côté, bus, bateau* et *à pied*.

Compréhension finalisée

Seul a. Le document 2 présentant un certain nombre de nouveaux éléments, il est possible de ne faire réécouter que la partie du document concernée par les questions (*cf.* Extrait de la transcription en bleu).
Faire réécouter le début de l'extrait sélectionné et demander aux apprenants de répéter la question posée par Macarena. L'écrire **au tableau** avec le début de la réponse de Laure qui permet de comprendre que les indications sont données à partir de l'appartement.

 - Qu'est-ce qu'il y a à visiter à côté de l'appartement ?

   - Ici, c'est l'appartement.

Faire écouter la suite de l'extrait et demander de barrer les informations fausses. Préciser que les informations du dialogue et celles de l'activité ne sont pas données dans le même ordre.

À deux b. Faire comparer les réponses.

En classe entière Pour la mise en commun, demander aux apprenants de citer les items vrais et les noter au tableau. Faire réécouter pour noter les phrases du dialogue qui justifient la réponse (données entre parenthèses).

 - Qu'est-ce qu'il y a à visiter à côté de l'appartement ?

   1. Le MuCEM est à côté de l'appartement. (Et à côté le MuCEM.)

   2. Les Calanques sont loin de l'appartement. (- Et les Calanques ? - C'est loin.)

   3. On va au MuCEM à pied. (C'est à 10 minutes à pied.)

   4. - On va au château d'If en bateau. (Il y a aussi le bateau pour visiter le château d'If.)

   5. Au sud, il y a le Vieux-Port. (Au sud, il y a le Vieux-Port.)

Mettre en évidence les prépositions de lieu et les indications de déplacement afin de préparer le travail grammatical et lexical.

Corrigé

4 a. 1. Le MuCEM est ~~loin de~~ – à côté de l'appartement. 2. Les Calanques sont loin de – ~~à côté de~~ l'appartement. 3. On va au MuCEM ~~en bus~~ – à pied. 4. On va au château d'If ~~en bus~~ – en bateau. 5. Au sud – ~~À l'ouest~~, il y a le Vieux-Port.

Grammaire 10 min

Les prépositions *à côté de*, *loin de* pour situer un lieu

Conceptualisation

En classe entière À partir du repérage fait au tableau et de l'encadré Grammaire de la page 49 *Les prépositions* à côté de *et* loin de *pour situer un lieu*, attirer enfin l'attention des apprenants sur l'utilisation des articles contractés avec les prépositions. Leur demander de repérer dans l'encadré et dans les items des activités 3 et 4 des phrases où les deux prépositions sont utilisées. Les écrire au tableau dans l'ordre suivant pour donner du sens et amener les élèves à formuler la règle.

 C'est à côté de la <u>cathédrale.</u> → mot féminin

   C'est loin de l'<u>appartement.</u> → mot qui commence par une voyelle

   C'est à côté du <u>port.</u> → mot masculin : ~~de le~~ = du

   C'est loin des <u>Calanques.</u> → mot pluriel : ~~de les~~ = des

Vocabulaire 060 5 min

Les déplacements

En classe entière De même, à partir du repérage fait au tableau (*en bus, en bateau, à pied*), de l'item d de l'activité 3 (*en voiture*) et de l'encadré Vocabulaire de la page 49, *Les déplacements*, attirer l'attention des apprenants sur la structure pour exprimer les déplacements.
Une fois la liste établie, demander aux apprenants ce qu'ils observent : il s'agira de repérer que tous les moyens de déplacement s'expriment par *en* + moyen de déplacement sauf les expressions *à pied* et *à vélo*.

Activité 5 15 min

Grammaire

Les prépositions *en*, *à*, *au(x)* pour dire le pays où on habite

Conceptualisation

Cette activité a pour finalité de faire découvrir les trois prépositions utilisées devant les noms de pays.
Les parties a et b proposent deux activités amenant à la formulation de la règle (c).

À deux a. Cette première partie de l'activité ne doit pas poser de difficulté particulière, il s'agit d'un rappel d'un travail effectué à la leçon 4 sur le genre des noms de pays. L'activité peut de toute façon se faire par déduction : *le* est utilisé dans l'exemple, *l'* doit précéder *Espagne* (mot commençant par une voyelle), *la* devant *France* (mot connu) et, par élimination, *les* devant *Pays-Bas* (qui sera donc identifié comme un mot pluriel).
Pour amener au travail sur les prépositions, le professeur peut repartir du travail fait à la leçon 5 avec le verbe *habiter à* (Ex. : *J'habite à Berlin.*) et dire que, devant les noms de

pays, on n'utilise pas la préposition *à*. Il peut noter dessous les deux phrases relevées à l'activité 3 et demander aux apprenants s'ils voient une relation entre le genre des noms de pays *Mexique* et *Espagne* et la préposition utilisée. S'aider du travail effectué sur les articles contractés *du* et *des*.

 J'habite **à** Berlin. → Berlin

Ils habitent **au** Mexique. → le Mexique (mot masculin)

Ils habitent **en** Espagne. → l'Espagne (mot qui commence par une voyelle)

À deux **b.** et **c.** Demander ensuite aux binômes de compléter les phrases sans regarder l'encadré Grammaire. Le travail va se faire également par déduction puisque *au* est utilisé dans l'exemple et qu'il n'y a qu'un pays pluriel pour utiliser *aux*. Les deux occurrences de *en* seront donc utilisées logiquement devant *Espagne* et *France*.
Écrire les deux nouvelles phrases, puis laisser les apprenants observer le corpus et faire l'appariement demandé à la partie c qui confirmera les conclusions tirées de leur observation.

 J'habite **à** Berlin. → Berlin

J'habite **au** Mexique. → le Mexique (mot masculin)

Nous habitons **en** Espagne. → l'Espagne (mot qui commence par une voyelle)

Vous habitez **aux** Pays-Bas. → les Pays-Bas (mot pluriel)

Ils habitent **en** France. → la France (mot féminin)

– Pour la mise en commun, demander à un apprenant d'oraliser la règle : « Avec un nom de pays masculin, on utilise *au* ; avec un nom de pays commençant par une voyelle ou féminin, on utilise *en* ; avec un nom de pays pluriel, on utilise *aux*. »
– Faire lire la partie *Les prépositions* en, à, au *et* aux de l'encadré Grammaire page 49 pour vérifier et ajouter que lorsqu'il n'y a pas d'article devant un nom de pays, on utilise *à* (comme pour les noms de villes).

 Pour finaliser le travail sur les articles contractés, on peut écrire **au tableau** :

 à + le = au   de + le = du

à + les = aux   de + les = des

Corrigés

5 a. 1. le Mexique 2. l'Espagne 3. les Pays-Bas 4. la France
5 b. 1. au 2. en 3. aux 4. en
5 c. au : masculin ; aux : pluriel ; en : féminin

   activités 1, 2, 3 page 56

Activité 6 15 💬 ⏱15 min

→ **Dire où on habite et décrire ce lieu**

En classe entière Projeter la vidéo où Juan (l'étudiant mexicain présenté à la leçon 4) dit où il habite et parle de sa ville, puis dégager la matrice de la production : *J'habite* + pays

et ville. *J'habite* + quartier + situation du quartier. *Dans ma ville, il y a* + listes de lieux intéressants à visiter.
Le professeur peut préciser que la structure *il y a* + nom singulier ou pluriel est utilisée aussi pour faire une énumération, une liste et répond à la question « Qu'est-ce qu'il y a (dans la ville) ? »

À deux Cette production orale peut nécessiter une petite préparation. Laisser quelques instants à chaque apprenant pour la préparer avec tous les outils linguistiques travaillés dans la leçon. Indiquer également aux apprenants de se reporter au Précis grammatical page 126 s'ils ont besoin d'autres prépositions de lieu (qui seront découvertes en unité 5 page 65).

 Après la phase de préparation et avant de demander aux apprenants de produire à l'oral leur présentation, il est possible de travailler le point phonétique de la leçon (*cf.* page suivante).

Corrigé

6 Productions libres.

Culture(s) ⏱15 min

→ **Dire le nombre et le nom des habitants d'une ville**

 À deux Demander aux apprenants de lire l'encadré de la page 49 et demander quelles sont les informations données : le classement de la ville, le nombre d'habitants et le nom des habitants. Faire remarquer la majuscule au nom *les Marseillais* (alors que l'adjectif s'écrit avec une minuscule).
– Pour Paris, la capitale (donner le mot), faire un remue-méninges sur le nombre d'habitants et leur nom.

 1 Paris (2 190 327 habitants) / **Les Parisiens**

2 Marseille (870 000 habitants) / **Les Marseillais**

Le professeur peut continuer avec d'autres villes importantes de France ; les apprenants peuvent se reporter à la carte située à la fin du Livre (*cf.* Culture(s) + ci-dessous). Il est possible que les apprenants connaissent d'autres villes (petites ou moyennes) : chercher en classe sur Internet le nombre et le nom des habitants.

💡 Demander à des apprenants, à tour de rôle, de lire à voix haute les informations en prenant modèle sur la formulation de l'encadré Culture(s). Cette activité permet de retravailler l'oralisation des grands nombres travaillés à la leçon 6.

Culture(s) +

Les cinq premières villes françaises en nombre d'habitants sont :
1. Paris (2 190 327 habitants) / Les Parisiens
2. Marseille (862 211) / Les Marseillais
3. Lyon (515 695 habitants) / Les Lyonnais
4. Toulouse (475 438 habitants) / Les Toulousains
5. Nice (342 637 habitants) / Les Niçois

(données INSEE, dernier recensement 2016, en vigueur au 1er janvier 2019)

▸ **Le groupe rythmique**

Attirer l'attention des apprenants sur l'importance de bien rythmer les phrases pour être compris. Leur rappeler aussi le travail de rythme sur les mots réalisé à la leçon 4.

– Faire visionner le tutoriel de Jean-Thierry (16) ou écouter l'audio (🎧 061) de l'encadré pour faire travailler la façon de rythmer les groupes de mots en français.

Transcription ▶ 16

Le groupe rythmique

Bonjour ! Aujourd'hui : le groupe rythmique.
On prononce un groupe de mots comme un seul mot. On ne coupe pas la voix. On prononce un seul mot phonétique. C'est le groupe rythmique.
Par exemple : J'habite au Mexique. = [ʒabitomɛksik]
J'habite au Mexique. [ʒabitomɛksik] NON !
Prononcez comme un seul mot : J'habite au Mexique.
Un autre exemple : Vous êtes espagnols ? [vuzɛtɛspaɲɔl]
Répétez avec moi !
J'habite à Toulon. Dans ma ville, il n'y a pas le métro, il y a le tramway. [ʒabitatulɔ̃ / dɑ̃mavil / ilnjapaləmetro / iljalətramwɛ]
Au revoir !

Transcription 🎧 061

Le groupe rythmique

On prononce un groupe de mots comme un seul mot. C'est le groupe rythmique.
Ex. : J'habite au Mexique. = [ʒabitomɛksik]
Vous êtes espagnols ? [vuzɛtɛspaɲɔl]
J'habite à Toulon. Dans ma ville, il n'y a pas le métro, il y a le tramway.
[ʒabitatulɔ̃ / dɑ̃mavil / ilnjapaləmetro / iljalətramwɛ]

 On peut faire réécouter Juan et demander aux apprenants ce qu'ils pensent de sa façon de rythmer ce qu'il dit.

  ▸ S'entraîner ▸ activité 4 page 56

AGIR

Activité 7 💬 ⏱ 15 min

→ **Présenter un lieu à visiter**

Préparation

En classe entière puis **Seul** **a.**, **b.** et **c.** En amont (de préférence), les apprenants auront choisi une ville dans leur pays ou à l'étranger. Ils auront cherché et imprimé un plan sur Internet ; il est essentiel que ce plan soit un plan touristique avec des sites intéressants à voir. Pour ceux qui n'ont pas d'accès à Internet, le professeur pourra leur demander d'apporter un plan s'ils en ont un chez eux ou bien le professeur aura lui-même imprimé des plans différents qu'il distribuera aux apprenants.

– Chaque apprenant prépare son intervention suivant le modèle de l'exemple : bien préciser qu'il s'agit de réutiliser le vocabulaire des lieux de la ville, les prépositions et les adverbes de lieux, et les deux présentatifs *c'est* et *il y a*.

Production

En petit groupe **d.** Chaque apprenant présente aux membres du groupe le site intéressant à découvrir de la ville choisie.

Corrigé

7 Productions libres.

Activité 8 ✏   30 min

→ **Présenter les lieux incontournables de sa ville**

Préparation et production

En classe entière L'activité consiste à produire un document similaire au document 1. Pour cette activité, il est nécessaire de constituer les groupes de préférence en fonction de la ville où les apprenants habitent. S'ils habitent tous dans la même ville, on peut transformer l'activité en petit concours : à la fin de l'activité, la classe sélectionnera la présentation qui met le mieux en valeur la ville.

En petit groupe **a.**, **b.**, et **c.** Chaque groupe échange en classe pour choisir les trois lieux incontournables de la ville sélectionnée. Puis les membres se partagent les tâches qu'ils préparent hors de la classe : par exemple un ou deux membre(s) cherche(nt) un plan et situe(nt) les lieux choisis, deux membres cherchent une ou des photos d'un des lieux avec quelques informations sur ce lieu ; s'il y a trois lieux à présenter, le groupe peut être constitué de sept ou huit membres. Si la classe dispose d'ordinateurs et d'imprimantes et du temps nécessaire à l'activité, tout le travail de préparation peut être réalisé sur le temps de classe.

En petit groupe **d.** Tous les membres du groupe se réunissent de nouveau pour finaliser la présentation. Dans un premier temps, ils doivent réunir leurs documents numériques (plan, photos) en un fichier (pour la version numérique), faire un montage en collant les différents documents imprimés (pour la version papier). Dans un second temps, ils doivent rédiger un encadré par lieu incontournable à la manière d'un support touristique authentique. Donner quelques consignes de rédaction : il s'agit de prendre modèle sur les huit encadrés du document 1 avec des phrases nominales très courtes.

Présentation

En classe entière **e.** Les photos et les textes affichés, les apprenants en prendront connaissance et partageront oralement. Les fichiers numériques peuvent être envoyés sur le groupe de la classe et les apprenants peuvent laisser des commentaires.

Corrigé

8 Productions libres.

> **Entraînement linguistique**

■ Demander aux apprenants de relire la double page, de réécouter les documents travaillés.

■ Faire créer une fiche-lexique sur le thème des lieux de la ville qui sera complétée à la leçon 13.

■ Faire créer une fiche-lexique sur le thème des indications de lieu qui sera complétée à la leçon 13.

> **Évaluation formative**

■ Les activités du **Cahier d'activités** correspondant à la leçon sont aux pages 38-41.

■ Les activités du **Parcours digital®**.

Classe inversée

Avant la leçon 13

L'enseignant peut demander aux apprenants de :

– regarder les documents 1 et 2 page 50 ;

– faire les activités 1 et 2 page 50 ;

– lire et écouter l'encadré Vocabulaire, *Les lieux de la ville* (2), page 51 (🎧 064) ;

– visionner le tutoriel vidéo de phonétique ▶17, d'écouter et de lire l'encadré phonétique sur les sons [y] et [u], page 51 (🎧 066) ;

– trouver le plan du quartier de l'école pour faciliter le travail de l'activité 8.

LEÇON 13 Indiquer un chemin

pages 50-51

INDIQUER UN CHEMIN ⏱ 2 h 20

Savoir-faire et savoir agir : se déplacer · demander et indiquer le chemin · la direction

COMPRENDRE

DOC. 1	DOC. 2	DOC. 3			
10'	5'	20'		10'	10'
Act. 1 📖	Act. 2 📖	Act. 3 📖	Vocabulaire 🎧 064	Culture(s) 💬	Act. 4 💬
· repérer le thème d'une affiche	· repérer des informations sur un programme culturel	· situer un lieu sur le plan d'une ville	· les lieux de la ville (2)	· échanger sur le nom des rues	· expliquer où on habite, donner des repères

COMPRENDRE

DOC. 4 🎧 062-063

10'	20'				30'		10'
Act. 5 🎧	Act. 6a 🎧	Grammaire	Vocabulaire 🎧 065	Act. 6b et c 🎧	Act. 7	Grammaire	Phonétique 🎧 066 ▶17
· demander et indiquer un chemin	· demander un chemin	· l'interrogation avec *où*	· l'itinéraire, la direction	· indiquer un chemin	· l'impératif pour indiquer un itinéraire	· l'impératif (1) · le verbe *aller* au présent + *au, à la, aux*	· les sons [y] et [u]

AGIR

15'	Act. 8 💬 ✏	· proposer un itinéraire dans sa ville

COMPRENDRE

Activité 1 🕙 10 min

→ **Repérer le thème d'une affiche**

Sensibilisation et compréhension

Seul puis **En classe entière** **a.** Faire observer l'affiche et en rappeler la fonction (*cf.* leçon 5). Le professeur peut aussi amener les apprenants à citer toutes les infos que l'on trouve sur ce type de support : le titre (justifiant le rôle de l'affiche : informer, conseiller…), la date, les logos, le lieu, les contacts. Demander de répondre aux deux questions. Même si les apprenants ne connaissent pas le mot *festival*, ils cocheront probablement ce mot par déduction et en identifiant l'analogie étymologique avec le mot *fêtes*. Ils seront peut-être tentés de répondre « au Mexique » ou « en Espagne » mais le fait que l'affiche soit en français amènera les apprenants à répondre « en France ». Certains apprenants repéreront peut-être le nom des sponsors tout en bas de l'affiche et notamment celui de la région Alpes-de-Haute-Provence. Si besoin, le professeur pourra expliquer également l'adjectif composé *latino mexicain* : *latino* fait référence à l'Amérique latine ; lorsqu'on veut indiquer une double nationalité, le premier adjectif se termine par -*o* (franco-espagnol).

b. Le professeur peut indiquer sur la carte de France à la fin du livre où se trouve la ville et demander aux apprenants de produire quelques phrases pour la situer en réutilisant les prépositions de localisation (*au sud de*, *près de*) et les points cardinaux vus dans la leçon précédente (*cf.* corrigé).

– Répondre aux questions des apprenants peut-être intrigués par le nom de la ville et sa relation au Mexique.

Culture(s) +

■ **Un festival** est un événement artistique (danse, musique, théâtre, cinéma, peinture…) qui offre plusieurs représentations ou expositions sur un thème : festival de jazz, festival de Cannes (cinéma), festival d'Avignon (théâtre).

■ **Barcelonnette** est une commune française, située dans la région Provence-Alpes-Côte-d'Azur. C'est une commune de montagne à quelques kilomètres de la frontière italienne et près de Gap. Elle a été fondée en 1231 par une famille originaire de Barcelone, d'où son nom signifiant « petite Barcelone ». Sa relation avec le Mexique est très forte : au XIXᵉ siècle, des habitants émigrent au Mexique pour « faire fortune ». Il reste une amitié entre Barcelonnette et le Mexique, fêtée tous les ans en août. La ville de Barcelonnette est jumelée avec Valle de Bravo, au Mexique.

Corrigés

1 a. 1. C'est une affiche pour un festival. 2. C'est en France.

1 b. Exemple de production : Barcelonnette est au sud-est de la France, dans la région Provence-Alpes-Côte d'Azur, près de Gap.

Activité 2 🕙 5 min

→ **Repérer des informations sur un programme culturel**

Sensibilisation et compréhension globale

Seul Demander aux apprenants de regarder le document 2 et le faire identifier en s'assurant qu'ils ont fait le lien entre l'affiche et ce programme. Faire identifier le document en justifiant : il s'agit du programme (liste des activités) d'une journée de fêtes. Il y a quatre indications horaires avec l'indication de l'activité proposée. Si les mots *concert* ou *cours* sont transparents, le mot *atelier* nécessitera une explication (c'est un cours pratique). On peut poser oralement les questions habituelles de l'étape de compréhension globale : Quand ? Quoi ? Où ? Cette dernière question préparera le repérage demandé à l'activité 3.

Seul puis **En classe entière** Demander aux apprenants de faire l'activité. Mettre en commun et répondre aux questions.

Corrigés

2 a. Caroline : atelier Mexique ; **b.** Stéphane : cours de danse et musique salsa ; **c.** Sylvain : atelier cuisine mexicaine ; **d.** Marie : concert

Culture(s) +

Une tortilla est une omelette épaisse garnie de pommes de terre et d'oignons. C'est une recette typiquement espagnole. **Une piñata** est un objet en forme d'animal ou de personnage en carton rempli de sucreries et de jouets. Les enfants, les yeux bandés, essayent de casser avec un bâton la piñata suspendue au-dessus d'eux afin de récupérer les sucreries cachées à l'intérieur. C'est une tradition mexicaine.

Activité 3 🕙 20 min

→ **Situer un lieu sur le plan d'une ville**

Compréhension finalisée

En classe entière **a.** Demander aux apprenants de regarder le plan de la ville page 51. S'assurer qu'ils ont compris qu'il s'agit du plan de Barcelonette et qu'ils vont devoir y repérer les quatre places mentionnées sur le programme. Faire relever dans le programme le nom des quatre places et les noter au tableau. Faire faire l'activité de repérage et, pour la mise en commun, demander à des apprenants de les situer oralement comme dans l'exemple (cf. corrigés).

En classe entière **b.** et **c.** Avant de faire les activités proposées, on peut, comme à la leçon précédente, faire repérer les logos qui peuvent varier d'un pays à l'autre. Certains d'entre eux ont déjà été expliqués à la leçon 12. Les nouveaux : ⭐ indique l'office de tourisme (le *i* du logo signifiant *information*), 🏫 indique une école, ✉ indique la poste (oiseau bleu symbolisant la fonction de messager et la rapidité), 💳 indique la présence d'un distributeur de billets (CB pour carte bancaire), 🚻 indique les toilettes.

À deux – Pour faire le travail de repérage et de classement demandé, on peut proposer aux apprenants la grille ci-dessous qui sera aussi notée **au tableau** afin d'être complétée lors de la mise en commun (cf. corrigés).

	administration	éducation	loisirs	services	transports
Place Valle de Bravo					
Place Frédéric Mistral					
Place Aimé Gassier					
Place Manuel					

– Laisser travailler les binômes sur les différents repérages.

En classe entière – Faire une mise en commun orale en demandant à plusieurs apprenants de produire des phrases pour indiquer quels lieux se trouvent près des places citées. Exemple : « À côté de la place Valle de Bravo, il y a la mairie, une école… »

💡 Rappeler d'utiliser les présentatifs vus à la leçon 12 : *ici, là, c'est…, il y a…*

En classe entière **d.** Demander aux apprenants de se reporter à l'encadré Vocabulaire page 51 *Les lieux de la ville (2)* (de l'administration aux transports) pour enrichir le vocabulaire. Expliquer qu'une crèche est un lieu d'accueil pour les enfants pré-scolarisés, de 3 mois à 3 ans, et qu'un boulodrome est un lieu pour jouer à la pétanque, un jeu de boules traditionnel du sud de la France.

À deux – Inviter les binômes à repérer d'autres lieux sur le plan et à les écrire dans le tableau de classement. Faire une mise en commun orale similaire. Exemple : « Il y a un boulodrome à côté de la place Aimé Gassier. »

Corrigés

3 a. La place Valle de Bravo à l'ouest, au sud-ouest ; la place Frédéric Mistral à l'est ; la place Manuel au nord-est.

3 b., c. et **d.** *En bleu sont indiqués les lieux à repérer en 2 b., les autres mots étant le résultat du repérage demandé en 2 d.*

	administration	éducation	loisirs	services	transports
Place Valle de Bravo	la mairie la police	une école	la médiathèque	un parking un hôtel une banque des toilettes	
Place Frédéric Mistral			un cinéma	l'office de tourisme des banques un accès wi-fi	
Place Aimé Gassier		une école		un parking le marché des toilettes	la gare routière
Place Manuel	la poste			3 hôtels des banques un accès wi-fi	

> **S'entraîner** > **activité 5 page 56**

Culture(s) +

Le **jeu de boules** est un jeu collectif très populaire en France qui consiste à approcher des boules le plus près possible d'une boule de plus petite taille. Il existe plusieurs types de jeux de boules, le plus populaire en France étant la pétanque, jeu d'origine provençale.

Culture(s) ⏱ 10 min

→ **Échanger sur le nom des rues**

En classe entière Pour terminer le travail de repérage sur le plan et compléter l'apport culturel, demander aux apprenants de se reporter de nouveau à l'encadré Vocabulaire, *Les types de rues*, et expliquer le lexique : la rue est le nom le plus utilisé dans une ville (c'est une voie de circulation généralement peu large) ; l'avenue et le boulevard sont de grandes rues, la place est comme un carrefour, le chemin est une petite voie en terre plutôt située à la campagne, l'allée est une voie souvent bordée d'arbres.

– Demander aux apprenants de regarder de nouveau le plan et de lire le nom de quelques rues. Ils s'apercevront que la plupart des rues portent le nom d'une personne. Faire lire l'encadré Culture(s) de la page 50 pour le confirmer. Le professeur peut demander aux apprenants s'ils connaissent d'autres lieux en France qui portent le nom de personnes célèbres. Ils citeront peut-être l'aéroport Roissy-Charles-de-Gaulle (ancien Président de la République). Demander ensuite aux apprenants comment est choisi le nom des rues dans leur pays.

Activité 4   10 min

→ **Expliquer où on habite, donner des repères**

À deux Faire lire la consigne et l'exemple pour que les apprenants observent la matrice à produire. Conserver les mêmes binômes ou demander aux apprenants de changer de partenaire et faire faire les échanges demandés en utilisant le lexique travaillé. Rappeler aussi de varier les prépositions de lieu vues à la leçon 12 et autoriser les élèves à se reporter au Précis grammatical (p. 126).

Corrigé

4 Productions libres.

 DOC. 4 062-063

Les activités 5, 6 et 7 ont pour objectif de donner les moyens linguistiques pour demander et indiquer son chemin. C'est une compétence très importante pour qu'un touriste se sente acteur social dans une ville qu'il ne connaît pas ; de même, elle permettra à l'apprenant de renseigner un touriste francophone de sa ville et concrétisera ainsi son apprentissage. Cette compétence est rendue possible par les outils suivants : exprimer sa demande (*Où se trouve… ? Où est… ? Je cherche…*), connaître quelques verbes clés et du lexique utilisés pour indiquer la direction, le déplacement (*aller*, *tourner*, *continuer*, *à droite*, *à gauche*, *tout droit*…). Il est important de travailler ces points de façon méthodologique pour que les apprenants mémorisent ces outils et les transfèrent dans la réalité. C'est pourquoi nous proposons une activité de récapitulation dans la rubrique 💡 à la fin de l'activité 7.

Activité 5 062 10 min

→ **Demander et indiquer un chemin**

Sensibilisation

En classe entière Expliquer aux apprenants qu'ils vont entendre une conversation en relation avec l'affiche, le programme des fêtes latino-mexicaines (Doc. 1 et Doc. 2) et le plan (Doc. 3). Faire faire des hypothèses sur la situation de communication : par exemple, des touristes qui viennent aux fêtes et cherchent un des lieux mentionnés. Ils demandent leur chemin dans la rue.

Compréhension globale

Seul puis **En classe entière** Faire écouter le document 4 (062) sans consigne précise pour identifier la situation et vérifier les hypothèses. Pour la mise en commun, poser

quelques questions : Combien de personnes ? *(3)* Qui sont-elles ? *(un touriste qui ne parle pas beaucoup français, une passante, un passant)* Pourquoi deux dialogues ? *(après la première explication, le touriste n'a pas trouvé la rue, il demande à une autre personne).* Si besoin, faire réécouter.

– Pour faire l'activité, proposer une grille à deux colonnes : à gauche les réponses, à droite les phrases justifiant les réponses. Ces phrases seront réutilisées pour le travail demandé à l'activité 6.
Repasser l'enregistrement pour permettre aux apprenants de noter les phrases.

 (Grille renseignée)

Qu'est-ce qu'il fait ?	Qu'est ce qu'il dit ?
a. Le touriste demande son chemin.	Où est la rue… ? Je cherche la rue… Elle est où ? C'est la rue… ?
b. Le touriste cherche la rue Manuel.	Où est la rue Manuel, s'il vous plaît ?
c. L'homme indique la direction de la place Manuel.	C'est par là. Allez tout droit. C'est au bout de la rue.
c. Le touriste va au concert.	Vous allez au concert ? Oui.

– Pour la mise en commun, le professeur complète la grille avec les phrases relevées par les apprenants.

Transcription 062-063

Un touriste : *Excuse-me. Do you speak english?*
Une femme : Non, désolée !
Le touriste : Ah ! Euh… Où est la rue Manuel, s'il vous plaît ?
La femme : Euh… Ici, vous êtes rue des Remparts. Tournez à gauche, là, rue Donnadieu. Continuez tout droit. C'est à 200 mètres, c'est la deuxième rue à droite.
Le touriste : Merci Madame !

Le touriste : *Excuse-me!* Excusez-moi !
Un homme : Oui ?
Le touriste : C'est la rue Manuel ?
Un homme : Ah, non, c'est la place Manuel !
Le touriste : Ah… Je cherche la rue Manuel. Elle est où ?
L'homme : C'est par là ! Allez tout droit, c'est au bout de la rue !
Le touriste : Euh… Pardon… Vous pouvez répéter, s'il vous plaît ?
L'homme : Pardon ! C'est par là ! Allez tout droit, c'est au bout de la rue !
Le touriste : C'est loin ?
L'homme : Non, c'est à côté ! Vous allez au concert ?
Le touriste : Oui !
L'homme : Moi aussi, je vais au concert. J'adore les Mariachi !

Corrigés

5 a. Le touriste demande son chemin. b. Le touriste cherche la rue Manuel. c. L'homme indique la direction de la place Manuel. d. Le touriste va au concert.

Activité 6 20 min

Compréhension finalisée

→ **Demander un chemin**

Seul puis **En classe entière a.** Faire réécouter le document 4 et demander de noter les cinq autres questions du touriste. Lors de la mise en commun, noter les questions **au tableau**.

 1 Où est la rue Manuel, s'il vous plaît ?

2 C'est la rue Manuel ?

3 Elle est où ?

4 Vous pouvez répéter, s'il vous plaît ?

5 C'est loin ?

Grammaire 20 min

▶ L'interrogation avec *où*

– Faire remarquer qu'à l'exception de la question 4, toutes les autres portent sur le lieu.

– Demander aux apprenants quel est le mot interrogatif essentiel pour poser une question sur le lieu et attirer leur attention sur les deux structures utilisées *Elle/Il est où ?* – *Où est… ?* qui sont reprises dans l'encadré Grammaire page 51 et qui ont été notées dans la grille de l'activité 5.

b. Demander de se reporter à l'encadré Vocabulaire, *L'itinéraire, la direction*, 🎧 065, pour l'accès au sens facilité par la présence des flèches.

– Faire relier les icônes aux indications et mettre en commun.

c. Faire réécouter le document 4 et demander de tracer l'itinéraire avec le doigt ou un crayon sur le plan. Mettre en commun en comparant les tracés.

Corrigés

6 a. Où est la rue Manuel, s'il vous plaît ? / C'est la rue Manuel ? / Elle est où ? / Vous pouvez répéter, s'il vous plaît ? / C'est loin ?

6 b. 1. Tournez à gauche. 🔼 3. Allez tout droit. 🔼 4. C'est au bout de la rue. 🔼 5. C'est la 2ᵉ rue à droite. 🔼

6 c. L'enseignant peut montrer l'itinéraire sur le plan projeté au tableau.

> **S'entraîner** > activité 6 page 56

Activité 7 10 min

→ **Indiquer un itinéraire**

Conceptualisation

En classe entière a. Demander d'observer les deux phrases et de signaler celle qui permet d'indiquer un itinéraire. La noter **au tableau** en ajoutant les deux phrases à l'impératif de l'activité **6 b.**

 Allez tout droit.

Tournez à gauche.

Continuez sur 200 mètres.

À deux b. Demander aux élèves de comparer ces trois phrases et la question *Vous allez au concert ?* puis de répondre à la question.

En classe entière c. Faire trouver que cette forme verbale sans indication du sujet se nomme l'impératif. Cette forme verbale est déjà connue des apprenants qui lisent des consignes depuis le début du travail sur la méthode. Élargir son utilisation en disant qu'on l'utilise quand on veut dire à quelqu'un de faire quelque chose, comme ici indiquer un itinéraire.

Corrigés

7 a. 1. Allez tout droit. **7 b.** Le pronom personnel sujet.

7 c. On utilise la forme du présent sans le pronom sujet. C'est l'impératif.

Grammaire 20 min

Pour consolider le travail grammatical, compléter l'explication sur la formation de l'impératif et travailler sur la conjugaison du verbe *aller*.

▶ L'impératif (1) ⏱ 15 min

À deux puis **En classe entière** Demander aux apprenants de lire l'encadré Grammaire page 51.

– Expliquer qu'à l'impératif il y a seulement trois personnes. On utilise le présent sans le pronom sujet. Certains apprenants remarqueront peut-être que les formes *va, continue, tourne* ne sont pas celles du présent avec *tu*. Expliquer qu'effectivement, pour les verbes en *-er*, à la 2ᵉ personne, on supprime le *-s* de la terminaison du présent.

– Le professeur peut indiquer que, dans le Précis de conjugaison page 132, ils peuvent trouver la forme de l'impératif de chaque verbe dans la deuxième colonne.

> **S'entraîner** > activité 9 page 57

▶ Le verbe *aller* **au présent** 5 min

En classe entière Faire lire à voix haute la conjugaison du verbe *aller* au présent et rappeler l'utilisation de *à* + lieu et des articles contractés : à la leçon 5 a été présentée cette préposition (*J'habite à Madrid*) et à la leçon 12 a été présentée la contraction avec les noms de pays (*J'habite au Mexique. Elle habite aux États-Unis*). Indiquer que le verbe *aller* est généralement suivi d'une indication de lieu constituée de *à* + article défini (*le, la, l', les*) + nom. Il faut donc s'assurer de connaître le genre du mot afin d'utiliser les formes correctes.

> **S'entraîner** > activités 7, 8 pages 56-57

 Après les activités 5, 6 et 7, il peut être très utile de faire un récapitulatif grâce à la grille suivante (renseignée ici mais donnée vierge aux apprenants).

À deux Demander aux binômes de lister des expressions dans la grille suivante et éventuellement de chercher d'autres phrases utiles dans cette situation (propositions en italique). Autoriser les apprenants à utiliser leur dictionnaire et les inviter à se reporter au Précis grammatical (page 126) et au Précis de conjugaison (page 132) s'ils ont besoin d'autres formes. Mettre en commun le résultat de ce remue-méninges en demandant aux différents binômes de proposer des phrases. Chaque binôme pourra ainsi compléter sa propre grille. Une grille finale pourra être affichée au mur et transmise numériquement à chaque personne.

Je cherche mon chemin	J'indique un chemin
Où est la rue Manuel, s'il vous plaît ?	Continuez tout droit.
C'est la rue Manuel ?	Tournez à gauche.
Elle est où ?	C'est la 2ᵉ rue à droite.
C'est loin ?	C'est par là.
Je cherche la place Fr. Mistral.	Allez tout droit.
C'est ici le concert ?	C'est au bout de la rue.
...	C'est à 200 mètres.
	C'est à côté.
	Continue jusqu'à la place.
	C'est ici.
	C'est à deux minutes à pied.
	Prenez la rue du Canal.
	Va par là.
	...

Phonétique

 066 17 ⏱ 10 min

Les sons [y] et [u]

Faire visionner le tutoriel vidéo de Jean-Thierry, lire et écouter l'encadré de la page 51. La différence entre les sons [y] et [u] est particulièrement importante pour les prépositions et adverbes de lieu *sur*, *sous* qui seront vus à l'unité 5.

Transcription 17

Les sons [y] et [u]

Bonjour ! Aujourd'hui, les sons [y] et [u].
Le son [y] est aigu, tendu, arrondi. La langue est en avant, contre les dents.
La rue. Le sud. Super !
Le son [u] est grave, tendu, arrondi. La langue est en arrière.
Au bout ! C'est où ? Tout droit.
Écoutez et répétez ! Attention à votre langue ! En avant ; en arrière. Aigu ; grave ! Gardez bien les lèvres arrondies !
U-ou-u-ou-u-ou-u-ou.

Transcription 066

Les sons [y] et [u]

• Le son [y] est aigu, tendu, arrondi. La langue est en avant.
Ex. : la rue • le sud • super

• Le son [u] est grave, tendu, arrondi. La langue est en arrière.
Ex. : au bout • c'est où • tout droit

u-ou-u-ou-u-ou

> S'entraîner > activité 10 page 57

Activité 8 💬 🖊 ⏱ 15 min

→ **Proposer un itinéraire dans sa ville**

Préparation

À deux a. La tâche consiste à trouver deux lieux où aller à partir de l'école de français et d'en expliquer oralement l'itinéraire. Ce travail peut se faire avec ou sans plan du quartier de l'école. Dans le dernier cas, les lieux ne doivent pas se trouver trop loin de l'école.

b. Les binômes doivent se mettre d'accord sur deux lieux de leur ville et préparer leur itinéraire.

Production

En petit groupe c. Deux binômes se regroupent pour l'activité. Si la présentation se fait sans plan, on peut proposer de l'insérer dans un mini dialogue. Exemple : « – Excusez-moi, il y a une librairie près d'ici ? – Non. – On vous explique : vous sortez de l'école, vous allez tout droit. Au feu, vous tournez à droite et vous continuez 100 mètres. » Si la présentation se fait avec un plan, elle peut se faire sous forme de devinette : un binôme présente et explique son itinéraire à l'autre qui suit sur le plan et dit où il arrive.

Corrigé

8 Productions libres.

Prolongement de la leçon

> **Entraînement linguistique**

■ Demander aux apprenants de relire la double page, de réécouter les documents travaillés.
■ Compléter la fiche-lexique sur le thème des lieux de la ville qui a été créée à la leçon 12.
■ Compléter la fiche-lexique sur le thème des indications de lieu qui a été créée à la leçon 12.

> **Évaluation formative**

■ Les activités du **Cahier d'activités** correspondant à la leçon sont aux pages 42-45.
■ Les activités du **Parcours digital®**.

Classe inversée

L'enseignant peut demander aux apprenants de :

– regarder les documents 1 et 2 page 52 ;

– de faire les activités 1 et 2 page 52 ;

– lire et écouter les encadrés Vocabulaire, *Les loisirs* (2) et *Les sorties*, page 53 (🎧 069 et 🎧 070) ;

– lire et écouter l'encadré Vocabulaire, *L'heure*, page 53 (🎧 071).

PROPOSER UNE SORTIE ⏱ 3 h 10								
Savoir-faire et savoir agir : inviter, accepter et refuser une invitation • dire l'heure • fixer un rendez-vous								
	DOC. 1		DOC. 2				DOC. 3	
	10'	5'	5'	10'	10'		20'	
COMPRENDRE	Act. 1 📖	Act. 2 Vocabulaire	Culture(s) 💬	Vocabulaire 🎧 069-070	Act. 3 💬	Act. 4	Grammaire	Grammaire
	• identifier des types de sortie	• classer des types de sorties	• échanger sur des manifestations culturelles	• les loisirs (2) • les sorties	• dire quelles sorties on aime faire	• comprendre une invitation	• l'interrogation avec *quand*	• le verbe *venir* au présent

			DOC. 4 🎧 067-068				
	15'	10'	15'	15'	20'	5'	10'
COMPRENDRE	Act. 5 🎧	Grammaire	Act. 6	Grammaire	Grammaire Vocabulaire 🎧 071	Culture(s) 💬	Act. 7 💬 ▶18
	• fixer un rendez-vous	• les pronoms toniques	• organiser une sortie	• les verbes *pouvoir*, *vouloir* et *faire* au présent	• les indicateurs de temps (1) • l'heure	• échanger sur l'heure	• dire ce qu'on fait le samedi soir

AGIR	20' Act. 8 ✏	• présenter des activités culturelles de sa ville
	20' Act. 9 💬	• proposer une sortie culturelle

COMPRENDRE

Activité 1 📖 ⏱10 min
→ **Identifier des types de sorties**

Sensibilisation et compréhension globale

Seul puis **En classe entière** **a.** Faire identifier le document 1 (*c'est une page d'un site Internet*) et faire repérer le nom du site (*Sortir à Paris, le « à » étant symbolisé par la tour Eiffel*), le sous-titre (*1er city guide en Île-de-France*) et les onglets (donner le mot pour faciliter la compréhension ; *cf.* 💡). Si besoin, indiquer où se trouve la région Île-de-France sur la carte à la fin du livre.

Afin de permettre aux apprenants de faire le lien avec le mot *sortie(s)* du titre et de l'item de réponse, leur demander de proposer une définition du verbe *sortir* dans ce contexte :

sortir de la maison pour faire une activité de loisir, pour s'amuser… Les réponses dépendront de la richesse lexicale des apprenants.

Le travail précédent sur le sens du mot *sortir* permettra aux apprenants d'entourer la bonne réponse. Faire lire à plusieurs d'entre eux les cinq rubriques (dans le bandeau rouge) proposées par le site et expliquer les mots incompris, notamment *Bons plans* (une offre avec un prix très intéressant).

Compréhension finalisée

Seul puis **En classe entière** **b.** Pour faire l'activité, les apprenants doivent regarder le bandeau rouge indiquant les onglets. Mettre en commun oralement en demandant à chaque fois de justifier les réponses par l'indication de l'onglet (*cf.* corrigés).

> **Corrigés**
>
> **1 a.** C'est un site pour organiser des sorties.
>
> **2 b.** Vrai : 1. (onglet CULTURE : musées, expositions), 3. (onglet FAMILLE), 5. (onglet SOIRÉES & BARS) – Faux : 2, 4

Lexique d'Internet De nombreux supports écrits proposés dans *Inspire 1* sont des pages de sites Internet. La navigation sur un site engendre l'utilisation d'un lexique spécifique que le professeur peut commencer à donner aux apprenants qui utilisent beaucoup cet outil dans la vie réelle. Mieux vaut mémoriser un mot précis que contourner la difficulté par une périphrase. Certes, ce lexique n'est pas de niveau A1 mais il est très utile. Les apprenants seront ainsi encouragés à utiliser ces mots pour interagir. Comme il est suggéré dans l'introduction pour l'apprentissage du vocabulaire (B.1.5), le professeur peut demander aux apprenants de prendre une feuille, qu'ils titreront « Internet », sur laquelle ils commenceront à lister des mots ou expressions et qu'ils compléteront progressivement. Ce travail peut faire l'objet d'une activité de remue-méninges par binômes. Avant ce document 1 de la leçon 14, trois pages de sites ont déjà été travaillées (Doc. 1 de la leçon 6, Doc. 1 de la leçon 10 et Doc. 1 de la leçon 11). Demander aux apprenants de s'y reporter, de les regarder avec une tâche ciblée : noter les mots en lien avec Internet sur leur feuille. Ils peuvent noter les mots qu'ils ont déjà rencontrés dans les consignes d'activités, dans les documents eux-mêmes ou qui ont été utilisés à l'oral par le professeur. Ils peuvent aussi avoir envie de connaître la traduction française d'un mot qu'ils utilisent souvent dans leur langue. Parmi les mots déjà utilisés dans les consignes et les documents des quatre leçons mentionnées, on trouve : *la page d'un site*, *se connecter* (page 26), *un site Internet*, *un forum*, *une appli* (page 38), *la page d'accueil* (page 40), *un espace membre*, *une rubrique*, *un lien*, *un onglet* (page 52).

Activité 2 5 min

→ **Classer des types de sorties**

Sensibilisation et compréhension globale

Demander aux apprenants de regarder le document 2 et de trouver la relation avec le document 1 : un internaute a cliqué sur différentes rubriques de la page d'accueil et a ouvert huit liens.

Compréhension finalisée

À deux Faire lire la consigne et s'assurer de sa compréhension : expliquer notamment le mot *lien* (un mot ou un ensemble de mots sur une page Internet – quand on clique dessus, cela permet d'accéder à une autre page avec des informations complémentaires).
– Cette activité essentiellement lexicale nécessite un repérage et un classement. Demander aux binômes de lire le document 2 et de classer les activités en notant les numéros des liens à côté des rubriques. Anticiper les trois difficultés suivantes de compréhension qui se présenteront :

1. Pour permettre de comprendre ce qu'est Nuit Blanche, orienter vers la lecture de l'encadré Culture sans faire l'échange oral qui se fera pendant la mise en commun.

2. Expliquer que l'expression « portes ouvertes » désigne un événement durant lequel des lieux non accessibles au public sont exceptionnellement ouverts pour présenter des activités.

3. Dire aussi qu'une activité peut être classée dans plusieurs rubriques. Autoriser l'utilisation du dictionnaire pour d'autres difficultés éventuelles.

Corrigé

2 b. Culture : 1 (expositions), 2 (festivals de cinéma), 3 (Nuit Blanche), 5 (ateliers du Père Lachaise) ; **c.** Loisirs : 2 (festivals de cinéma), 3 (Nuit Blanche), 4 (animations funs), 6 (Spartrack-VR), 8 (Running) ; **d.** Bons plans : 1, 3, 4, 5 car c'est gratuit.

Culture(s) 5 min

→ **Nuit Blanche**

En classe entière Faire répondre à la question posée pour permettre l'échange.

Vocabulaire 10 min

Les loisirs (2) et Les sorties

En classe entière Avant de faire l'activité 3, orienter les apprenants vers les encadrés Vocabulaire de la page 53, *Les loisirs* et *Les sorties* 🎧 069-070, pour enrichir leur lexique. Le professeur peut par ailleurs anticiper les réponses de l'activité 3 pour laquelle il est demandé aux apprenants de dire ce qu'ils aiment faire pendant leurs sorties ; il est donc recommandé d'associer quelques verbes aux noms proposés : *aller au cinéma / au théâtre / en discothèque, faire un brunch, voir une expo, danser...*

Activité 3   10 min

→ **Dire quelles sorties on aime faire**

En petit groupe Pour cette production intermédiaire, chaque membre du groupe répond à la question en citant des activités. **Demander qu'un rapporteur par groupe présente les sorties qu'aiment les membres du groupe** selon une matrice possible (*cf.* corrigé) ; le professeur ou un apprenant les écrit au tableau. Chaque fois qu'une activité est répétée, on écrit un bâton à côté pour pouvoir compter à la fin le nombre de fois où la sortie aura été citée. Exemple : boire un verre : III ... À la fin de l'activité, faire un classement des sorties pour identifier le profil de la classe.

Corrigé

3 Productions libres. Exemple : Nous aimons / Notre groupe aime aller au restaurant, faire des promenades, aller au cinéma avec des amis.

Activité 4 ⏱ 20 min

→ **Comprendre une invitation**

Compréhension globale

Seul puis **En classe entière** Demander aux apprenants de regarder le document 3 et de l'identifier : un téléphone avec un échange de SMS entre Marc et Betty ; l'échange a lieu le jeudi soir (21 h 43, 21 h 46, 21 h 47, 21 h 52).

Compréhension finalisée

Laisser les apprenants découvrir l'échange de SMS et répondre à la question. Cet échange est l'occasion :
– d'expliquer la différence de sens entre le verbe *aller* et le verbe *venir* et de découvrir la conjugaison du verbe *venir* ;
– de découvrir l'interrogation avec quand. Noter les extraits de l'échange **au tableau** :

 - Je (vais) au cinéma avec Kim.

    - Quand ?

    - Samedi soir. Tu (viens) avec nous ?

– Entourer les formes du verbe *aller* et du verbe *venir*. Les apprenants reconnaîtront le verbe *aller* dont ils ont vu la conjugaison au présent à la leçon 13. Donner l'infinitif de la seconde forme.

– Expliquer la différence de sens entre *aller* et *venir* en passant éventuellement par la traduction, car de nombreuses langues utilisent ces deux verbes et qu'il est souvent improductif de se lancer dans une explication complexe dans la mesure où le sens de ces deux verbes dépend du lieu où se trouve le locuteur. On peut aussi expliquer que le verbe *aller* (à) indique simplement l'action d'aller à un endroit alors que le verbe *venir* indique ici que Betty va accompagner Marc et Kim, qu'ils vont partir ensemble.

– Écrire d'une couleur différente l'adverbe interrogatif *quand* et attirer l'attention sur la réponse :

 - Je (vais) au cinéma avec Kim.

    - Quand ?

    - Samedi soir. Tu (viens) avec nous ?

– Expliquer que le mot interrogatif *quand* permet de poser une question sur le temps. Demander aux apprenants de proposer d'autres réponses que celle de Marc (*demain*, *ce soir*, *lundi*...) et les écrire au tableau.

 De la même façon que les apprenants ont pratiqué la question avec *où*, à la leçon 13, on peut leur faire imaginer des micro-dialogues. Ex. : – Quand est-ce que tu viens ? – Ce soir.

Corrigé

4 Marc propose à Betty d'aller au cinéma (avec lui et Kim).

 ⏱ 10 min

Grammaire

▶ Le verbe *venir* au présent

En classe entière Demander aux apprenants de se reporter à l'encadré Grammaire page 53, Les verbes *pouvoir*, *vouloir*, *faire* et *venir* au présent et d'observer la conjugaison du verbe *venir*. Faire un remue-méninges pour rassembler les observations et les noter **au tableau**. Lire la conjugaison à voix haute pour permettre de faire la remarque de prononciation.

 VENIR

   - infinitif en -IR

   - terminaisons : s, s, t, ons, ez, ent

   - 3 radicaux : vien-, ven-, vienn-

   - viens, viens, vient : même prononciation

 🎧 067-068

Activité 5 ⏱ 15 min

→ **Fixer un rendez-vous / Indiquer l'heure**

Sensibilisation

En classe entière Dire aux apprenants qu'ils vont entendre une conversation en relation avec le SMS (Doc. 3). Faire faire des hypothèses sur la situation de communication : par exemple : « Betty, Kim ou Marc parlent pour fixer le rendez-vous. »

Compréhension globale

En classe entière Faire écouter le document 4 et poser la question : « Pourquoi Marc téléphone-t-il à Betty ? » Réponses attendues : Pour organiser le rendez-vous (fixer le jour, l'heure, le lieu et les activités).

Compréhension finalisée

Seul, **À deux** puis **En classe entière** a., b., c. et d. Faire lire les quatre questions et vérifier la compréhension de l'adjectif *libre* avec les moyens linguistiques acquis par les apprenants. (Betty est libre = elle est disponible, elle n'est pas occupée, elle ne travaille pas, elle ne peut pas.) Faire réécouter le document 4 en demandant aux apprenants de répondre aux quatre questions en notant les mots-clés permettant de répondre. **Le travail en binômes va permettre de comparer les réponses et de repérer les points de désaccord** afin de cibler la deuxième, voire troisième écoute.

Pour noter les réponses, proposer une grille pour la prise de notes (pour tableau renseigné : *cf.* 💡 et corrigés).

a. Qui à qui ?	
b. Betty libre ? Pourquoi ?	
c. Où ?	
d. Programme ?	

– Pour la mise en commun, demander aux binômes de structurer une phrase simple pour répondre à chaque question (*cf.* corrigés). Inviter les apprenants à utiliser leurs acquis et non à produire une phrase trop compliquée en passant par leur langue maternelle et la traduction. La classe valide ou corrige.

C'est la première fois, depuis le début de la méthode, que les apprenants vont devoir répondre à des questions ouvertes. Jusqu'à présent, en effet, les réponses étaient guidées par des propositions à choisir (*entourez*, *cochez*, *soulignez*), des vrai-faux ou des appariements. Répondre à une question ouverte demande une bonne méthodologie : prendre des notes, puis les reformuler et sélectionner l'information pour répondre précisément à la question. Le professeur peut choisir d'aider à la prise de notes ou de laisser les apprenants choisir une méthode personnelle dont on pourra ensuite valider l'efficacité. Un exemple de prise de notes pourra être proposé (*cf.* corrigés).

 Corrigés

5	a. Qui à qui ?	Marc téléphone à Betty.
	b. Betty libre ? Pourquoi ?	Dimanche après-midi / samedi : travail → 20 h / dimanche matin : jogging
	c. Où ?	Restaurant « Ma Biche » / rue Véron / 18ᵉ / métro Abesses
	d. Programme ?	Manger (brunch) + cinéma

Propositions de phrases structurées pour la mise en commun orale :

a. Marc téléphone à Betty. **b.** Elle est libre le dimanche après-midi (parce que) le samedi soir, elle termine son travail à 20 heures et le dimanche matin, elle court/fait son jogging. **c.** Au restaurant (« Ma biche », rue Véron, dans le 18ᵉ, au métro Abbesses). **d.** Ils mangent et vont au cinéma.

Transcription 🎧 067-068

Marc : Allô Betty ?
Betty : Oui.
Marc : Alors, tu viens avec nous au cinéma, demain soir ?
Betty : Demain soir, je ne peux pas, je termine le travail à 20 heures. Vous êtes libres dimanche ?
Marc : Pourquoi pas.
Betty : Dimanche après-midi, je suis libre. Mais, le matin, moi, je fais mon jogging !
Marc : Si tu veux on fait un brunch et après, on va au cinéma.
Betty : D'accord, à quelle heure est le brunch ?
Marc : Entre 11 h et 15 h ?
Betty : OK, je viens à 13 h.
Marc : Une heure, c'est bien. Je parle à Kim et je réserve chez *Ma biche*, c'est super bon !
Betty : C'est où ?
Marc : C'est rue Véron, dans le 18ᵉ, au métro Abbesses !
Betty : Oh c'est loin ! Bon ben, à dimanche !

Grammaire ⏱10 min

Les pronoms toniques

Conceptualisation
Afin de conceptualiser le système des pronoms toniques, nous proposons de constituer un corpus progressif et de compléter parallèlement un schéma faisant apparaître les pronoms toniques. Voici les étapes de la conceptualisation :
– Reprendre les phrases écrites au tableau à l'activité 4 et ne conserver que celles qui seront utilisées pour la conceptualisation du pronom tonique. Supprimer les mises en valeur graphiques précédentes (couleur, encadrés). Ajouter la phrase de Betty (*Moi, je fais du jogging*) et éventuellement rappeler aussi les structures étudiées à la leçon 10 (*Moi aussi / Moi non plus*).
– Face aux pronoms sujets, écrire les pronoms toniques en rouge puis commencer la conceptualisation en faisant compléter au fur et à mesure le schéma qui montre qu'il y a deux systèmes de pronoms par personne.
– Pour continuer le travail, rappeler aux apprenants qu'ils connaissent deux autres pronoms, ceux associés à *tu* et à *vous* (*cf.* leçon 1 : – Ça va ? – Oui et toi ? / Oui et vous ?). Ajouter les phrases au corpus et compléter le schéma.
– Demander aux apprenants de proposer un pronom pour remplacer le mot *Kim* et donc de proposer la forme féminine singulier *elle*.
– Pour les deux dernières formes (*lui* et *eux*) inviter les apprenants à se reporter à l'encadré Grammaire page 53, *Les pronoms toniques*, afin de compléter leur schéma.

 Je vais au cinéma avec ~~Kim~~ elle.

Samedi soir. Tu viens avec nous ?

Le matin, moi, je fais mon jogging.

Moi aussi. Moi non plus.

Et toi ? Et vous ?

Je → moi
Tu → toi
Il → lui
Elle → elle
Nous → nous
Vous → vous
Ils → eux
Elles → elles

– Une fois les formes repérées, demander aux apprenants à quoi servent ces pronoms, selon eux. Puis expliquer que ces pronoms toniques sont principalement utilisés avec le pronom sujet pour insister sur la personne et marquer une différence (*Moi, je fais du jogging*), pour retourner une question (– Ça va ? – Oui et toi ?) et après les prépositions (*Tu viens avec nous ?*). Les apprenants proposeront peut-être d'autres utilisations comme, par exemple, celle qui consiste à répondre rapidement à une question : – *Qui est italien ? – Moi !*

 > S'entraîner > activité 11 page 57

Activité 6 ⏱15 min

→ **Organiser une sortie**

En classe entière Avant de faire faire les appariements, s'assurer de la compréhension des quatre savoir-faire listés de 1 à 4 et dire qu'il s'agit des quatre étapes indispensables quand on organise une sortie. On peut dessiner un schéma au tableau et rappeler que le dialogue entre Marc et Betty suit ce schéma.

Proposer une sortie / Inviter

Accepter (oui)　　　　Refuser (non)

Organiser le rendez-vous (où ? quand ?)

À deux Demander aux binômes de faire les appariements demandés en précisant qu'il s'agit d'associer des phrases que l'on dit pour proposer, accepter, refuser et organiser une sortie. Mettre en commun.

N.B. : Même s'ils ne connaissent pas les conjugaisons des verbes *faire*, *pouvoir* et *vouloir*, les apprenants pourront faire les appariements par élimination et par intuition. Le professeur peut aider à comprendre le sens des verbes en circulant parmi les binômes.

Corrigés

6 1. Proposer une sortie : a, f ; 2. Accepter l'invitation : h ; 3. Refuser l'invitation : b ; 4. Organiser le rendez-vous : c, d, e, g

Grammaire ⏱ 15 min

Les verbes *pouvoir*, *vouloir* et *faire* au présent

En classe entière Pour cette phase de conjugaison, écrire au tableau les deux items comprenant les trois verbes à travailler.

 Demain soir, je ne peux pas.

Si tu veux, on fait un brunch.

– Donner l'infinitif de ces verbes et vérifier que leur sens est compris. Puis demander aux apprenants de se reporter aux conjugaisons de l'encadré Grammaire page 53. Procéder par étapes pour découvrir les conjugaisons.

– Demander aux apprenants d'observer les conjugaisons des verbes *vouloir* et *pouvoir*. Faire un remue-méninges pour rassembler les remarques qui sont notées au tableau. Une fois, les remarques graphiques listées, le professeur lit à haute voix la conjugaison et demande aux apprenants d'ajouter des remarques sur la prononciation.

 POUVOIR et VOULOIR

- infinitif en -OIR

- 3 radicaux : peu- / veu-　pouv- / voul-　peuv- / veul-

- -x, -x, -t, -ons, -ez, -ent

- oral : peux, veux, peut, veut ≠ peuvent, veulent

– Procéder de la même façon pour la conjugaison du verbe *faire*. Ajouter au tableau la phrase de Betty :

 Moi, je fais mon jogging.

– Faire observer, puis écouter la conjugaison du verbe *faire* dans l'encadré page 53 en notant les remarques des apprenants. Remarques attendues pour le verbe *faire* : l'infinitif en *-re* (première fois que cet infinitif apparaît), les terminaisons *-s*, *-s*, *-t* (les mêmes que celles du verbe *venir*), les 3 formes irrégulières du pluriel. À l'écoute : la

difference de prononciation entre le *-ai-* de *faire / fais / fait / faites* et le *-ai-* de *faisons*.

 FAIRE

- infinitif en -RE

- 3 formes du pluriel irrégulières : faisons, faites, font

- oral : fais, fais, fait, faites ≠ faisons

> S'entraîner > activité 14 page 57

Grammaire ⏱ 20 min

Les indicateurs de temps (1) et l'heure 🎧 071

Conceptualisation

En classe entière

Préparer le travail de conceptualisation sur les indications de temps et l'heure en reprenant la réponse à la question 5 b « À quel moment Betty est libre ? ». Demander aux élèves de faire l'agenda final de Betty en leur proposant de compléter cette grille :

	Samedi	Dimanche
…	…	…
…	…	…
…	…	…

– Une fois l'agenda de Betty complété, le professeur demande aux apprenants de résumer son emploi du temps et les aide à formuler en leur donnant les outils linguistiques.

	Samedi	Dimanche
matin		jogging
après-midi	travail	13 h : brunch chez « Ma Biche » Cinéma
soir	20 h : libre	

L'objectif est de parvenir à écrire au tableau une phrase mettant en évidence les indicateurs de temps à travailler telle que celle ci-dessous.

 (Le) samedi, **Betty travaille et est libre** à 20 h.
(Le) dimanche matin, **elle fait son jogging et** l'après-midi **elle est libre** : **elle va au restaurant** à 13 h (le brunch **est** entre 11 h et 15 h) et après, **ils vont au cinéma.**

N.B. : Il est probable que les apprenants utiliseront le système formel dans cette première oralisation puisqu'il correspond à ce qui est écrit.

Rappeler que l'un des aspects importants quand on organise son agenda est d'indiquer le moment et notamment l'heure. Dire qu'en français, on peut indiquer l'heure de deux façons différentes. Demander aux apprenants de lire l'encadré Vocabulaire, *L'heure*, page 53 afin qu'ils comprennent les deux systèmes. Rappeler le sens des adjectifs *formel* et *informel*, notion à la quelle les apprenants ont été sensibilisés à la leçon 1. Expliquer que l'heure formelle est celle utilisée dans les gares, les aéroports, les cinémas, les administrations, les rendez-vous professionnels et que l'heure informelle est celle utilisée dans les situations de vie quotidienne avec la famille ou les amis.

– Pour la mise en commun, **demander à des apprenants d'expliquer oralement** ce qu'ils ont compris. Réponse attendue : Il y a deux systèmes pour dire l'heure : un système formel sur vingt-quatre heures (de 0 à 23) et un système informel sur douze heures. Le système informel est plus complexe car il y a plus de mots à mémoriser *midi, minuit, et quart, et demi, moins le quart.*

– Donner aux apprenants les deux questions fondamentales « Quelle heure est-il ? » et « À quelle heure est le brunch/ la séance de cinéma ? ». On peut faire pratiquer oralement par binômes en micro-dialogues. Le partenaire répond avec des indications horaires.

– Terminer ce travail sur l'indication temporelle en demandant de lire l'encadré Grammaire, *Les indicateurs de temps* (1), page 53. Faire remarquer notamment l'utilisation de *le matin* et *l'après-midi* indiquant la référence au week-end précis dont on parle : *Pour ce week-end, le samedi, je ne suis pas lire mais le dimanche après-midi, je suis libre.* L'utilisation de l'article défini indiquant l'habitude sera vue à la leçon 16.

> S'entraîner > activités 12 et 13 page 67

 À deux Demander aux binômes de produire à l'oral ou à l'écrit un petit texte résumant la situation. Exemple : Marc invite Betty au cinéma le samedi soir. Betty ne peut pas parce qu'elle travaille. Elle est libre à vingt heures / huit heures. Elle propose le dimanche après-midi pour voir ses amis parce que le dimanche matin, elle fait son jogging. Marc propose un entre onze heures et quinze heures / onze heures et trois heures ; Betty peut venir à treize heures / une heure et après, ils vont au cinéma.

Culture(s) ⏱ 5 min
→ Échanger sur l'heure

Demander aux apprenants de répondre à la question de l'encadré Culture(s) par langue représentée pour comparer les différents systèmes que le professeur peut écrire au tableau.

Activité 7   18 ⏱ 10 min
→ Dire ce qu'on fait le samedi soir

En petit groupe Projeter la vidéo où Angelica, l'étudiante brésilienne, dit ce qu'elle fait le samedi soir.
– Laisser les apprenants échanger sur leurs sorties du samedi soir. Ils peuvent développer davantage ; les encourager à réutiliser les outils linguistiques étudiés, notamment dans la première partie de la leçon (cf. corrigé).

Corrigé

7 Productions libres. Exemples : Moi, je vais boire un verre avec des amis à la terrasse d'un bar. Moi, je vais au théâtre ou au cinéma, j'adore les sorties culturelles.

Activité 8   20 min
→ Présenter des activités culturelles de sa ville

Préparation et production

En classe entière, puis **À deux** a. et **b.** La tâche consiste à proposer des activités culturelles de sa ville. Soit les apprenants les imaginent, soit ils consultent le site de leur ville. **Les binômes doivent se mettre d'accord** pour sélectionner au maximum 5 activités à présenter à la classe. Donner un exemple :

Atelier peinture : école de la Mairie – Lundi 12 mai entre 18 heures et 20 heures

Balade : parc du Bois – Samedi 9 mai – Rendez-vous à 9 heures 30

...

Recommander aux apprenants de se reporter au vocabulaire travaillé dans les leçons de l'unité 4 : les lieux de la ville (encadrés pages 49 et 51) et les loisirs et les sorties (encadrés pages 49 et 53).

Présentation

En classe entière c. et **d.** Les propositions sont affichées, les apprenants prennent connaissance des activités et votent pour 5 activités.

Corrigé

8 Productions libres.

Activité 9   20 min
→ Proposer une sortie culturelle

Préparation et production

En classe entière, puis **À trois** Faire lire les consignes pour que la tâche soit comprise.

a. Chaque membre du groupe choisit une sortie et prépare son message pour proposer sa sortie. Les apprenants peuvent bien sûr s'inspirer de toutes les propositions faites à l'activité 8.

b. et **c.** Pour la mise en pratique, chacun des membres s'isole pour enregistrer son invitation sur son propre téléphone.

d. Chaque membre du trio doit écouter le message d'invitation des deux autres, préparer une réponse et l'enregistrer. Une réponse doit être positive et l'autre négative. Pour la réponse négative, une justification doit être donnée et une autre date proposée.

Préciser aux apprenants que l'objectif de cette activité est de réemployer les structures pour proposer, accepter et refuser une invitation recensées page 58 tout en les entraînant à manipuler *pouvoir* et *vouloir* : *je peux, je ne peux pas, tu veux, je ne veux pas...*

Prolongement de la leçon

■ Demander aux apprenants de relire la double page, de réécouter les documents travaillés.

■ Faire créer une fiche-lexique sur le thème des indications de temps et l'heure qui sera complétée aux leçons 16 et 22.

■ Compléter la fiche-lexique sur le thème des sports et des loisirs (ajouter les sorties) qui a été créée à la leçon 10.

> **Évaluation formative**

■ Les activités du **Cahier d'activités** correspondant à la leçon sont aux pages 46-49. Un bilan de l'unité est proposé aux pages 50-51.

■ Les activités du **Parcours digital®**.

Classe inversée

Avant la leçon 15

L'enseignant peut demander aux apprenants de/d' :

– visionner la vidéo sur Bruxelles (disponible page 47 avec l'application MEDIA+ ou sur le site inspire.hachettefle.fr) pour faciliter l'activité de réalisation d'un itinéraire dans une ville (page 55) ; en effet, grâce aux images, les apprenants auront repéré certains des lieux du parcours proposé sur le plan ;

– regarder le plan de Bruxelles page 55 ;

– apporter le plan d'une ville qu'ils connaissent et qu'ils aimeraient faire découvrir.

Avant la leçon 16

Le professeur peut demander aux apprenants de/d' :

– regarder la page d'ouverture de l'unité 5 page 59 ;

– regarder le document 1 page 60 et de faire l'activité 1 ;

– lire et écouter l'encadré Vocabulaire, *Les activités quotidiennes*, page 61 🎧 079.

LEÇON 15 | Techniques pour... pages 54-55

... faire une carte postale sonore de votre ville ⏱ 60 min

Cette première tâche consiste à découvrir et analyser les composants de la carte postale sonore d'une ville et à en composer une.

Une carte postale sonore consiste, en quelques minutes, à faire découvrir un lieu, à raconter un moment de la ville et à recréer l'atmosphère des lieux seulement grâce à des sons du monde réel : les bruits de fond forment le décor, et les événements sonores donnent de la vie, racontent une histoire. Cette tâche, proposée en conclusion de l'unité 4, permet de réinvestir le lexique des lieux de la ville travaillé en leçons 12 et 13. La réalisation de la carte postale hors de la classe est une opportunité de travailler dans un environnement réel et d'effectuer une activité collaborative et ludique.

Pour info, le professeur peut consulter le site de RFI qui propose des ateliers très guidés sur la création de cartes postales sonores : https://savoirs.rfi.fr/fr/atelier-cartes-postales-sonores. Il pourra notamment y trouver la carte postale sur Bruxelles dont les auteurs se sont inspiré : http://www.rfi.fr/emission/20190209-aube-nuit-bruxelles-belgique.

 **ÉCOUTER**

Activité 1 ⏱ 5 min

[Découverte]

En classe entière Demander aux apprenants s'ils savent ce qu'est une carte postale sonore. Noter les définitions proposées au tableau sans les valider ni les corriger. On pourra reprendre cette définition après les deux premières activités.

En petit groupe a. Dire aux étudiants qu'ils vont écouter une carte sonore et qu'ils doivent cocher les sons et les voix qu'ils identifient.

b. Les membres du groupe comparent leurs réponses et peuvent justifier en reproduisant le son qu'ils ont identifié, par exemple. Pour la mise en commun, demander à un apprenant de donner la réponse à la classe.

Transcription 072

Bruits et sons enregistrés : les cloches d'une église, des voix d'enfants devant une école, des bruits de pas (personnes qui marchent dans la rue), de la musique, une femme qui dit « Merci pour cette information », des bruits de portes de métro qui se referment ou qui s'ouvrent, une femme qui chantonne.

Corrigés

1 a. 1. Les sons des objets (les cloches, les portes du métro) et des personnes (des pas). **2.** Les voix des personnes dans la rue (les enfants, la femme qui parle, la femme qui chante), la musique.

Activité 2 5 min

[Analyse]

À deux Avant de réécouter la carte postale sonore, demander aux apprenants d'observer les six photos (a. à f.) et d'entourer ce qu'ils pensent avoir entendu. Il est possible que certains apprenants aient déjà précisé ce qu'ils avaient entendu en donnant les réponses à l'activité 1. Le travail demandé ici en sera facilité.

– Mettre en commun et réécouter si nécessaire pour vérifier.

 Il est possible de demander aux apprenants quels sons peuvent accompagner les photos non retenues : des personnes au supermarché (bruits de voix, musique, annonces) ; des enfants à côté du manège (rires d'enfants, musique du manège) ; des personnes au restaurant (bruits de couverts, bruit de voix).

Corrigés

2 Photos à entourer : **a.** Les cloches d'une église ; **b.** Des enfants avec leurs parents devant l'école ; **f.** des personnes dans le métro

Activité 3 10 min

En petit groupe La définition de la carte postale sonore peut être reprise (*cf.* Activité 1).

– Le fait de classer les trois sons dans l'ordre chronologique va faire apparaître le scénario, mot que l'on peut expliquer simplement (la structure d'une histoire). Demander aux apprenants de raconter l'histoire illustrée par la carte qu'ils ont entendue et d'en imaginer le titre (*cf.* corrigés).

Corrigés

3 1. Les cloches, **2.** la sortie de l'école, **3.** le métro. Scénario possible → Fin de journée : les cloches de l'église sonnent l'heure de la sortie de l'école et du retour des gens chez eux après leur travail.

PARLER

Activité 4 40 min

Préparation

En classe entière Demander de regarder l'encadré Mémo *Pour faire une carte postale sonore de votre ville*, page 54, indiquant les étapes du travail pour réaliser une carte sonore. Dans la mesure où les groupes vont faire leurs enregistrements en autonomie hors de la classe, il est capital que le travail de préparation soit très bien cadré.

À deux a., b. En classe, le professeur note les consignes de préparation :

– les membres du binôme se mettent d'accord sur des lieux dans la ville et en choisissent quelques-uns ; leurs choix va aider à créer l'histoire. Donner des exemples : la gare, le marché, le parc, un supermarché, un bar...

– les binômes écrivent le scénario (bien préciser qu'ils doivent créer une toute petite histoire) et **choisissent ensemble trois ou quatre bruits pour illustrer ce scénario.**

Le professeur circule pour vérifier que les apprenants respectent les étapes du travail.

Avant la phase d'enregistrement, donner quelques consignes pour la réalisation de la carte sonore :

– la carte sonore doit durer deux ou trois minutes au total ;

– conseiller de faire les enregistrements dans l'ordre chronologique du scénario pour éviter d'avoir des montages à faire ; chaque séquence doit être claire et courte. Il est conseillé d'écouter chaque phase avant d'enregistrer la suivante.

[Production et présentation]

c. et **d.** Phase d'enregistrement hors de la classe.

e. En classe entière Chaque binôme fait écouter sa carte postale sonore dont il peut donner le titre ; les autres apprenants identifient les sons et racontent l'histoire.

Corrigé

4 Productions libres.

... réaliser un itinéraire dans une ville ⏱ 60 min

Le document 2 est un extrait de site qui présente les lieux incontournables de Bruxelles à visiter le temps d'un week-end et qui propose l'itinéraire d'une balade qui relie les 4 lieux présentés. Ce type de document est généralement consulté lorsque l'on visite une ville en tant que touriste.

La tâche consiste à lire et à décoder la page du site, puis à réaliser un document similaire. Écrire un itinéraire dans la ville de leur choix permet non seulement aux apprenants de réinvestir le lexique vu à la leçon 13 pour indiquer la direction et la forme de l'impératif mais aussi de trouver du plaisir à faire découvrir une ville qu'ils connaissent.

  LIRE DOC. 2

Activité 5 ⏱ 5 min

[Découverte]

Seul puis **En classe entière** Avant de commencer le travail proposé, expliquer aux apprenants que leur travail de production sera de réaliser le même type de document. Le faire identifier : le document représente la page d'un site web, page composée du plan du centre-ville de Bruxelles et d'une liste de lieux de cette ville à voir. Expliquer que les activités à suivre vont permettre de découvrir et d'analyser le document pour faciliter le travail de production à faire.

– Demander de repérer le nom du site et de l'expliquer (*24h pour une ville* : le site propose de découvrir les incontournables de Bruxelles en 24 heures).

– Demander ensuite d'observer le site et le bandeau d'accueil de ce site pour répondre à la question. Inciter à être assez précis et à décrire la page (*cf.* corrigé).

> **Corrigé**
>
> **5** La page du site propose un itinéraire de promenade à Bruxelles. Elle commence au point A et se termine au point E. Chaque lettre correspond à un lieu intéressant à voir. À côté du plan, il y a des indications pour aller d'un point à l'autre.

Activité 6 ⏱ 10 min

Seul, puis **En classe entière** Faire faire les appariements entre les activités et les lieux de la ville, puis procéder à la mise en commun.

> **Corrigés**
>
> **6** 1. c. (Faire du shopping / la galerie de la Reine) ; 2. b. et d. (Manger / la Grand-Place avec ses restaurants, la rue du Marché aux Herbes : « mangez des moules frites ») ; 3. b. et d. (Boire un verre / la Grand-Place avec ses bars, la rue du Marché aux Herbes : « un estaminet ») ; 4. a. et b. (Visiter / le Manneken Pis : célèbre statue, la Grand-Place : édifice gothique)

Activité 7 ⏱ 5 min

Seul, puis **En classe entière** L'activité consiste à repérer les quatre indications dans les paragraphes et à les numéroter de 1 à 4 selon l'ordre de la promenade. Précisez que l'on part du point A indiqué sur le plan.

> **Corrigé**
>
> **7** Ordre des actions : c, a, d, b.

Activité 8 ⏱ 10 min

[Analyse]

À deux Cette activité permet de repérer les étapes à suivre pour réaliser une page de site similaire à celle du Doc. 2. Demander aux apprenants de noter la lettre de chaque action dans les petits cadres positionnés sur la page du site.

– Pour compléter le travail d'analyse, se reporter à l'encadré Mémo *Pour réaliser un itinéraire dans une ville*, page 55 afin de confirmer les étapes du travail pour réaliser un itinéraire guidé. Faire remarquer que les verbes pour indiquer l'ordre de la visite sont à l'impératif.

> **Corrigé**
>
> **8** 1. a. Trouver un titre ; 2. c. Choisir un lieu de départ et d'arrivée ; 3. b. Expliquer l'itinéraire ; 4. d. Tracer l'itinéraire

ÉCRIRE

Activité 9 ⏱ 30 min

[Préparation]

À deux a. et b. Les apprenants savent ce qu'ils doivent faire grâce au travail d'analyse de l'activité 8. Laisser les binômes préparer leur itinéraire guidé. Le professeur circule pour apporter son aide.

N.B. : Le professeur aura apporté des plans de quartiers de différentes villes ou aura demandé aux apprenants d'en apporter.

[Production]

En classe entière c. Une fois les itinéraires préparés, les échanger et les lire.

> **Corrigé**
>
> **9** Productions libres.

S'entraîner
pages 56-57

Cf. Introduction (C.1.3), page 24.

– **Corrigés** des activités 1 à 14 : p. 138 du livre de l'élève.
– **Parcours digital®** : toutes les activités des pages 56-57 sont proposées en version auto-corrective 🖥, sauf l'activité 4 qui est à faire à deux.

Faites le point
page 58

Cf. Introduction (C.1.4), page 24.

Évaluez-vous !

Corrigés

❯ **C'est** Paris. **Il y a** un musée.

❯ Exemple de production : à côté de la gare.

❯ J'habite à côté **de la** poste. Tu habites **au** Mexique ? C'est loin **du** métro. Je suis **à l'**école.

❯ **Allez** tout droit. Continuez **tout droit**. **Tournez** à droite. C'est **par là**. Les réponses *Continuez par là. C'est tout droit.* sont également acceptables.

❯ Tu viens demain ? Vous êtes libres dimanche ?

❯ Exemple de production : À 18 / 6 / dix-huit / six heures.

❯ Je ne peux pas : refuser ; Pourquoi pas. / D'accord : Accepter.

Classe inversée

Avant la leçon 16

Le professeur peut demander aux apprenants de/d' :

– regarder la page d'ouverture de l'unité 5 page 59 ;

– regarder le document 1 page 60 et de faire l'activité 1 ;

– lire et écouter l'encadré Vocabulaire, *Les activités quotidiennes*, page 61 🎧 **079**.

Préparation au DELF A1

I COMPRÉHENSION DES ÉCRITS

5 points

Exercice 2. Suivre des instructions simples

1. Photo c (0,5 point) ;
2. (À la) sœur de Marc. (1 point) ;
3. Petit. (0,5 point) ;
4. 32, rue des Lilas. (1 point) ;
5. *2 points si l'itinéraire est tracé. 0 point si seul le lieu
d'arrivée est représenté.*

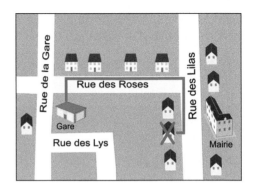

II COMPRÉHENSION DE L'ORAL

5 points

Exercice 2. Comprendre une annonce

 101 **Transcription**

> Écoutez deux fois le message. Lisez les questions puis répondez.
> Radio Culture bonjour ! Aujourd'hui, nous vous proposons de gagner des places pour une pièce de théâtre !
> C'est un spectacle pour les adolescents de 12 à 17 ans, le jeudi 28 octobre ! Vous voulez gagner des places ?
> Appelez au 02 54 52 61 87 !

1. Photo c. (1 point) ; 2. Les adolescents. (1 point) ; 3. Le jeudi. (2 points) ; 4. Téléphoner. (1 point)

III PRODUCTION ORALE

10 points

Exercice 2. L'échange d'informations

L'apprenant choisit 10 mots sur les 12 proposés et pose une question pour chacun des mots choisis.
L'apprenant obtient 1 point par question correctement posée (formulation et intonation).

IV PRODUCTION ÉCRITE

10 points

Exercice 2. Rédiger un message simple

L'apprenant a...
– complété l'adresse de l'expéditeur et le destinataire (1 point) ;
– formulé une invitation comme précisé dans la consigne (1 point) ;
– décrit brièvement sa ville (4 points) et donné au minimum deux exemples d'activités à faire dans sa ville (4 points) :
  • l'apprenant a su employer le lexique adéquat et a su l'orthographier correctement ;
  • l'apprenant a su utiliser correctement les formes grammaticales connues à ce niveau.

Parlez de votre quotidien

UNITÉ
5

> Livre de l'élève p. 59-72

Page d'ouverture

page 59

En classe entière ⏱ 10 min
Suivre la démarche proposée en introduction (C.1.1), page 23.

Corrigés

Exemples de production :

> C'est l'unité 5. Elle est jaune-orangé.

> Elle s'appelle *Parlez de votre quotidien*.

> Sur la photo, il y a un jeune homme avec son caddie : il fait des courses au supermarché. Dans son caddie, il y a des boîtes de conserve.

> Les objectifs sont : décrire son quotidien, faire les courses, acheter des vêtements.

> Les points de grammaire sont : les indicateurs de temps (2) *de... à, jusqu'à, quand*, les indicateurs de fréquence *jamais (ne)*, *parfois, souvent, toujours*, la forme verbale *faire du, de la, des*, les indicateurs chronologiques *d'abord (1), et, après*, les adjectifs numéraux, les articles partitifs, l'interrogation avec *combien*, le futur proche (1), les adjectifs démonstratifs, des prépositions de lieu, la place des adjectifs, les verbes pronominaux au présent, les verbes *dormir, finir, prendre* et *essayer* au présent.

> Dans la leçon 19, on écrit une carte postale et une petite annonce pour vendre un vêtement.

> La vidéo ▶ 19 présente des grands magasins de Paris.

LEÇON 16 Décrire son quotidien

pages 60-61

DÉCRIRE SON QUOTIDIEN ⏱ 3 h 20					
Savoir-faire et savoir agir : parler de ses activités · décrire son quotidien · situer dans le temps · dire quel sport on pratique					
DOC. 1				DOC. 2 🎧 078	
10'	30'	5'	15'	5'	15'
Act. 1 📖	Act. 2 📖	Vocabulaire 079-080	Act. 3 💬	Act. 4 🎧	Act. 5 🎧
· identifier un document écrit et analyser ses caractéristiques	· nommer des activités quotidiennes et les moments de la journée	· les activités quotidiennes · les moments de la journée et de la semaine	· nommer des activités quotidiennes	· identifier une situation de communication	· décrire des activités quotidiennes

	DOC. 2 078				
COMPRENDRE	15'	15'	10'	20'	10'	10'

	15'	15'	10'	20'	10'	10'
COMPRENDRE	Act. 6 Grammaire	Act. 7 🎧	Grammaire	Grammaire	Act. 8 💬	Culture(s) 💬
	· les verbes pronominaux au présent	· repérer les indicateurs de temps	· les indicateurs de temps (2) · les indicateurs chronologique *d'abord (1)*, *et*, *après*	· *faire du*, *de la*, *des* · les indicateurs de fréquence (*ne... jamais*, *parfois*, *souvent*) · les verbes *dormir* et *finir* au présent	· dire ce qu'on fait le matin et le soir	· échanger sur les horaires de travail

AGIR	20'	Act. 9 ✏️	· décrire son quotidien dans un témoignage
	20'	Act. 10 💬	· raconter une journée idéale

COMPRENDRE

Activité 1 ⏱10 min

→ **Identifier un type de document écrit**

Sensibilisation et compréhension globale

Seul puis **En classe entière** a. Faire observer le document 1 sans le lire et le faire identifier. Demander notamment de regarder la partie gauche sur fond bleu. Lors de cette phase, expliquer le mot « blog » : le blog est un type de site web où son propriétaire, le blogueur, publie régulièrement des articles personnels et exprime une opinion sur des thèmes précis. Demander aux apprenants de regarder rapidement le texte et attirer leur attention sur ses caractéristiques graphiques en les notant **au tableau** et en les nommant. Demander aux apprenants d'interpréter ces signes par des mots clés. Les points d'exclamation donnent un côté oral au témoignage et le rendent vivant. Les majuscules à « je DORS » et « je fais la SIESTE » montrent l'importance de ces deux activités pour Philippe. Les émoticônes donnent des indications sur les activités que Philippe aime ou pas : Philippe n'aime pas faire les courses mais il est heureux de sa vie.

 les émoticônes : ☺ (+) ☹ (-) ⎤
les points d'exclamation : !!!! ⎬→ sentiments, émotions
les mots en majuscules : DORS ⎦

b. Demander aux apprenants d'observer les photos et de dire à quoi elles correspondent pour les amener à dire que la grande photo représente l'auteur du blog et les quatre autres le représentent dans différentes activités. Faire repérer l'identité de l'auteur du blog.

💡 Les mots *blog*, *blogueur* pourront être ajoutés à la fiche-lexique intitulée « Internet » commencée à la leçon 14. S'il le souhaite, le professeur pourra faire un tour de table pour savoir si les apprenants ont ou lisent des blogs et pourquoi.

1 a. C'est un blog intitulé « C'est ma vie ! ». Philippe utilise des points d'exclamation, écrit des mots en majuscules et ajoute des émoticônes.

1 b. Philippe, un homme de 33 ans.

Activité 2 📖 ⏱30 min

→ **Nommer des activités quotidiennes et des moments de la journée**

Compréhension globale

Seul puis **En classe entière** a. Demander aux apprenants de lire le titre du blog ainsi que les informations de la partie gauche du document 1 et de donner le thème du blog. Noter les propositions **au tableau**. Cette étape nécessitera probablement l'explication de l'adjectif « quotidien » (la vie quotidienne : la vie de tous les jours, les habitudes) et du verbe « témoigner » (raconter, parler de son expérience).

Exemples de propositions :

 la vie quotidienne de Philippe / la semaine de Philippe / les habitudes de Philippe / les activités de Philippe

Compréhension finalisée

b. Demander aux élèves d'encadrer la partie du blog où Philippe parle de la semaine et d'encadrer celle où il parle du week-end. Faire ensuite souligner les activités de la semaine et les activités du week-end. Puis faire associer les activités aux photos afin de s'assurer qu'ils ont compris le sens des mots des activités quotidiennes.

c. Demander aux apprenants de classer les activités soulignées en fonction des moments.
Pour aider le travail et la correction de l'activité, on peut proposer la grille suivante **au tableau**.

la semaine	le week-end
Le matin : Je me lève toujours à 7 heures.	

2 a. Les activités quotidiennes de Philippe

b. et c.

| Les activités quotidiennes de Philippe ||
la semaine	le week-end
Je travaille. **Le matin :** Je me lève toujours à 7 heures. Je me lave. Je m'habille. Je prends le métro. **Le soir :** Je finis mon travail à 18 heures. Je dîne. Je fais la vaisselle. Je regarde la télé. Je ne sors jamais. Je dors. **Le mardi soir :** Je vais à la salle de gym. **Le vendredi soir :** Je sors.	**Le samedi matin :** Je vais à mon cours d'anglais. **Le samedi après-midi :** Je fais les courses. **Le dimanche matin :** Je fais le ménage. Je range mon appartement. **Le dimanche midi :** Je fais un brunch avec des copains. **Le dimanche après-midi :** Je fais la sieste.

Vocabulaire 079-080 ⏱ 5 min

▶ **Les activités quotidiennes**
▶ **Les moments de la journée et de la semaine**

À deux Demander aux apprenants de se reporter à l'encadré Vocabulaire page 61, *Les activités quotidiennes* 🎧 079. S'assurer de la bonne compréhension du vocabulaire.

– Faire également observer l'encadré Vocabulaire page 61, partie *Les moments de la journée et de la semaine* 🎧 080. Expliquer la différence entre *samedi* (un jour particulier : Samedi, je vais au cinéma. → action unique) et *le samedi* (tous les samedis : Le samedi, je vais au cinéma. → c'est une activité que je fais tous les samedis en général). Faire ainsi comprendre la notion de répétition signifiée par l'utilisation de l'article défini + jour de la semaine ou moment de la journée. *Le matin, je me lève à 7 heures. = Tous les matins, je me lève à 7 heures.*

Activité 3 💬 ⏱ 15 min

→ **Nommer des activités quotidiennes**

Préparation et production

En petit groupe Faire lire la consigne et s'assurer de sa compréhension. **Recommander aux apprenants de mimer une activité à tour de rôle.** Faire pratiquer l'activité. Circuler parmi les groupes pour veiller à sa bonne réalisation.

 On peut réaliser cette activité en pratiquant une compétition dans la classe. Diviser la classe en deux groupes. Le professeur a préparé en amont 2 jeux de papiers avec un verbe sur chacun d'entre eux. L'idéal est qu'il y ait autant de papiers que d'apprenants par groupe pour que chaque membre ait un mime à faire. Chaque jeu de papiers est mélangé et donné à chaque groupe. Un membre du groupe mime une activité qui

doit être devinée par ses partenaires et ainsi de suite jusqu'à ce que tous les verbes soient mimés et devinés. Le premier groupe qui a trouvé tous les mots a gagné.

3 Productions libres.

 DOC. 2 🎧 078

Activité 4 🎧 ⏱ 5 min

→ **Identifier une situation de communication**

Sensibilisation

Seul puis **En classe entière** Dire aux apprenants qu'ils vont écouter l'interview d'Isabelle. Si aucun apprenant ne réagit à ce prénom, attirer l'attention sur la partie gauche du blog, sous la photo de Philippe où est mentionné l'audio. Faire faire des hypothèses sur le contenu de l'interview : « Comme Philippe, Isabelle va parler de ses activités quotidiennes. » L'observation de la photo de la jeune femme, page 60, va donner des indices sur sa profession et son lieu de travail : sa blouse blanche et le stéthoscope autour de son cou indiquent qu'elle exerce une profession médicale (médecin ou infirmière). Elle peut travailler dans un hôpital ou un cabinet médical.

Compréhension globale

a. et b. Faire écouter l'interview et répondre aux deux questions.

Le journaliste : Bonjour à tous, bienvenue dans l'interview « C'est ma vie » ! Notre invitée, aujourd'hui, est une femme. Quand nous nous couchons, le soir, elle commence son travail ! Quand elle se couche, quand elle dort, nous travaillons ! Isabelle Faure, bonjour !

Isabelle : Bonjour !

Le journaliste : Vous travaillez la nuit, n'est-ce pas ?

Isabelle : Oui, tout à fait !

Le journaliste : Racontez-nous votre quotidien.

Isabelle : Oh là ! Alors, j'arrive à l'hôpital à 19 h et je travaille jusqu'à 7 h du matin. Je travaille de 7 h à 7 h !

Le journaliste : Et qu'est-ce que vous faites après ?

Isabelle : Je rentre chez moi. Je me douche et je me couche.

Le journaliste : Vous vous couchez le matin !

Isabelle : Ben oui ! Et je dors de 8 h à midi. À midi, je me lève et je déjeune…

Le journaliste : Ah ! Vous déjeunez ! Petit déjeuner ou déjeuner ?

Isabelle : Les 2 !

Le journaliste : Et ensuite ?

Isabelle : D'abord, je me repose : je fais une sieste jusqu'à 17-18 heures. Je me lave, je m'habille et je vais en bus à l'hôpital !

Le journaliste : Vous avez le temps pour des activités de loisirs ?

Isabelle : Oui ! Je fais du sport ! Je vais à la salle de sport le lundi et le jeudi après-midi. Je fais de la muscu et des abdos.

Le journaliste : Et les jours de repos ?

Isabelle : Ah, les jours de repos, c'est tranquille ! Je fais de la danse et…

4 a. Isabelle parle de son quotidien.

4 b. Elle travaille la nuit dans un hôpital.

Activité 5 15 min

→ **Décrire des activités quotidiennes**

Compréhension finalisée

Le relevé demandé prépare la conceptualisation des verbes pronominaux.

À deux a. Demander aux apprenants de relever dans une grille (*cf.* exemple ci-dessous) les activités d'Isabelle. Préciser qu'ils doivent se concentrer sur les activités (les verbes) sans se préoccuper, pour la première écoute, des indications de temps. On peut leur préciser qu'il y a 17 phrases à écrire. Cette liste servira au repérage des verbes pronominaux (**5 b.**) et au relevé des indicateurs de temps (act. **7**). Le professeur peut arrêter l'enregistrement après la première phrase à relever et la noter **au tableau** pour montrer l'exemple. Il arrêtera l'enregistrement régulièrement pour permettre aux apprenants d'écrire, par exemple après chaque intervention d'Isabelle.

Les membres de chaque binôme se mettent d'accord sur leurs réponses. Faire réécouter si besoin et procéder à la mise en commun. Demander à un apprenant de venir écrire **au tableau** la liste que les autres lui dictent.

Activités d'Isabelle
J'arrive à l'hôpital.
Je travaille.
...

b. Le sens des verbes ne posant plus de difficulté, faire souligner dans la liste les verbes conjugués comme « je me couche ». Pour cela, le professeur montre dans la liste un verbe non pronominal comme par exemple « je travaille » et le verbe « je me couche ». Il fait repérer aux apprenants la différence entre ces deux formes : la présence de deux pronoms dans « je me couche ».

Les membres du binôme se mettent d'accord sur les réponses avant la mise en commun au tableau. Rappeler aussi les 3 verbes relevés dans la liste des activités de Philippe (« Je me lève. Je me lave. Je m'habille »).

5 a. et b.

Activités d'Isabelle	
J'arrive à l'hôpital.	Je fais une sieste.
Je travaille.	Je me lave.
Je rentre chez moi.	Je m'habille.
Je me douche.	Je vais à l'hôpital.
Je me couche.	Je fais du sport.
Je dors.	Je vais à la salle de sport.
Je me lève.	Je fais de la muscu et des abdos.
Je déjeune.	Je fais de la danse.
Je me repose.	

Grammaire

Les verbes pronominaux au présent

Conceptualisation

À deux puis **En classe entière** a. Faire répondre à la consigne. Même si les apprenants ne connaissent pas l'ensemble de la conjugaison des verbes pronominaux, ils peuvent placer « me » et « vous » (puisqu'ils ont vu ces formes dans l'activité précédente) et, par déduction, pourront placer « se » et « nous » à côté des pronoms sujets « Elle » et « Nous ». Noter les réponses **au tableau**.

Je me couche
Tu ...
Il/Elle se couche
Nous nous couchons
Vous vous couchez
Ils/Elles ...

b. Faire répondre à la question et demander quelle est la différence entre ces verbes et ceux qu'ils connaissent en précisant la question à l'aide des exemples suivants : « Je me lave » / « Je lave mon bébé » et « Je m'habille » / « J'habille mes enfants ». Amener ainsi les apprenants à expliquer que les verbes pronominaux s'utilisent quand le sujet fait l'action sur lui-même.

Demander de se reporter à l'encadré Grammaire page 61 *Les verbes pronominaux* au présent pour décrire une activité.

– Faire observer qu'à l'infinitif le pronom est « se ». Demander de reprendre la liste élaborée dans l'activité 5 et faire citer les autres verbes pronominaux à l'infinitif (« Je me douche » → « se doucher » ; « Je me couche » → « se coucher » ; « Je me lève » → « se lever » ; « Je me repose » → « se reposer » ; « Je me lave » → « se laver » ; « Je m'habille » → « s'habiller »).

Faire observer la conjugaison et faire ainsi remarquer :
– que l'infinitif des verbes donnés étant terminé par -*er*, les terminaisons sont les mêmes que pour les verbes en -*er* non pronominaux.
– que les pronoms *me*, *te*, *se* deviennent *m'*, *t'*, *s'* devant un verbe qui commence par une voyelle ou un *h* muet (*Je m'habille*).

Noter **au tableau** les observations suivantes :

 - verbes en -er : mêmes terminaisons au présent

- me → m' / te → t' / se → s' + voyelle et h

 À deux Faire pratiquer oralement la conjugaison des verbes pronominaux avec *je* et *tu* pour aider à la systématisation. Faire pratiquer par la même occasion la forme négative. Écrire un micro dialogue **au tableau** :

A – Tu te douches le matin ?

B – Oui, je me douche le matin. / Non, je ne me douche pas le matin, je me douche le soir.

6 a. Je me couche. Elle se couche. Nous nous couchons. Vous vous couchez.

6 b. On appelle ces verbes des verbes pronominaux.

❯ S'entraîner ❯ activité 3 page 68

Activité 7 🎧 ⏱ 15 min

→ **Repérer les indicateurs de temps**

Compréhension finalisée

À deux a. Reprendre la liste élaborée dans l'activité 5, faire réécouter l'interview et noter les horaires d'Isabelle.

 J'arrive à l'hôpital à 19 h.

Je travaille jusqu'à (→) 7 heures du matin / de 7 h à 7 h.

Je rentre chez moi.

Je me douche.

Je me couche.

Je dors de 8 h à midi.

Je me lève à midi.

Je déjeune.

Je me repose.

Je fais une sieste jusqu'à (→) 17-18 heures.

Je me lave.

Je m'habille.

Je vais à l'hôpital.

Je fais du sport.

Je vais à la salle de sport le lundi et le jeudi après-midi.

Je fais de la muscu et des abdos.

Je fais de la danse.

Pour la mise en commun, le professeur notera les réponses sous la dictée des apprenants. Il sera probablement amené à préciser le sens de « jusqu'à » qu'il indiquera par une flèche (→) pour un accès rapide au sens. Une mise en commun orale s'effectuera en demandant à plusieurs apprenants à tour de rôle d'oraliser les réponses comme dans l'exemple : « Isabelle arrive à l'hôpital à 19 heures. Elle travaille jusqu'à 7 heures du matin. »

Grammaire ⏱ 10 min

▶ **Les indicateurs de temps (2)**
▶ **Les indicateurs chronologiques** *D'abord* (1), *et*, *après*

Conceptualisation

b. Demander de répondre à la consigne et faire entourer dans la liste de deux couleurs différentes les expressions indiquant **un moment précis** et celles indiquant **une durée**. (extrait du tableau ci-dessus)

 J'arrive à l'hôpital (à 19 h.)

Je travaille (jusqu'à (→) 7 heures du matin / de 7 h à 7 h.)

...

Je dors de (8 h à midi.)

Je me lève (à midi.)

...

Je fais une sieste (jusqu'à (→) 17-18 heures.)

...

Je vais à la salle de sport (le lundi et le jeudi après-midi.)

Demander à un apprenant d'expliciter la règle : « Pour indiquer un moment précis, on utilise **à** + heure et pour indiquer une durée on utilise **de** + heure **à** + heure ou **jusqu'à** + heure ».

– Pour résumer le travail de repérage fait à l'activité 7, faire observer l'encadré Grammaire *Les indicateurs de temps (2) pour situer dans le temps*. Le professeur peut préciser que les deux structures pour exprimer la durée s'utilisent principalement avec la mention des heures mais aussi avec les jours de la semaine ou des moments de la journée : *du lundi au vendredi* (cf. encadré *Les moments de la journée et de la semaine*), *du matin au soir*, *jusqu'à demain*, *jusqu'à ce soir*...

Attirer l'attention sur les phrases avec *quand* et les écrire **au tableau**.

 Quand (nous nous couchons), le soir, (elle commence) son travail !

Quand (elle se couche), quand elle dort, (nous travaillons) !

– Demander aux apprenants s'ils ont entendu ces phrases dans l'interview. Si non, faire réécouter le début de l'interview et les faire repérer.

Entourer les deux verbes pour montrer qu'il y a deux actions qui se passent en même temps. Afin de montrer la commutativité de la structure, le professeur peut écrire aussi **au tableau** :

Quand elle commence son travail, le soir, nous nous couchons.

Quand nous travaillons, elle dort.

– Demander enfin de se reporter à l'encadré Grammaire *D'abord* (1), *et*, *après pour exprimer la chronologie* et réécouter en demandant aux apprenants de signaler quand ils entendent un de ces mots. Écrire les phrases ainsi repérées **au tableau** en soulignant les mots à expliquer.

Qu'est-ce que vous faites <u>après</u> ?

<u>D'abord</u>, je me repose.

Je me lave, je m'habille <u>et</u> je vais en bus à l'hôpital !

Expliquer que ces mots représentent l'ordre des actions successives : la première action est introduite par *d'abord* (= en premier ou premièrement), les actions suivantes par *et* ou *après*.

Le professeur peut s'arrêter sur *ensuite* que le journaliste utilise aussi dans l'interview – « Et ensuite ? » – et expliquer que ce mot a le même sens que *après*.

7 a. Isabelle arrive au travail à 19 h. Elle travaille jusqu'à 7 heures du matin. Elle travaille de 7 h à 7 h. Elle dort de 8 h à midi. Elle se lève à midi. Elle fait une sieste jusqu'à 17-18 h.

7 b. 1. une durée, 2. un moment précis, 3. une durée

❯ S'entraîner ❯ activité 4 page 68

▶ *Faire du, de la, des*

 5 min

 À deux Demander si Isabelle est sportive *(oui)* et quels sports elle pratique ; noter les réponses **au tableau**. Il est probable que les apprenants n'utiliseront pas la structure *faire de*.

 Muscu

Abdos

Danse

Demander de se reporter à la grille de l'activité 7 et d'observer la construction avec le verbe *faire* pour indiquer les activités sportives. Extrait du tableau de l'activité 7 :

Je fais du sport.

Je fais de la muscu **et** des abdos.

Je fais de la danse.

Demander à un apprenant d'expliciter la règle : « Pour décrire une activité avec le verbe *faire*, on utilise *du* + nom masculin, *de la* + nom féminin et *des* + nom pluriel. »

– Faire lire l'encadré Grammaire page 61 la partie *Faire du, de la, des pour décrire une activité*. Le professeur précisera qu'il s'agit de l'article contracté (*cf.* leçon 12).
Le professeur pourra ajouter que lorsque le nom du sport (ou de l'activité) commence par une voyelle, on utilise *de l'* : *faire de l'équitation*.

 Pour faire pratiquer cette structure, proposer oralement quelques sports et, à tour de rôle, les apprenants construisent une phrase. Par exemple, dire « le tennis » et un apprenant doit dire : « Je fais du tennis », etc. On peut aussi utiliser les activités artistiques vues dans la leçon 14 page 53, par exemple « faire de la danse ».

> **S'entraîner** ⟩ **activité 2 page 68**

▶ *Ne… jamais, parfois, souvent* et *toujours* pour indiquer la fréquence

 5 min

En classe entière Noter **au tableau** deux phrases (formulées par Philippe) faisant apparaître les mots indiquant une fréquence.

 Je me lève <u>toujours</u> à 7 heures.

Je <u>ne</u> sors <u>jamais</u> la semaine.

Faire lire la partie *Ne… jamais, parfois, souvent* et *toujours pour indiquer la fréquence* de l'encadré Grammaire page 61. Expliquer le sens des mots grâce aux signes (–, +, ++ et +++) et insister sur la structure de la phrase : *ne… jamais* est une négation comme *ne… pas* ; les 3 autres mots se placent toujours après le verbe au présent.

 Pour aider à la compréhension de ces mots et à la structuration de la phrase, on peut demander aux apprenants d'ajouter un de ces mots aux verbes du texte de Philippe et de changer ceux qu'il utilise sans s'occuper du reste de la phrase. Faire ensemble le premier paragraphe et demander à des binômes de se former pour faire la suite du texte. Exemple du premier paragraphe : « Je travaille souvent, je me lève parfois, je ne me lave jamais, je m'habille toujours, je ne prends jamais le métro, je finis parfois à 18 heures. »

> **S'entraîner** ⟩ **activité 1 page 68**

▶ Les verbes *dormir* et *finir* au présent

 10 min

En classe entière Demander aux apprenants de se reporter à l'encadré Grammaire page 61, la partie *Les verbes dormir et finir au présent* et d'observer leurs conjugaisons. Faire un remue-méninges pour rassembler les remarques qui seront notées **au tableau**. Une fois, les remarques graphiques listées, le professeur lit à haute voix la conjugaison et demande aux apprenants de compléter leurs remarques par des observations phonétiques.

 - les 2 : infinitif en -IR

- mêmes terminaisons : s, s, t, ons, ez, ent

- 2 radicaux différents pour les 2 verbes :

	je, tu, il/elle	nous, vous, ils/elles
dormir	dor-	dorm- (= radical infinitif)
finir	fini- (= radical infinitif)	finiss-

Oral :

- dors, dors, dort : **même prononciation**

- finis, finis, finit : **même prononciation**

– Expliquer aux apprenants que les verbes en *-ir* se classent en deux catégories de conjugaison : l'une sur le modèle de *finir* et l'autre sur le modèle de *dormir*. Préciser que, pour bien conjuguer les verbes en *-ir*, ils devront savoir sur quel modèle conjuguer ce verbe.

 Dire, par exemple, que le verbe *sortir* se conjugue sur le modèle de *dormir*. Demander à un apprenant d'essayer de donner sa conjugaison ; le professeur l'écrit **au tableau** en utilisant 2 couleurs pour marquer les radicaux : sortir : je **sor**s, tu **sor**s, il/elle **sor**t, nous **sort**ons, vous **sort**ez, ils **sort**ent. Procéder de même avec le verbe *choisir* qui se conjugue comme *finir* : je **choisi**s, tu **choisi**s, il/elle **choisi**t, nous **choisiss**ons, vous **choisiss**ez, ils **choisiss**ent.
– Le professeur peut renvoyer les apprenants au Précis grammatical page 130 (les verbes en *-ir*).
La conjugaison du présent du verbe *prendre* sera abordée dans la leçon 17 (*cf.* page 63) mais le professeur peut le présenter à ce moment puisqu'il est mentionné dans la phrase « Je prends le métro. » du document 1.

Activité 8  20 10 min

→ **Dire ce qu'on fait le matin et le soir**

À deux Projeter la vidéo où Aïcha raconte ses activités quotidiennes et demander à chaque participant de raconter ses activités du matin et du soir.

à 8 h

entre 9 h et midi

de 13 h à 16 h

du lundi au jeudi

le matin, l'après-midi, le soir, la nuit, la semaine, le week-end

jusqu'à 22 h

jusqu'au lundi

quand...

ne... jamais

parfois

souvent

toujours

d'abord, après, ensuite

Corrigé

8 Productions libres.

Culture(s)   10 min

→ Échanger sur les horaires de travail

Demander aux apprenants de lire l'encadré sur la durée du travail en France. Préciser que beaucoup de personnes travaillent 39 heures ou 40 heures par semaine. Comme la durée légale est de 35 heures, ces personnes bénéficient de journées de congés supplémentaires que l'on nomme « jours de RTT » (Récupération du temps de travail).

Pour répondre à la question « Et dans votre pays ? », si les apprenants sont de nationalités variées, on peut faire un tour de table en proposant un modèle simple de production : « Dans mon pays, les gens travaillent ... heures par semaine. Généralement, ils travaillent de ... h à ... h. »

On peut ensuite laisser les apprenants s'exprimer en langue maternelle ou langue commune s'ils ont envie de donner plus d'informations, par exemple, s'ils veulent développer les lois régissant les horaires de travail.

AGIR

Activité 9   20 min

→ Décrire son quotidien dans un témoignage

Préparation

En classe entière Présenter la tâche aux apprenants, expliquer les différentes étapes de l'activité et en vérifier la bonne compréhension. Les élèves vont poster un témoignage écrit sur le groupe de la classe. Donner quelques consignes précises pour cadrer le travail de préparation : prendre modèle sur les relevés faits pour les activités de Philippe et d'Isabelle, à savoir lister les activités et noter les horaires et les moments de la journée à côté. Ce travail facilitera la rédaction.

Production

Seul a., b. et c. Chaque apprenant prend des notes puis rédige son témoignage sur le modèle du blog de Philippe : leur rappeler de penser à la ponctuation, aux majuscules, à l'utilisation d'émoticônes... L'enseignant circule dans la classe pour aider à la rédaction et corriger les productions.

Présentation

En petit groupe d. Chaque apprenant présente son témoignage aux autres membres de son groupe.

 Hors de la classe, demander à chaque apprenant de poster son témoignage sur le groupe de la classe.

Corrigé

9 Productions libres.

Activité 10 20 min

→ Raconter une journée idéale

Préparation

En classe entière Présenter la tâche aux apprenants, expliquer les différentes étapes de l'activité et en vérifier la bonne compréhension : les apprenants vont présenter oralement le récit d'une journée idéale. Le travail de préparation est similaire à celui de l'activité 9. C'est la production qui diffère. Donner un modèle de production : « C'est ma journée idéale : d'abord, je me lève, après je... ».

Production

a. et b. Chaque apprenant prépare son intervention. Au professeur de donner ou non l'autorisation de rédiger, puis de lire ou de seulement prendre des notes et d'improviser.

Présentation

En petit groupe c. Chaque apprenant présente sa journée idéale aux membres de son groupe. Les autres étudiants peuvent poser des questions ou demander des précisions.

Hors de la classe, demander à chaque apprenant d'enregistrer son témoignage sur un smartphone.

Corrigé

10 Productions libres.

> **Entraînement linguistique**

■ Demander aux apprenants de relire la double page, de réécouter les documents travaillés.

■ Faire créer une fiche-lexique sur le thème des activités quotidiennes.

■ Compléter la fiche-lexique sur le thème des sports et des loisirs (ajouter *faire du, de la, des*) qui a été créée à la leçon 10.

■ Compléter la fiche-lexique sur le thème des indications de temps et l'heure (ajouter la chronologie et les moments de la journée) qui a été créée à la leçon 14.

> **Évaluation formative**

■ Les activités du **Cahier d'activités** correspondant à la leçon sont aux pages 52-55.

■ Les activités du **Parcours digital®**.

Classe inversée

Avant la leçon 17

L'enseignant peut demander aux apprenants de :

– lire et écouter l'encadré Vocabulaire page 63 concernant les commerces 🎧 084, les aliments 🎧 085, les contenants 🎧 086, le prix 🎧 087.

– visionner le tutoriel de Jean-Thierry ▶ 22, écouter et lire l'encadré phonétique sur la prononciation des sons [o] et [ɔ̃] page 63, 🎧 088.

LEÇON **17** **Faire les courses** pages 62-63

FAIRE LES COURSES ⏱ 2 h 05

Savoir-faire et savoir agir : faire les courses · indiquer la quantité · demander / donner le prix · réagir au prix

COMPRENDRE	DOC. 1					
	15'		15'		5'	
	Act. 1 📖	Vocabulaire 🎧 084	Act. 2 🎧 082	Vocabulaire 🎧 085	Act 3	Vocabulaire 🎧 086
	· nommer des catégories d'aliments et des commerces d'alimentation	· les commerces	· nommer des fruits et des légumes	· les aliments (1)	· associer des contenants et des aliments	· les contenants

COMPRENDRE	DOC. 2 🎧 083						
	10'	15'	10'	10'	10'	10'	5'
	Act. 4	Act. 5 Grammaire	Grammaire	Act. 6 💬	Act. 7 Grammaire	Grammaire	Phonétique 🎧 088 ▶ 22
	· identifier une situation de communication	· faire la liste des courses · exprimer une quantité et indiquer un prix · l'interrogation avec *combien*	· les adjectifs numéraux · les articles partitifs	· dire ce que l'on achète quand on fait les courses	· le futur proche pour exprimer une action future	· le verbe *prendre* au présent	· les sons [o] et [ɔ̃]

AGIR	20'	Act. 8 💬 🖊	· organiser un pique-nique

COMPRENDRE

Activité 1 🕐 15 min

→ **Nommer des catégories d'aliments et des commerces d'alimentation**

Sensibilisation

En classe entière Faire observer le document 1 sans le lire et le faire identifier (*Il s'agit d'une page Internet du site « Locavor.fr »*). Faire formuler des hypothèses sur ce qu'est le site Locavor (*un site de vente de produits alimentaires*). Faire relever les différentes catégories d'aliments présentées sur la page du site et proposer de les noter sous forme de grille pour faciliter le classement des produits (*cf.* corrigés). Cette grille sera conservée pour l'activité 2.

Catégories d'aliments	Produits alimentaires
les fruits	
la viande	
le poisson	
les légumes	
l'épicerie	
le pain et les gâteaux	
le sucré	
les condiments	
les produits laitiers et les œufs	

À deux a. Demander aux apprenants de classer les produits dans le tableau. Procéder à la mise en commun.

N. B. : Cette activité a pour finalité de travailler sur le lexique pour nommer les aliments. L'explication sur l'utilisation des partitifs peut être ignorée à ce stade puisque ce point sera conceptualisé dans le travail du document 2 avec le savoir-faire plus global « exprimer une quantité ». En revanche, le professeur peut attirer l'attention sur l'utilisation de l'article défini pour indiquer la catégorie d'aliments : *la viande, les légumes*...

b. Demander ensuite aux apprenants de relier les catégories d'aliments aux commerces. Ce travail pourra se faire par déduction, intuition. Procéder à la mise en commun et faire lire et écouter, dans l'encadré Vocabulaire page 63, la partie *Les commerces* 🎧 084.

Corrigés

1 a.

Catégories d'aliments	Produits alimentaires
les fruits	des oranges
la viande	un steak
le poisson	du poisson
les légumes	des carottes
l'épicerie	des pâtes
le pain et les gâteaux	du pain
le sucré	du sucre, de la confiture
les condiments	du sel
les produits laitiers et les œufs	du fromage, du beurre, du lait

1 b. 1-b ; 2-d ; 3-e ; 4-c ; 5-a ; 6-c

▶ **S'entraîner** ▶ **activité 5 page 68**

Activité 2 082 🕐 15 min

→ **Nommer des fruits et des légumes**

En classe entière a. Faire écouter et répéter la liste des fruits et des légumes.

À deux b. Demander aux apprenants de reprendre le tableau utilisé à l'activité 1 et de compléter les lignes de fruits et légumes.

c. Pour cette partie de l'activité, dire aux apprenants de se reporter à l'encadré Vocabulaire page 63 *Les aliments (1)* 🎧 085 et autoriser l'utilisation du dictionnaire pour ajouter d'autres aliments. Procéder à la mise en commun.

💡 Le professeur peut inviter les apprenants à compléter aussi les autres catégories d'aliments de la grille élaborée dans l'activité 1. Inviter également à ajouter une catégorie supplémentaire « les boissons ».

Transcription 🎧 082

1. une tomate 2. une courgette 3. une fraise 4. une pomme 5. une cerise 6. une poire 7. une pomme de terre 8. un melon

Corrigé

2 b. et 2 c.

les fruits	(des oranges) une orange, une fraise, une pomme, une cerise, une poire, un melon, une banane
les légumes	(des carottes) une tomate, une carotte, une courgette, une pomme de terre, une salade

Activité 3 🕐 5 min

→ **Associer des contenants et des aliments**

En classe entière Faire observer les illustrations et les mots nommant les contenants pour l'accès au sens ; utiliser l'enregistrement de l'encadré Vocabulaire *Les contenants* 🎧 086 pour faire écouter et répéter les mots.

À deux Demander aux apprenants d'associer les contenants et les aliments vus dans les activités 1 et 2. Pour faciliter la correction, proposer de les classer dans un tableau à cinq colonnes (*cf.* corrigés). Procéder à la mise en commun. Le tableau sera enrichi du lexique mentionné par les apprenants.

la bouteille	le paquet	la boîte	la barquette	le pot
le lait l'eau le jus de fruits	les pâtes le sucre le riz	le sel le thon les œufs	les fraises les cerises	la confiture la moutarde la crème

 083

Activité 4 ⏱ 10 min

→ **Identifier une situation de communication**

Sensibilisation

Seul puis **En classe entière** Dire aux apprenants qu'ils vont écouter un dialogue entre deux personnes et que ce dialogue a une relation avec le document 1. Faire faire des hypothèses sur son contenu : les personnes font les courses, elles commandent en ligne…

Compréhension globale

En classe entière Faire écouter le document 2. Faire vérifier les hypothèses. Demander quelles sont les relations entre les personnes et de justifier la réponse (*C'est un couple ou deux amis – l'homme et la femme se disent « tu »*).

a. et **b.** Faire répondre aux deux questions en justifiant les réponses (*cf.* corrigés). En corrigeant la réponse à la consigne **b**, rappeler le nom des différents repas de la journée : le petit déjeuner, le déjeuner et le dîner. Expliquer aussi qu'un repas se compose généralement d'une entrée, d'un plat principal et d'un dessert.

– On peut faire un remue-méninges et noter **au tableau** les aliments constituant le repas préparé. Ne pas être trop exigeant sur les partitifs à ce stade.

 (du) melon, (des) pizzas, (de la) salade, (des) fruits

 Transcription 🎧 083

Femme : Patrick, qu'est-ce qu'on fait samedi pour le dîner ?
Patrick : Un repas simple !
Femme : Un « repas simple », c'est-à-dire ?
Patrick : Ben… du melon en entrée… des pizzas avec de la salade et… des fruits en dessert ?
Femme : Bon, mouais…
Patrick : Regarde, je suis sur Locavor ; je commande, d'accord ?
Femme : D'accord, prends deux melons ! Combien coûte un melon ?
Patrick : Y a une promotion, c'est 6 euros les 3 !
Femme : OK pour trois ! Ah tiens, il y a des fraises aussi : 2,50 € la barquette.
Patrick : Bon d'accord, deux barquettes de 250 grammes. Et les cerises, là, elles sont à combien ?
Femme : 9 € le kilo ?!!!
Patrick : Ah ben non, c'est cher !
Femme : Ensuite, les légumes. Une ou deux salades ?
Patrick : Ben une !
Femme : C'est bon ?
Patrick : Et je voudrais des tomates…

5 a. Les personnes font des courses sur Internet (« Je suis sur Locavor ; je commande »).

b. Elles préparent le repas de samedi soir, le dîner (« Qu'est-ce qu'on fait samedi pour le dîner ? »).

Activité 5 ⏱ 15 min

→ **Faire la liste des courses**

Compréhension finalisée

En classe entière a. Faire réécouter le document 2. Demander de dresser la liste des produits cités dans le dialogue ainsi que l'indication de leur quantité. Procéder à la mise en commun. Écrire la liste **au tableau**. Souligner les deux indications qui n'expriment pas une quantité (les cerises et les légumes qui désignent la catégorie d'aliments) et les supprimer de la liste pour la partie **d**.

 du melon

    des pizzas

    de la salade

    des fruits

    deux melons

    un melon

    trois melons

    des fraises

    deux barquettes de 250 grammes

    <u>les cerises</u>

    <u>les légumes</u>

    une ou deux salades

    des tomates

À deux b. et **c.** Faire réécouter pour effectuer l'activité d'appariement d'abord seul, puis **faire comparer les réponses par deux**. Lors de la mise en commun, faire remarquer la structure pour indiquer le prix : 9 € le kilo, 2,50 € la barquette, 6 € les trois.

– Faire lire dans l'encadré Vocabulaire page 63 la partie *Le prix*. Faire écouter la piste 🎧 087 et faire répéter les trois structures.

– Faire observer dans l'encadré Grammaire la partie *L'interrogation avec combien* et observer la question donnée en exemple pour faire repérer la structure. Puis demander aux apprenants de reprendre l'activité d'appariement (**5 b.**) sous forme de mini-dialogues en donnant le modèle : « – Combien coûtent les fraises ? – Elles coûtent 2,50 € la barquette. » Expliquer qu'on peut utiliser ce mot interrogatif pour demander la quantité : « – Je voudrais des fraises. – Combien ? – 1 kilo ».

Grammaire

Les adjectifs numéraux pour indiquer une quantité déterminée

Les articles partitifs pour indiquer une quantité indéterminée

Conceptualisation

En classe entière d. Faire lire la consigne et expliquer que *déterminé* signifie *précis* et qu'*indéterminé* signifie *pas précis, global* ; faire classer les produits proposés dans la consigne dans la grille suivante et faire un remue-méninges pour amener à comprendre comment on exprime la quantité déterminée et la quantité indéterminée.

– Faire compléter la première ligne de la grille (*cf.* ci-dessous) pour indiquer les outils langagiers utilisés pour exprimer la quantité.

Quantités	
1. Quantité précise/détermi-née : des nombres	2. Quantité imprécise/indé-terminée : du, de la, des
deux melons un melon trois melons deux barquettes de 250 grammes une ou deux salades	du melon des pizzas de la salade des fruits des fraises des tomates

Pour affiner la compréhension de la règle, demander aux apprenants d'observer dans l'encadré Grammaire, page 63, la partie *Les adjectifs numéraux pour indiquer une quantité déterminée* et la partie *Les articles partitifs pour indiquer une quantité indéterminée*.

Le professeur pourra préciser que *du, de la, de l', des* sont des articles partitifs : *du* (masculin singulier) / *de la* (féminin singulier) / *de l'* (masculin et féminin singulier des mots commençant par *a, e, i, o, u, h* muet), *des* (pluriel). Expliquer que, comme leur nom l'indique, on utilise les articles partitifs pour exprimer une partie/une quantité qui n'est pas précisée. Ainsi, quand je fais les courses dans un magasin, j'achète un melon entier mais, dans un repas, je ne prends pas un melon entier, je prends une partie seulement de ce melon ; c'est ce que l'on traduit par : « Je prends du melon. »

Les apprenants remarqueront peut-être une similitude avec les articles contractés ; on peut leur dire que le sens n'est pas le même mais qu'effectivement, *du = de le* et *des = de les*.

 Demander aux apprenants de revenir à la liste des aliments de l'activité 1 pour identifier les partitifs utilisés.

On peut aussi préciser aux apprenants que l'on dit *J'achète/ Je voudrais **du** sucre, **de la** viande, **des** légumes* car on indique une quantité mais que l'on dit *J'aime **le** sucre, **la** viande, **les** légumes* car on indique une catégorie.

Corrigés

5 a. du melon, des pizzas, de la salade, des fruits, deux me-lons, un melon, trois melons, des fraises, deux barquettes de 250 grammes, les cerises, les légumes, une ou deux salades, des tomates.

5 b. et **5 c.** 1-b ; 2-a ; 3-c.

5 d. Quantité précise/déterminée : deux melons, une salade.

Quantité imprécise/indéterminée : de la salade, du melon.

> **S'entraîner** activités 7 et 8 pages 68-69

Culture(s) +

Pour acheter des produits alimentaires, l'indication des quantités diffère souvent d'un pays à l'autre. Le professeur pourra expliquer qu'en France, on achète généralement les œufs par 6 ou 12. Généralement, quand on achète des fruits (pommes, oranges, poires, etc.), on les achète par kilo. Pour des fruits plus petits (fraises, cerises) et plus chers, on les achète par livre (une livre = 500 grammes).

Activité 6  21 10 min

→ **Dire ce qu'on achète quand on fait les courses**

En groupe Projeter la vidéo où Nina raconte ce qu'elle achète quand elle fait les courses et dans quel magasin elle va. Laisser quelques instants de réflexion pour que chacun note les mots dont il a besoin, puis faire un tour de table pendant lequel chaque participant va répondre aux deux questions que Nina leur pose. Inciter les apprenants à varier les aliments et les lieux d'achat.

Bien préciser que chaque intervention est orale et que le temps de préparation sert à réfléchir et à noter des mots et non un texte. En revanche, l'attention doit être portée sur le lexique et les articles.

Exemple de notes : la viande → la boucherie.

Corrigé

6 Productions libres.

Activité 7 10 min

Grammaire

Le futur proche pour exprimer une action future

Conceptualisation

En classe entière Écrire **au tableau** la phrase :

 Qu'est-ce qu'on va faire samedi pour le dîner ?

Demander aux apprenants de souligner le verbe : certains vont probablement souligner « on va ». Corriger et souligner « on va faire ». Leur demander alors s'ils connaissent cette forme verbale et pourquoi elle est utilisée. Lorsque l'analo-gie avec leur propre langue le permet, certains apprenants pourront alors comprendre qu'il s'agit d'une forme du futur.

Faire répondre à la consigne de l'activité.

Demander aux apprenants d'observer dans l'encadré Grammaire, page 63, la partie *Le futur proche pour exprimer une action future*. Expliquer la formation du futur proche. Reprendre l'exemple de l'encadré « Je vais commander » et demander à quelques apprenants de venir **au tableau** écrire les formes des personnes suivantes de façon à ce que les apprenants visualisent la conjugaison complète du verbe. Expliquer ensuite la place de la négation et faire écrire la conjugaison du verbe *commander* à la forme négative.

N.B. : Le futur proche sera retravaillé en leçons 25 et 29.

 Pour pratiquer rapidement la structure du futur proche, on peut demander aux apprenants d'échanger sous forme de mini-dialogues dont on peut écrire le modèle **au tableau** :
– Ce soir/Demain, je vais aller au cinéma, et toi ?
– Moi, je ne vais pas sortir, je vais rester chez moi.

Corrigé

7 Pour exprimer **le futur**, on utilise le verbe **aller** au présent + verbe à l'infinitif.

> **S'entraîner** > **activité 6 page 66**

Grammaire
 10 min

Le verbe *prendre* au présent

En classe entière Si la conjugaison de ce verbe n'a pas été vue à la leçon 16, demander aux apprenants de se reporter à l'encadré Grammaire, page 63, pour lire la partie *Le verbe prendre au présent*.
Leur demander d'observer la conjugaison et faire un remue-méninges pour noter les remarques sur celle-ci. Puis le professeur lit la conjugaison à haute voix et demande aux apprenants de compléter les remarques.

PRENDRE
- verbe -RE : terminaisons s, s, d, ons, ez, ent
- 3 radicaux : prend / pren / prenn

Oral :
- Même prononciation pour prends / prends / prend
- différence de prononciation des deux radicaux du pluriel

> **S'entraîner** > **activité 9 page 69**

Phonétique
 088 22 5 min

Les sons [o] et [ɔ̃]

Faire visionner le tutoriel de Jean-Thierry ▶ 22 ou faire écouter l'audio 🎧 088 de l'encadré pour faire travailler les différentes façons de prononcer les lettres *o* et *on*.

> **S'entraîner** > **activité 10 page 69**

Les sons [o] et [ɔ̃]

Bonjour ! Aujourd'hui, les sons [o] et [ɔ̃]. Le son [o] est oral, l'air passe par la bouche. Le kilo ; la pomme ; d'accord ; la tomate ; Locavor.

Le son [ɔ̃] est nasal. L'air passe par le nez (et par la bouche). On ne prononce pas le n. Le melo~~n~~ ; le tho~~n~~ ; elles so~~nt~~ ; nous voudrio~~ns~~ ; no~~n~~ !

Écoutez et répétez ! Attention : oral, nasal ! Gardez bien les lèvres arrondies !

o – on – o – on – o – on – o – on – Oh bon !

C'est fini ! Au revoir !

Transcription 🎧 088

Les sons [o] et [ɔ̃]

– Le son [o] est oral, l'air passe par la bouche.
Ex. : le kilo • la pomme • d'accord • la tomate • Locavor
– Le son [ɔ̃] est nasal. L'air passe par le nez (et par la bouche). On ne prononce pas le *n*.
Ex. : le melo~~n~~ • le tho~~n~~ • elles so~~nt~~ • nous voudrio~~ns~~ • no~~n~~
o – on – o – on – o – on – o – on

AGIR

Activité 8   20 min

→ **Organiser un pique nique**

Préparation

En petit groupe **a.**, **b.** et **c.** Les apprenants choisissent un lieu et une date (ex. : jeudi prochain dans le parc) pour le pique-nique qu'ils organisent. **Ils déterminent également le nombre de personnes (ex. : 5 personnes) et décident d'un budget maximum (ex. : 7 euros par personne).**

d., **e.**, **f.** En conservant la même répartition en petits groupes, **les apprenants dressent la liste des produits nécessaires pour leur pique-nique** en précisant bien la quantité. Ils écrivent la liste de courses. Chaque groupe affiche sa liste dans la classe.

Production

g. Les membres du groupe choisissent d'aller faire les courses ensemble ou se les répartissent ; dans ce cas, le professeur peut suggérer des modèles oraux pour les échanges : « Moi, je vais aller à la poissonnerie et je vais acheter le poisson. »

 La classe entière peut se mettre d'accord pour faire un pique-nique commun : il suffira de choisir parmi les propositions des groupes et de se répartir les achats.

h. et **i.** Hors de la classe, les apprenants font les courses et se retrouvent pour le pique-nique.

Pour faire les achats, les groupes peuvent également aller sur un site de vente en ligne. **Il faudra alors décider du point de livraison et du mode de paiement.**

8 Productions libres.

Prolongement de la leçon

> Entraînement linguistique

■ Demander aux apprenants de relire la double page, de réécouter les documents travaillés.

■ Faire créer une fiche-lexique sur le thème des aliments qui sera complétée à la leçon 20.

■ Faire créer une fiche-lexique sur le thème des commerces qui sera complétée à la leçon 18.

> Évaluation formative

■ Les activités du **Cahier d'activités** correspondant à la leçon sont aux pages 56-59.

■ Les activités du **Parcours digital®**.

Classe inversée

Avant la leçon 18

L'enseignant peut demander aux apprenants de/d' :

– regarder la photo du document 1 et de faire l'activité 1 page 64.

– revoir l'encadré Vocabulaire de la leçon 9 page 37 *Les vêtements (1) et les accessoires (1)* 🎧 044, de lire et d'écouter les encadrés Vocabulaire de la page 65 : *Les vêtements (2)* 🎧 090, *Les accessoires (2)* 🎧 091, *Les chaussures* 🎧 092, *Les caractéristiques des vêtements* 🎧 093, *Les magasins* 🎧 094, *Les couleurs* 🎧 095.

– visionner le tutoriel de Jean-Thierry ▶ 23 ou d'écouter 🎧 096 et de lire l'encadré phonétique sur les sons [i] et [E] page 65.

– apporter des vêtements et des accessoires pour faciliter l'activité 7.

LEÇON 18 Acheter des vêtements

pages 64-65

ACHETER DES VÊTEMENTS 3 h 30

Savoir-faire et savoir agir : faire des achats, du shopping · caractériser un vêtement/un accessoire · situer des objets dans l'espace

DOC. 1 🎧 089

COMPRENDRE							
10'		60'					
Act. 1	Vocabulaire 🎧 094	Act. 2 a et b 🎧	Vocabulaire 🎧 090-091-092	Act. 2 c 🎧	Culture(s)	Act. 2 d et e 🎧	Vocabulaire 🎧 095 🎧 093
· décrire une photo et faire des hypothèses sur un document audio	· les magasins	· nommer des vêtements	· les vêtements (2) · les accessoires (2) · les chaussures	· demander / indiquer la taille et la pointure	· échanger sur les tailles de vêtements	· décrire un vêtement	· les couleurs · les caractéristiques des vêtements

DOC. 1 🎧 089

COMPRENDRE						
20'	15'	15'	20'	10'	10'	10'
Act. 3 Grammaire	Grammaire	Act. 4 🎧	Act. 5 🎧	Grammaire	Act. 6 🎧	Phonétique 🎧 096 ▶ 23
· la place des adjectifs	· les adjectifs démonstratifs pour désigner un objet · le verbe *essayer* au présent	· nommer et décrire des vêtements	· repérer des indications de lieu	· *devant, derrière, sur, sous* et *entre* pour localiser un objet	· localiser des objets dans la classe	· les sons [i] et [E]

AGIR		
30'	Act. 7 🗨	· organiser un défilé de mode dans la classe
10'	Act. 8 ✏	· raconter le défilé

Activité 1 10 min

→ **Décrire une photo et faire des hypothèses sur un document audio**

Sensibilisation

Seul puis **En classe entière** Faire observer et décrire la photo du document 1 – si possible, la projeter. (*On voit un jeune couple. Ils font des achats, elle porte des sacs.*) Demander aux apprenants de formuler des hypothèses sur le contenu de la situation orale qu'ils vont écouter ; connaissant le titre de la leçon, ils vont probablement faire des propositions autour de l'achat de vêtements.

Les apprenants vont peut-être utiliser l'expression *faire des courses* qu'ils ont vue à la leçon 17. Le professeur peut leur expliquer la différence entre cette expression (*faire des courses*) plutôt utilisée pour les achats alimentaires et les expressions *faire des achats / faire du shopping* plutôt utilisées pour les achats « plaisir » : vêtements, chaussures, décoration…

Expliquer de même que l'on fait les courses et le shopping dans des magasins différents. Demander aux apprenants de se reporter à l'encadré Vocabulaire page 65 *Les magasins* 🎧 094 et leur demander si certains connaissent la différence entre les différents types de magasins **et s'ils peuvent l'expliquer aux autres**. Attirer aussi l'attention sur les mots *vendeur / vendeuse* et *client(e)* utiles pour l'activité 2.

Culture(s) +

■ **Les types de magasins :** Le mot *magasin* est le terme le plus général, le plus utilisé : *C'est un magasin de chaussures. – Je fais les magasins (= je fais du shopping). – J'achète mes vêtements dans ce magasin.* Une boutique est un petit magasin ; il en existe beaucoup dans le centre des grandes villes. À la périphérie des villes, on trouve plutôt des centres commerciaux qui regroupent des boutiques de toutes sortes (boutiques de vêtements, mais aussi parfumeries, librairies, fleuristes, etc.). Les grands magasins sont construits sur plusieurs étages et se trouvent généralement dans les centres des grandes villes. Les Galeries Lafayette ou le Printemps sont des exemples très connus de grands magasins parisiens.

Corrigé

1 Productions libres.

Activité 2 089 60 min

→ **Nommer des vêtements**

→ **Demander/indiquer la taille et la pointure**

Cette activité 2 focalise l'attention sur le lexique des vêtements et d'autres expressions utiles pour être efficace dans un magasin de vêtements.

Compréhension globale et finalisée

En classe entière a. Faire écouter le document audio et vérifier les hypothèses formulées dans l'activité 1.

À deux b. Demander aux apprenants de regarder les photos et de lire à voix haute le nom des vêtements. Avant de réécouter le dialogue, leur demander d'entourer les vêtements ou les accessoires qu'ils croient avoir entendus. Faire réécouter le dialogue et faire réaliser l'activité. Valider les réponses en demandant à un apprenant de citer les mots.

Vocabulaire

● **Les vêtements (2)** 090

● **Les accessoires (2)** 091

● **Les chaussures** 092

À deux Pour compléter le travail lexical, demander aux apprenants de lire et d'écouter le vocabulaire des parties *Les vêtements (2)*, *Les accessoires (2)*, *Les chaussures* dans l'encadré page 65.

💡 Pour rendre plus active la découverte lexicale, les apprenants peuvent s'aider mutuellement à comprendre le vocabulaire en montrant sur eux-mêmes ou sur les autres personnes de la classe les vêtements ou accessoires concernés. L'utilisation du dictionnaire pourra confirmer le sens des mots.

En classe entière c. Écrire **au tableau** les deux demandes de la cliente.

 - Excusez-moi, je peux essayer cette jupe bleue ?

- Excusez-moi, je voudrais essayer ces chaussures à talons.

Faire réécouter les deux questions de la vendeuse en réponse à ces deux questions. Les écrire **au tableau** avec, en lacune, les mots *taille* et *pointure* et demander aux apprenants s'ils peuvent compléter. Écrire les différentes propositions et valider :

 - Quelle est votre ...... ?

- Quelle est votre ...... ?

Travailler ensuite sur le sens de ces deux mots : le mot « taille » s'utilise pour les vêtements et le mot « pointure » s'utilise pour les chaussures.

d. Faire réécouter le dialogue en demandant de relever les achats de Cécile. Mettre en commun.

ulture(s) +

En classe entière Pour préciser les informations sur **les tailles et les pointures** utilisées en France, demander aux apprenants de lire l'encadré de la page 64 et expliquer que, pour les tailles, on utilise souvent des lettres, notamment pour les vêtements de sport. Mais, dans les boutiques de vêtements de ville, on utilise plus souvent des chiffres, de même que pour les pointures. Laisser les apprenants échanger sur les pratiques dans leur pays.

À deux **e.** Faire écouter le dialogue une nouvelle fois en demandant de noter le nom du vêtement avec l'article + la couleur ou un autre adjectif qui le décrit. Ne pas hésiter à marquer des pauses dans l'écoute pour que les apprenants puissent écrire. Cette liste servira à la conceptualisation proposée à l'activité 3 sur la place de l'adjectif et au repérage de l'adjectif démonstratif. C'est pourquoi, lors de la mise en commun, demander à un apprenant de venir écrire la liste des réponses **au tableau**.

1. **les pantalons décontractés**

2. **des vêtements magnifiques**

3. **de belles chaussures**

4. **cette jupe bleue**

5. **ce petit top**

(cette jupe bleue)

6. **elle est parfaite**

7. **je suis élégante**

8. **ces chaussures à talons**

9. **les talons sont hauts**

10. **elles sont confortables**

Vocabulaire

🎧 095
▶ Les couleurs

🎧 093
▶ Les caractéristiques des vêtements

Faire observer la partie *Les couleurs* dans l'encadré Vocabulaire page 65. Faire lire, écouter et répéter. Les apprenants ont déjà été sensibilisés aux noms de couleurs grâce aux couleurs des unités de la méthode.

– Leur demander ensuite de se reporter à l'encadré Vocabulaire page 65 *Les caractéristiques des vêtements* pour prendre connaissance des adjectifs qui peuvent servir à décrire les vêtements.

Transcription 089

Cécile : Oh ! Une nouvelle boutique ! Allez viens !
La vendeuse : Bonjour, je peux vous renseigner ?
Cécile : Oui, je cherche…
La vendeuse : Alors, devant, il y a les pantalons décontractés pour le soir, les shorts et les jupes. Derrière la caisse, il y a les tops, les chemises, les manteaux, les blousons et les jeans.
Cécile : Où sont les bottes ?
La vendeuse : Les bottes ? Elles sont sous les vêtements, entre les sandales et les chaussures à talons. Les ceintures et les foulards sont sur la table à côté de la caisse.
Cécile : Ils ont des vêtements magnifiques et de belles chaussures !
Medhi : C'est cher, non ?
Cécile : Mais non ! Regarde, elle est bien cette jupe bleue ? Et ce petit top, pour le soir ?
Medhi : Orange pour le soir ? Humm… Appelle la vendeuse !
Cécile : Excusez-moi, je peux essayer cette jupe bleue ?
La vendeuse : Bien sûr. Quelle est votre taille ?
Cécile : 38.
La vendeuse : Voilà un 38 !
Cécile : Merci ! Regarde, elle est parfaite ! Je suis élégante !
Medhi : Oui, oui !
Cécile : On regarde les chaussures, d'accord ? Excusez-moi, je voudrais essayer ces chaussures à talons.
La vendeuse : Quelle est votre pointure ?
Cécile : 39.
La vendeuse : Voilà !
Cécile : Les talons sont hauts mais elles sont confortables. Je prends la jupe et les chaussures.
Medhi : Allez Cécile, je paye !
Cécile : Ah non, c'est moi ! Et vous avez des chapeaux ?
La vendeuse : Oui, regardez, devant la caisse. Suivez-moi !

Corrigés

2 a. Situation : la jeune femme découvre une nouvelle boutique de vêtements et de chaussures et fais des achats.

2 b. Il y a 10 dessins/mots à entourer : 3 / 4 / 5 / 8 / 9 / 10 / 11 / 12 / 13 / 15.

2 c. Taille de Cécile : 38 – Pointure : 39.

2 d. Cécile achète une jupe et des chaussures.

2 e. les pantalons décontractés, des vêtements magnifiques, de belles chaussures, cette jupe bleue, ce petit top, (cette jupe bleue), elle est parfaite, je suis élégante, ces chaussures à talons, les talons sont hauts, elles sont confortables

❯ S'entraîner ❯ activité 11 page 69

Leçon 18 **Unité 5** 117

Activité 3 20 min

Grammaire

● La place des adjectifs

Conceptualisation

À deux **a.** À l'activité 2, les apprenants ont dressé la liste des vêtements et accessoires accompagnés d'adjectifs de caractérisation pour accéder au sens. Il s'agit ici de travailler deux points de grammaire : la place des adjectifs et l'adjectif démonstratif.

Reprendre la liste écrite **au tableau** lors de l'activité **2 e.** et demander aux binômes de souligner les adjectifs (les phrases proposées comme exemples se retrouvent dans la liste complète).

1. les pantalons <u>décontractés</u>
2. des vêtements <u>magnifiques</u>
3. de <u>belles</u> chaussures
4. cette jupe <u>bleue</u>
5. ce <u>petit</u> top
6. elle est <u>parfaite</u>
7. je suis <u>élégante</u>
8. ces chaussures à talons
9. les talons sont <u>hauts</u>
10. elles sont <u>confortables</u>

À deux **b.** Demander ensuite aux binômes d'observer la structure des items où l'on a un adjectif et un nom (les items 1, 2, 3, 4, 5) et de répondre à la consigne **b**. Les apprenants vont ainsi remarquer que, pour les items 1, 2, 3, l'adjectif se place après le nom, alors que pour les items 3 et 5 l'adjectif est avant le nom. Lors de la mise en commun, le professeur peut demander aux apprenants de formuler une explication sur la place de l'adjectif par rapport au nom. Expliquer finalement que l'adjectif est généralement placé après le nom. Seuls quelques adjectifs courts sont placés devant le nom (*un beau foulard*, *un petit top*). On peut alors se reporter à l'encadré grammaire page 65 *La place des adjectifs,* voire au Précis grammatical page 124.

Corrigés

3 a. une jupe <u>bleue</u>, des vêtements <u>magnifiques</u>, de <u>belles</u> chaussures, ce <u>petit</u> top, un pantalon <u>décontracté</u>.

3 b. avant ou après le nom

> S'entraîner activité 13 page 69

Grammaire 15 min

● Les adjectifs démonstratifs pour désigner un objet

Conceptualisation

En classe entière Reprendre la liste écrite **au tableau** et demander aux apprenants de porter leur attention sur les articles placés devant le nom et de dire ce qu'ils remarquent.

Ils remarqueront la présence d'un autre type de mot que l'article dans les items 4, 5 et 8. Leur demander d'entourer ces mots. Extrait de la grille précédente :

4. (cette) jupe bleue
5. (ce) petit top
8. (ces) chaussures à talons

– Si besoin, pour faire comprendre le sens du démonstratif, le professeur peut désigner du doigt un objet dans la classe en l'accompagnant d'une phrase telle que « Ce livre est bleu. » ou « Je voudrais cette feuille. »

– Faire ensuite observer dans le tableau la partie *Les adjectifs démonstratifs pour désigner un objet*. Faire remarquer les différentes formes et notamment que *cet* est utilisé pour les mots masculins singulier commençant par une voyelle ou un *h* muet.

> 💡 Demander à des apprenants de désigner des mots de la classe en les nommant, par exemple : « ce livre », « cette table », « ces stylos », etc. ou de produire des phrases courtes avec des noms de vêtements : « J'aime cette veste. », « Je voudrais acheter ce pantalon. »…

● Le verbe *essayer* au présent

En classe entière Comme dans beaucoup de langues, le verbe *essayer* est utilisé dans un magasin pour mettre un vêtement ou des chaussures et évaluer s'il est adapté ou non. On parle aussi de *cabine d'essayage*.

– Expliquer que, dans un magasin, on utilise très souvent l'infinitif de ce verbe dans des structures comme *Est-ce que je peux essayer ?* ou *Je voudrais essayer*.

– Demander d'observer la conjugaison et regrouper les remarques des apprenants. Puis la faire lire à haute voix et écrire les remarques d'ordre phonétique **au tableau**.

ESSAYER

- verbe en -ER : terminaisons normales
- 2 radicaux : essai- / essay- pour je, tu, il/elle et ils/elles
- on entend la différence : j'essaie [ʒesɛ] ≠ j'essaye [ʒesɛj]

– Dire que tous les verbes avec la terminaison en -*ayer* ont cette double conjugaison et demander aux apprenants de trouver dans le dialogue un autre verbe qui se conjugue sur le même modèle : il s'agit du verbe *payer* (présent à la fin du dialogue).

> S'entraîner activités 12 et 14 page 69

Activité 4 15 min

→ Nommer et décrire des vêtements

Cette production orale intermédiaire va permettre de mettre en pratique le lexique des vêtements et tous les adjectifs pour les décrire.

Préparation

À deux Demander aux binômes de préparer la description des vêtements d'un(e) camarade en utilisant le lexique travaillé. Le professeur pourra compléter le vocabulaire ou les apprenants pourront utiliser leur dictionnaire si nécessaire. Inviter aussi à se reporter à la page 37 et à utiliser le lexique vu dans cette leçon 9 : *Les vêtements (1), les accessoires (1)* et *L'apparence*.

Production orale

En classe entière Pour permettre la présentation orale, donner un exemple avec le verbe *porter* : « Notre camarade porte un pull vert... » **Demander à chaque binôme de venir devant la classe présenter sa description** sans nommer la personne choisie. La classe devine de qui il s'agit.

Corrigé

4 Productions libres.

Activité 5 089 ⏱30 min

→ **Repérer des indications de lieu**

Compréhension finalisée

À deux Demander aux apprenants de regarder le dessin et de l'identifier. Par déduction, certains diront certainement qu'il s'agit du magasin où Cécile fait ses achats.
– Demander de noter le nom des vêtements et accessoires du dessin. Pour ce travail, la réécoute n'est pas indispensable. Mettre en commun.
– Rappeler que, dans le dialogue, la vendeuse donne des indications de lieu pour localiser les articles. Il s'agit maintenant de réécouter le dialogue pour identifier ces indications. Pour cette activité, on pourra proposer une version lacunaire du début du dialogue que le professeur écrira **au tableau**.

 - La vendeuse : Alors, ... (1), il y a les pantalons décontractés pour le soir, les shorts et les jupes. .... (2) la caisse, il y a les tops, les chemises, les manteaux, les blousons et les jeans.

- Cécile : Où sont les bottes ?

- La vendeuse : Les bottes ? Elles sont .... (3) les vêtements, ... (4) les sandales et les chaussures à talons. Les ceintures et les foulards sont .... (5) la table .... (6) la caisse.

Faire réécouter le début du dialogue et demander aux binômes de le compléter en notant les indications de lieu : (1) : *devant* ; (2) : *derrière* ; (3) : *sous* ; (4) : *entre* ; (5) : *sur* ; (6) : *à côté de* (mot vu page 49).
Faire comparer les réponses par deux et, pour vérifier le sens et l'orthographe, inviter les apprenants à s'aider de l'encadré Grammaire page 65, *Devant, derrière, sur, sous et entre pour localiser un objet*. Mettre en commun.

Corrigé

5 *de gauche à droite :* les pantalons, les jupes, les chapeaux, les blousons (en haut), les bottes

Activité 6 ⏱10 min

→ **Localiser des objets dans la classe**

En petit groupe Demander aux apprenants de réaliser l'activité. Circuler parmi les groupes.

Corrigé

6 Productions libres.

Phonétique 096 ▶ 23 ⏱10 min

Les sons [i] et [E]

Faire visionner le tutoriel de Jean-Thierry ▶ 23 ou faire écouter l'audio 096 de l'encadré pour faire travailler la différence de prononciation entre les sons [i] et [E].

> S'entraîner **activité 15 page 69**

Transcription 23

Les sons [i] et [E]

Bonjour ! Aujourd'hui, les sons [i] et [E].
Le son [i] est tendu, aigu, souriant. La bouche est fermée. Midi. Je m'habille. Il habite à Paris.
Le son [E] est relâché, aigu, souriant. La bouche est ouverte. Le déjeuner. Je me lève. Chez moi.
Écoutez et répétez ! Attention à votre bouche ! Fermé ; ouvert ! Gardez bien les lèvres souriantes ! I – E – I – E – I – E – I – E
Écoutez encore ! Dîner, le petit déjeuner, s'habiller.
Voilà ! Au revoir ! À lundi, mardi ou mercredi ?

Transcription 096

Les sons [i] et [E]

Le son [i] est tendu, aigu, souriant. La bouche est fermée.
Ex. : midi • Je m'habille. • Il habite à Paris.
Le son [E] est relâché, aigu, souriant. La bouche est ouverte.
Ex. : le déjeuner • Je me lève. • chez moi • dîner • s'habiller

Activité 7 30 min

→ **Organiser un défilé de mode dans la classe**

Préparation

En classe entière a., b., c., d. Le professeur aura eu soin de présenter la tâche aux apprenants lors d'une séance précédente et de leur demander d'apporter quelques vêtements en vue d'organiser un défilé de mode.

En petit groupe Les apprenants choisissent parmi eux ceux et celles qui joueront le rôle de mannequins ainsi que celui ou celle qui jouera le rôle de présentateur/présentatrice du défilé (selon le nombre de membres dans le groupe, deux apprenants peuvent tenir ce rôle et parler à tour de rôle).
– Ils choisissent des vêtements et des accessoires pour le défilé parmi ceux apportés ; ils peuvent se mettre d'accord sur un thème (une couleur, un type de vêtements...). Ils organisent l'ordre de passage des « mannequins » et peuvent également nommer un(e) photographe.
– Les présentateurs préparent oralement leur prise de parole. Le professeur peut proposer une matrice de production : « Nous vous présentons des modèles. Ici, c'est Maria : elle porte un pantalon rouge et... »

Production

En classe entière e., f. Chaque groupe choisit un jour pour faire son défilé et, le jour prévu, présente son défilé devant la classe. Pour permettre la prise de parole, on peut redonner un exemple : « Ici, c'est Maria. Elle porte un pantalon rouge et... » Les autres apprenants prennent des notes ou des photos pour pouvoir réaliser la tâche de l'activité 8. Le professeur peut cadrer cette prise de notes : par exemple en demandant aux personnes du groupe 1 de prendre des notes sur les mannequins du groupe 2, etc.

Corrigé

7 Productions libres.

Activité 8 10 min

→ **Raconter le défilé**

Production

En groupe a. En s'aidant des notes (ou des photos) prises durant le défilé lors de l'activité 7, les apprenants de chaque groupe se réunissent, partagent leurs notes et rédigent un petit texte de description des mannequins. Pour contextualiser la production écrite, on peut suggérer qu'il s'agit d'un court article pour accompagner les photos d'une revue de mode par exemple : « Marta porte un pantalon... » Circuler dans la classe pour aider à la rédaction des productions écrites.

b. Les photos et les textes affichés, les apprenants en prendront connaissance **et partageront oralement.**

Les fichiers numériques peuvent être envoyés sur le groupe de la classe et les apprenants peuvent laisser des commentaires.

Corrigé

8 Productions libres.

Prolongement de la leçon

> **Entraînement linguistique**

■ Demander aux apprenants de relire la double page, de réécouter les documents travaillés.

■ Faire créer une fiche-lexique sur le thème des couleurs.

■ Faire compléter la fiche-lexique sur le thème des vêtements qui a été créée à la leçon 9.

■ Faire compléter la fiche-lexique sur le thème des commerces (ajouter les magasins) qui a été créée à la leçon 17.

> **Évaluation formative**

■ Les activités du **Cahier d'activités** correspondant à la leçon sont aux pages 62-63.

■ Les activités du **Parcours digital®**.

Classe inversée

Avant la leçon 19

L'enseignant peut demander aux apprenants de/d' :
– lire le document 1 page 66 et de faire l'activité 1.
– lire le document 2 page 67 et de faire l'activité 4.
– apporter une carte postale vierge pour rendre plus réelle l'activité 3.
– prendre en photo un vêtement ou un accessoire qui leur appartient afin de réaliser l'annonce de l'activité 7.

Avant la leçon 20

Le professeur peut demander aux apprenants de/d' :
– regarder la page d'ouverture de l'unité 6 page 73.
– regarder le document 1 page 74 et de préparer l'activité 1 a et b, puis l'activité 2.
– lire et écouter les cinq parties de l'encadré Vocabulaire page 75 *Les ingrédients* 103, *Les ustensiles de cuisine* 104, *Les appareils électroménagers* (2) 105, *Les étapes culinaires* 106, *La quantité* 107.
– visionner le tutoriel de Jean-Thierry ▶ 26, ou de l'écouter 108 et de lire l'encadré Phonétique sur le son [j] page 75.

... écrire une carte postale 60 min

Cette première tâche consiste à découvrir et à analyser les composants d'une carte postale traditionnelle et à en écrire une. C'est un type d'écrit que l'on envoie à un proche pour raconter ce que l'on fait un week-end ou lorsque l'on est en vacances. Cette tâche permet donc de réinvestir les outils linguistiques travaillés à la leçon 16.

 LIRE DOC. 1

Activité 1 10 min

[Découverte]

En classe entière Avant de commencer le travail, expliquer aux apprenants que leur travail de production sera de réaliser le même type de document que le document 1. Les activités à suivre vont permettre de le découvrir et de l'analyser pour faciliter le travail de production à faire.

– Demander d'observer le document 1 (et éventuellement une carte postale apportée par le professeur) et de le décrire rapidement : il s'agit des deux faces de la carte postale, la première face (le recto) représente une vue de la ville de Strasbourg à l'époque de Noël (cf. Culture(s)+ ci-dessous) ; la seconde face (le verso) est divisée en deux zones : la zone de gauche pour écrire le message et la zone de droite pour écrire l'adresse et apposer le timbre. Le professeur peut demander aux apprenants où habite la personne qui va recevoir la carte postale (Rouen). Si besoin, se reporter à la carte de France à la fin du livre pour situer les deux villes.

– Inviter les apprenants à lire rapidement la carte postale et à répondre aux questions de l'activité en justifiant les réponses (cf. corrigés). Mettre en commun.

Culture(s) +

■ **Noël** est une fête chrétienne qui a lieu le 25 décembre. C'est aussi une fête laïque très populaire célébrée en famille. Le jour de Noël est un jour férié en France. Le soir du 24 décembre, les Français réveillonnent et le lendemain matin, ils s'offrent des cadeaux autour d'un sapin décoré avec des guirlandes et des boules. Le 25 décembre, à midi, ils organisent le repas de Noël, traditionnellement composé de fruits de mer ou de foie gras, d'une dinde aux marrons et d'une bûche glacée. Dès le début du mois de décembre, des marchés de Noël sont organisés dans beaucoup de villes, le plus célèbre d'entre eux étant celui de Strasbourg.

Corrigés

1 a. Corinne (elle signe la carte) écrit à Denise (*Chère Denise*).

1 b. Elle donne des nouvelles. Elle raconte sa vie quotidienne à Strasbourg et demande des nouvelles à Denise.

1 c. Corinne et Denise sont amies, elles se disent « tu » et Corinne écrit « Je t'embrasse ».

Activité 2 20 min

[Analyse]

Cette activité permet d'analyser la structure du message de ce type d'écrit.

À deux **a.** Demander aux apprenants de choisir un titre pour identifier chacune des six parties d'une carte postale (attention ! certains titres sont des distracteurs). Pour la correction, recopier **au tableau** le modèle de la carte vierge et demander à plusieurs apprenants de venir le compléter à tour de rôle. **Faire valider les réponses par la classe.**

b. Faire relire le texte de la carte postale en demandant aux apprenants d'entourer les expressions de l'amitié. Valider les réponses.

Faire lire l'encadré Mémo de la page 66 qui rassemble les expressions utilisées dans une communication informelle. Indiquer que l'adjectif *chère* est féminin et donner les autres formes en précisant qu'elles se prononcent toutes de la même façon *Cher Tom / Chère Denise / Chers parents / Chères amies*.

Pour compléter le travail d'analyse, faire observer la ponctuation du texte de la carte postale et notamment la présence de points d'exclamation qui animent le texte, comme on l'a vu dans le blog de Philippe à la leçon 17. Faire aussi remarquer que, dans une carte postale, les phrases sont généralement courtes. Si besoin, faire remarquer la structure d'une adresse à la française avec le numéro, le type de voie (rue, avenue, place...) et son nom, le code postal et le nom de la ville.

Corrigés

2 a. 1. Saluer, 2. Demander des nouvelles, 3. Donner des nouvelles de sa vie, 4. Poser des questions sur la vie de son ami(e), 5. Dire au revoir, 6. Signer

2 b. Chère Denise, Un petit coucou, Je t'embrasse.

ÉCRIRE

Activité 3 30 min

Préparation

Lors de la séance précédente, le professeur pourra expliquer brièvement la tâche et demander aux apprenants d'apporter une carte postale. Sinon, il aura imprimé le verso d'une vraie carte postale. En effet, en plus de leur permettre d'écrire sur un document authentique, les apprenants auront ainsi la possibilité d'écrire l'adresse. Leur demander de réfléchir au nom et à l'adresse de la personne à qui ils vont écrire, réelle ou imaginaire.

Production

Seul Les apprenants sachant ce qu'ils doivent faire grâce au travail d'analyse de l'activité 2, les laisser rédiger cha-cun leur carte postale. Le professeur circule pour aider à la rédaction.

On peut faire afficher les cartes postales dans la classe et demander aux apprenants de les noter selon des cri-tères déterminés à l'avance (structure de la carte / res-pect des différentes parties, respect du registre familier, originalité…).

3 Productions libres.

On peut demander aux apprenants de terminer l'activité par un moment d'échange oral sur leur habitude ou non d'écrire des cartes postales.

écrire une petite annonce pour vendre un vêtement 60 min

Cette seconde tâche consiste à écrire une petite annonce pour vendre un vêtement. Cette tâche permettra de réin-vestir les outils linguistiques travaillés à la leçon 18 pour décrire un vêtement, voire de vendre vraiment un vêtement sur un site spécialisé.

LIRE

 DOC. 2

Activité 4 5 min

[Découverte]

En classe entière Avant de commencer, expliquer aux apprenants que leur travail de production sera de réaliser le même type de document que le document 2. Les activités à suivre vont permettre de découvrir et d'analyser le document pour faciliter le travail de production à faire. Expliquer ce qu'est une *petite annonce* (un petit texte publié dans un journal ou sur un site pour vendre quelque chose. Ce mot est aussi utilisé dans le cadre professionnel : une entreprise peut publier une petite annonce pour offrir un emploi ou proposer un logement à louer ou à acheter).
– Demander d'observer rapidement le document et de l'iden-tifier (*Il s'agit d'une page d'un site Internet*). Ce site s'appelle « Le bon coin » ; c'est un site réel que les Français utilisent beaucoup pour vendre et acheter des objets, des meubles, des vêtements, des voitures. Faire répondre à la question de l'activité.
– Faire souligner la réponse. Les apprenants choisiront pro-bablement la bonne réponse par élimination. Expliquer ce qu'est un objet « d'occasion » (un objet qui a déjà servi, qui n'est pas neuf).

De nouveaux mots peuvent venir alimenter la fiche lexique sur Internet : déposer une annonce, mes favoris, une offre, une demande, un filtre, le pseudo…

4 C'est un site pour vendre et acheter des vêtements d'oc-casion.

Activité 5 15 min

Cette activité a pour objectif de repérer les informations concernant le vendeur et le vêtement qu'il vend.

Seul a. Faire réaliser l'activité en précisant que l'on ne demande pas une compréhension détaillée mais une recherche ciblée de l'information. Il est important de faire des réponses courtes aux deux questions (*cf.* corrigés).

À deux b. Faire comparer les réponses. Lors de la mise en commun, expliquer le mot *pseudo/pseudonyme* (mot choisi pour s'identifier à la place de son vrai nom). L'expression « style classique » de la veste sera peut-être aussi à commenter.

5a. 1. Le vendeur est Chouchou. 2. Il vend une veste noire (couleur), de taille M (taille) de style classique (forme).

Activité 6 10 min

[Analyse]

Cette activité permet d'observer les parties constituant une petite annonce pour vendre un vêtement et permettre une rédaction d'annonce rapide et structurée.

À deux Demander aux apprenants de faire l'activité d'appariement. Mettre en commun.

Pour compléter le travail d'analyse, faire lire l'encadré Mémo de la page 67.

 Afin d'affiner l'analyse et de faciliter la rédaction de l'annonce (activité 7), demander à un apprenant de lire la partie D de l'annonce où l'objet est décrit et faire identifier les deux types d'information présentes : les informations objectives (informations neutres qui décrivent la réalité) et les informations subjectives (qui donnent une opinion personnelle positive ou négative). Informations objectives : *veste Léon & Harper* (la marque), *noire, de taille M, elle a deux poches et une ceinture, grande*. Informations subjectives : *une belle veste, style classique, de qualité, vous pouvez... le soir, décontractée, chic, en parfait état*. Ce relevé permettra de montrer qu'il y a autant voire davantage d'informations subjectives que d'informations objectives dans ce type d'annonce et que ces informations sont logiquement positives puisqu'il s'agit de mettre en valeur l'objet pour le vendre.

Corrigé

6 D-1 ; A-2 ; C-3 ; B-4

 ÉCRIRE

Activité 7 30 min

Lors de la séance précédente, le professeur pourra expliquer brièvement la tâche et demander aux apprenants de prendre en photo un vêtement ou un accessoire qu'ils aimeraient vendre.

À deux a. et b. Les apprenants sachant ce qu'ils doivent faire grâce au travail d'analyse de l'activité 6, laisser chaque binôme rédiger une ou deux petite(s) annonce(s) selon qu'**ils choisissent de vendre un ou deux vêtements/accessoires.** Préciser que les apprenants doivent particulièrement veiller à l'emploi des adjectifs pour décrire un vêtement ou un accessoire et réinvestir ici le travail fait au cours de la leçon 18. Le professeur circule pour aider à la rédaction.

c. Une fois les rédactions terminées, échanger les petites annonces entre les binômes et les lire.

 Les binômes pourront déposer leur annonce sur le site Leboncoin et suivre les propositions d'achat.

Corrigé

7 Productions libres.

 On peut demander aux apprenants de terminer l'activité par un moment d'échange oral sur leur habitude ou non de vendre et d'acheter des objets ou des vêtements sur ce type de site.

S'entraîner   pages 68-69

Cf. Introduction (C.1.3), page 24.

– **Corrigés** des activités 1 à 15 : p. 139 du livre de l'élève.
– **Parcours digital®** : toutes les activités des pages 68-69 sont proposées en version auto-corrective 🖥 sauf les activités 3, 8 et 13 qui sont à faire à deux.

Faites le point   page 70

Cf. Introduction (C.1.4), page 24.

Évaluez-vous !

Corrigés

› Exemple de production : Le mardi, je me lève à 7 heures et demie.

› Exemple de production : Le dimanche après-midi, je vais voir des amis ou je me repose.

› Je commence **à** 8 h 30 et je travaille **jusqu'à** 18 heures.

› Exemple de production : une banane, une pomme, une orange ; une carotte, une courgette, une pomme de terre

› Exemple de production : Je voudrais un kilo de tomates, s'il vous plaît.

› **Combien coûte** un melon ?

› Exemple de production : 42 ou Ma taille, c'est 42.

› Exemple de production : Aujourd'hui, je porte un pantalon gris et un pull rose avec des sandales blanches.

› J'essaie / J'essaye – Elles essaient / Elles essayent

Classe inversée

Avant la leçon 20

Le professeur peut demander aux apprenants de/d' :

– regarder la page d'ouverture de l'unité 6 page 73.

– regarder le document 1 page 74 et de préparer l'activité 1.

– lire et écouter les cinq parties de l'encadré Vocabulaire page 75 *Les ingrédients* 🎧 103, *Les ustensiles de cuisine* 🎧 104, *Les appareils électroménagers* (2) 🎧 105, *Les étapes culinaires* 🎧 106, *La quantité* 🎧 107.

– visionner le tutoriel de Jean-Thierry ▶ 26, ou de l'écouter 🎧 108 et de lire l'encadré Phonétique sur le son [j] page 75.

Partagez vos expériences !

UNITÉ
6

> Livre de l'élève p. 73-84

Page d'ouverture

page 73

 En classe entière ⏱ 10 min

Suivre la démarche proposée en Introduction (C1.1), page 23.

Corrigés

Exemples de production :

> C'est l'unité 6. Elle est verte.

> Elle s'appelle *Partagez vos expériences !*

> Sur la photo, il y a un jeune homme. Il fait la cuisine.
Il regarde son plat.

> Les objectifs sont : faire une recette, commander
au restaurant, raconter un événement.

> Les points de grammaire sont : la quantité déterminée (2) : *pas
de*, *un peu de*, *beaucoup de*, l'infinitif à la forme

affirmative et négative, le verbe *manger* au présent,
le passé composé avec *avoir* et *être*, les participes passés
en *-é* et *-i*, le pronom personnel sujet *on*, le passé composé
à la forme négative, les indicateurs chronologiques
d'abord (2), *puis*, *ensuite*, l'indicateur temporel *il y a*.

> Dans la leçon 23, on écrit un avis sur un restaurant et
un article de blog.

> La vidéo 24 présente les manières de manger des Français.

LEÇON 20   Faire une recette

pages 74-75

FAIRE UNE RECETTE 2 h 40

Savoir-faire et savoir agir : exprimer des quantités · parler d'un plat

	DOC. 1 🎧 102	DOC. 2					
	15'		5'	15'		20'	
	Act. 1 📖	Vocabulaire 🎧 104 et 105	Act. 2 📖	Act. 3 📖	Vocabulaire 🎧 103	Act. 4 📖	Vocabulaire 🎧 107	Grammaire
COMPRENDRE	· nommer des ustensiles de cuisine et des appareils électro-ménagers	· les ustensiles de cuisine · les appareils électro-ménagers	· repérer des informations sur un site culinaire	· nommer des ingrédients	· les ingrédients	· exprimer une quantité	· la quantité	· la quantité déterminée (2) : *pas de*, *un peu de*, *beaucoup de*

	20'	15'	10'			10'	10'
Comprendre	Act. 5  25	Grammaire	Vocabulaire 🎧 106	Act. 6 📖	Grammaire	Culture(s) 💬	Phonétique 🎧 108 ▶ 26
	· présenter une spécialité culinaire de son pays	· le verbe *manger* au présent	· les étapes culinaires	· nommer les étapes d'une recette	· l'infinitif (forme affirmative et négative) pour écrire une recette	· parler du temps passé à cuisiner et à table	· le son [j]

	20'	Act. 7 ✏	· écrire une recette de cuisine facile
Agir	20'	Act. 8 💬	· présenter une recette de cuisine

COMPRENDRE

DOC. 1 📖 🎧 102

Activité 1 ⏱ 15 min

→ **Nommer des ustensiles de cuisine et des appareils électroménagers**

Sensibilisation et compréhension globale

Seul puis **En classe entière** Faire observer le document 1 et le faire identifier (*il s'agit d'une page du site Internet marmiton.fr*). Faire repérer dans le document où se trouve le mot *ustensile*. Inviter ensuite les élèves à regarder les illustrations afin de faire comprendre ce mot, **demander à un apprenant d'en proposer une définition** (= *objet pour faire la cuisine*) et faire valider par le groupe.

a. À la question posée, les apprenants peuvent apporter plusieurs réponses comme : acheter des ustensiles, trouver une recette de cuisine... Attirer leur attention sur la fenêtre située en haut de la page « Je cherche une recette, un ingrédient, de l'aide... » et expliquer les mots si besoin : *une recette* (= étapes pour faire un plat), *un ingrédient* (= élément qui entre dans la composition d'un plat : un légume, de la viande, de l'huile...).

Compréhension finalisée

b. Faire écouter et répéter le nom des ustensiles (🎧 102). Le groupe aura peut-être remarqué que deux mots ne correspondent pas à la définition du mot *ustensile* (le four et la cuisinière) ; donner le mot *appareil électroménager*.

À deux c. Laisser les binômes échanger, puis faire un tour de table pour savoir quels ustensiles chacun utilise parmi les mots proposés.

En petit groupe d. Pour éviter que la recherche lexicale ne s'éparpille, préciser la consigne en expliquant l'adjectif *indispensable* (= très important, qui existe dans toutes les cuisines). Autoriser l'utilisation du dictionnaire pour ajouter deux ustensiles (ou appareils électroménagers) qui leur semblent indispensables dans la cuisine. Procéder à la mise en commun. Si la classe dispose d'un ordinateur, les

apprenants pourront projeter des photos des nouveaux mots. Inviter ensuite les apprenants à se reporter à l'encadré Vocabulaire page 75 et à regarder les parties *Les ustensiles de cuisine* 🎧 104 et *Les appareils électroménagers* 🎧 105.

Transcription 🎧 102

une cuillère • un couteau • une poêle • une casserole • une cocotte • un moule • une passoire • un saladier • un four • une cuisinière

Corrigés

1 a. On consulte le site Marmiton pour trouver des recettes de cuisine.

1 c. et **1 d.** Productions libres.

> **S'entraîner** > **activité 1 page 82**

Culture(s) ➕

■ Créé en 2000, **le site marmiton**.fr est le premier site Internet de cuisine en France avec près de 13 millions de visiteurs par mois et plus de 70 000 recettes de cuisine. Issu du mot « marmite », le mot « marmiton » désigne un jeune aide cuisinier qui effectue des tâches simples.

DOC. 2 📖

Activité 2 ⏱ 5 min

→ **Repérer des informations sur un site culinaire**

Sensibilisation et compréhension globale

En classe entière Faire regarder et identifier le document 2 : c'est la recette d'un plat donnée sur le site Marmiton. Attirer l'attention sur la composition de la fiche-recette, notamment sur les différentes rubriques et les titres ; cette matrice peut être reproduite **au tableau** et sera réutilisée à l'activité 7.

Photo du plat	
Ingrédients	Temps	Personnes	Niveau	Coût
	Préparation
	Étape 1
	...
	Étape 2
	...
	Étape 3
	...
Ustensiles	Étape 4
	...
	Étape 5
	...
	Idée du chef

Demander aux apprenants si les affirmations sont vraies ou fausses sans lire la partie « Préparation ». Mettre les réponses en commun en justifiant les réponses (*cf.* corrigés).

 Corrigés

2 **a.** Vrai, **b.** Faux (c'est une recette pour quatre personnes), **c.** Faux (c'est une recette de niveau moyen), **d.** Faux (le site indique seulement « coût moyen »), **e.** Vrai

Activité 3 ⏱ 15 min

→ **Nommer des ingrédients**

Compréhension finalisée

À deux **a.** Faire lire la recette de la ratatouille et faire réaliser l'activité de classement. Expliquer le mot *condiment* (= produit pour ajouter du goût au plat : sel, moutarde, herbes, épices…). Une grille peut être proposée pour le relevé lexical (*cf.* ci-dessous).

💡 Autoriser les apprenants à utiliser leur téléphone ou un ordinateur pour voir des images des différents ingrédients.

Les légumes	Les herbes	Les condiments

En petit groupe **b.** Demander aux apprenants d'ajouter deux ingrédients à chaque catégorie. Pour ce faire, ils peuvent s'aider de leur dictionnaire ou se reporter à l'encadré Vocabulaire *Les aliments (1)* de la leçon 17 page 63 et à la fiche lexicale qui a été ouverte. Mettre en commun.

Inviter ensuite les apprenants à se reporter à l'encadré Vocabulaire page 75 *Les ingrédients* 🎧 103.

 💡 Si la composition de la classe le permet (étudiants de différentes origines), la mise en commun peut s'accompagner d'un échange interculturel sur les aliments privilégiés dans la nourriture des différents pays représentés : « Quel aliment est très utilisé

dans votre pays ? » On peut également demander aux apprenants d'échanger sur leurs goûts : « Quels sont les aliments que vous préférez ? que vous n'aimez pas ? »

Corrigé

3 **a.**

1. Les légumes	2. Les herbes	3. Les condiments
les aubergines les courgettes les poivrons rouges et verts les oignons les tomates	le thym le laurier	l'ail l'huile d'olive le poivre le sel

3 **b.** Productions libres.

❯ **S'entraîner** ❯ **activité 2 page 82**

Activité 4 ⏱ 20 min

→ **Exprimer une quantité**

Conceptualisation

En classe entière Avant de faire faire l'activité d'appariement, inviter les élèves à se reporter à la grille d'ingrédients complétée à l'activité 3 et demander de quels ingrédients est composée une ratatouille. Proposer le modèle de réponse qui fait apparaître les partitifs : *Dans une ratatouille, il y a des aubergines…* Faire un tour de table où chaque apprenant énonce un des ingrédients. Poursuivre ainsi toute la liste des ingrédients en mettant en évidence avec une couleur différente les articles partitifs (*cf.* grille ci-dessous avec les articles partitifs en bleu).

Seul **a.** Faire faire l'activité d'appariement proposée en s'aidant de l'encadré Vocabulaire page 75 *La quantité* 🎧 107.

En classe entière Pour la mise en commun, reprendre la grille et demander de la compléter avec les quantités précises (celles écrites dans la recette ; en orange ci-dessous).

Les légumes	Les herbes	Les condiments
des **aubergines** / 350 g d'aubergines	du **thym** / 1 brin de thym	de **l'ail** / 3 gousses d'ail
des **courgettes** / 350 g de courgettes	du **laurier** / 1 feuille de laurier	de **l'huile d'olive** / 6 cuillères à soupe d'huile d'olive
des **poivrons rouges et verts** / 350 g de poivrons		
des **oignons** / 350 g d'oignons		du **poivre** / un peu de poivre
des **tomates** / 500 g de tomates		du **sel** / un peu de sel

Demander à la classe ce qu'elle remarque lorsqu'on utilise une expression de quantité précise : « *Du, de l', de la* et *des* ont été remplacés par *de* ». Le professeur écrit la règle **au tableau**.

du

de la

de l'

des

→ 350 g **de**, un peu **de**, une feuille **de**…

b. Pour compléter la conceptualisation, faire réaliser l'activité et faire lire la partie *La quantité déterminée (2)* dans l'encadré Grammaire page 75. Faire observer que l'on peut préciser une quantité avec une expression de quantité globale (*un peu de, beaucoup de*…), avec la négation (*pas de*), ou avec une expression de quantité précise (*300 grammes de, un kilo de, une bouteille de, une cuillère de*…). Signaler aux apprenants qu'ils pourront reprendre ce point en dehors de la classe dans le Précis grammatical page 125.

💡 On peut proposer une phase orale par binômes. Reprendre la phase orale du début de l'activité en complétant cette fois avec les quantités déterminées : « Dans une ratatouille, il y a **des** tomates : 500 grammes **de** tomates… »

Pour pratiquer *pas de*…, on pourrait proposer aussi des micro-dialogues : « – Pour faire de la ratatouille, est-ce qu'il faut des carottes ? – Non pas de carottes. – Du sucre ? – Non pas de sucre… »

Corrigés

4 a. 2/c, 3/f, 4/g, 5/b, 6/a, 7/d

4 b. Dans la ratatouille, il y a **un peu de** sel, **beaucoup de** légumes. Il n'y a **pas de** carottes.

 S'entraîner activité 5 page 82

Activité 5 25   15 min

→ **Présenter une spécialité culinaire de son pays**
En classe entière Projeter la vidéo où Doris, l'étudiante nigériane, présente une spécialité culinaire de son pays. Faire repérer les trois parties de la présentation :
– Doris donne le nom du plat et son origine.
– Elle liste les ingrédients qui le composent en utilisant la structure *Il y a* + partitifs + noms des ingrédients.
– Elle dit quand elle prépare et mange ce plat.

Grammaire ⏱ 5 min

▶ **Le verbe *manger* au présent**
Conceptualisation
Attirer l'attention sur la forme verbale utilisée par Doris *nous mangeons* et demander aux apprenants d'observer la conjugaison du verbe *manger* dans l'encadré Grammaire page 75. Rassembler **au tableau** les remarques des élèves.

 MANGER
– Verbe en -er
– Terminaisons habituelles : -e, -es, -e, -ons, -ez, -ent
– Radical différent avec nous : mange-

Le professeur ajoutera que le verbe *manger* est classé parmi les verbes en *-ger* et que tous les verbes ayant cette terminaison ont la même particularité orthographique avec *nous* (*voyager* et *changer* par exemple).

Seul puis **En petit groupe** Laisser chaque apprenant réfléchir au plat qu'il veut présenter et à la liste des ingrédients. Prévoir des dictionnaires ou laisser les apprenants utiliser leur téléphone pour chercher le vocabulaire dont ils auraient besoin et des photos des produits. Faire un tour de table pour que chaque membre fasse sa présentation. La classe pose des questions sur le plat.

💡 Cette activité peut également permettre un échange interculturel sur les spécialités culinaires appréciées des apprenants : « Faites-vous souvent la cuisine ? Quel type de plat préférez-vous cuisiner ? Quelle est votre spécialité ? »

Corrigé

5 Productions libres.

Vocabulaire 🎧 106 ⏱ 15 min

● **Les étapes culinaires**
En classe entière Expliquer que le travail à venir va porter sur la partie « Préparation » du document 2, à savoir les étapes de la recette et que cela nécessite de connaître du lexique spécifique.

Demander de relire le document 2 et de souligner les verbes qui représentent les étapes de la recette. Pour la mise en commun, demander aux apprenants de citer les verbes que le professeur écrira **au tableau**.

 Éplucher

Couper

Hacher

Chauffer

Faire revenir

(Ne pas) saisir

Laisser cuire

Ajouter

Mélanger

Saler

Poivrer

💡 Pour l'accès au sens, demander aux apprenants de se lever et d'expliquer par le mime ou tout autre moyen à leur disposition un mot dont ils croient connaître la signification. Le mime semble tout à fait réalisable pour faire comprendre les verbes comme *éplucher, couper, ajouter, mélanger* ; pour les autres, on peut faire confiance à l'imagination. Laisser quelques instants pour vérifier le sens des mots avec un dictionnaire.

Activité 6 10 min

→ **Nommer les étapes d'une recette**

Compréhension finalisée

À deux a. Demander d'associer les dessins aux étapes de la recette de ratatouille. Mettre en commun et faire justifier les réponses en cas de désaccord sur l'interprétation de certains dessins (*cf.* corrigés).

Grammaire

▶ **L'infinitif (forme affirmative et négative) pour écrire une recette**

Conceptualisation

À deux b. Faire répondre à la question. Expliquer que l'infinitif est souvent utilisé pour donner des recettes et, plus largement, pour donner des directives, des consignes. Faire lire l'encadré Grammaire, *L'infinitif pour écrire une recette*, page 75. Faire observer la place de la négation : dans la leçon 10, les apprenants ont vu que les deux éléments de la négation encadrent le verbe. Avec l'infinitif, ils vont observer que les deux éléments de la négation sont placés devant le verbe.

Corrigés

6 a. 1 éplucher les courgettes ; 2 couper les tomates (présence du couteau) ; 3 faire revenir les oignons et les poivrons (on voit le feu vif sous la poêle) ; 4 laisser cuire doucement (pas de feu vif et le contenu de la cocotte est calme ; ça mijote) ; 5 ajouter les tomates, l'ail, le thym et le laurier, les courgettes et les aubergines (la présence de la main qui met quelque chose dans la cocotte) ; 6 mélanger (présence de la cuillère dans la cocotte)

6 b. Les verbes de la recette sont **à l'infinitif**.

> S'entraîner > activités 3 et 4 page 82

Culture(s) 10 min

▶ **Parler du temps passé à cuisiner et à table**

Production orale

À deux Demander aux apprenants de lire l'encadré de la page 75, puis de répondre à la question.

Phonétique 10 min

▶ **Le son** [j] 108 ▶ 26

Faire visionner le tutoriel vidéo de Jean-Thierry ▶ 26 ou faire écouter l'audio 108 de l'encadré pour faire travailler la façon de prononcer le son [j].

> S'entraîner > activité 6 page 82

Transcription 26

• Le son [j]

Aujourd'hui, nous étudions le son [j]. Pour prononcer le son [j], les lèvres sont souriantes, la pointe de la langue est en bas, contre les dents du bas, comme dans *aïe, yoga*, ou *yes* en anglais.

Le son [j] est facile ! *Yes !* Mais attention à son orthographe :
– *ouil* ou *ouille* se prononcent [uj] : *la ratatouille*. Allongez-bien le [u] !
– *ail* ou *aille* se prononcent [aj] : *de l'ail • je travaille*. Allongez bien le [a] : *de l'ail – je travaille*
– *ill* ou *ille* se prononcent [ij] : *la cuillère • la fille*. Allongez bien le [i] : *la cuillère – la fille*
– *euille* se prononce [œj] : *une feuille*. Allongez bien le [œ] : *euille – une feuille*
– *i* + une voyelle prononcée se prononcent [j] : *un ingrédient • du laurier • délicieux*
– *y* se prononce [j] : *un yaourt*
Ça y est ? Youpi ! Bye-bye !

Transcription 108

• Le son [j]
Pour prononcer le son [j], la bouche est souriante, la pointe de la langue en bas.
Exemples : *aïe • yoga*
– *ouil/ouille* se prononcent [uj] : *la ratatouille*
– *ail/aille* se prononcent [aj] : *de l'ail • je travaille*
– *ill/ille* se prononcent [ij] : *la cuillère • la fille*
– *euille* se prononce [œj] : *une feuille*
– *i* + une voyelle prononcée se prononcent [j] : *un ingrédient • du laurier • délicieux*
– *y* se prononce [j] : *un yaourt*

AGIR

Activité 7 20 min

→ **Écrire une recette de cuisine facile**

Préparation

En classe entière puis **En petit groupe** a., b., c., d., e., f. Présenter la tâche aux apprenants et expliquer qu'ils doivent faire un document similaire, dans sa structure, à celui du document 2. **Inciter les apprenants à choisir une recette facile** (une recette trop complexe demanderait un vocabulaire qu'ils n'ont pas encore). Ils peuvent reprendre les plats présentés par les membres de leur groupe à l'activité 5 et en choisir un.

– Pour la présentation du document, se reporter à la matrice de la fiche-recette faite à l'activité 2 et rappeler les parties : préparation, information sur le temps, sur le nombre de personnes, sur le niveau et le coût.

Production

En petit groupe Faire écrire la fiche-recette. Les différentes tâches peuvent être réparties. Circuler parmi les groupes pour veiller à la bonne réalisation de l'activité et aider à la rédaction.

g. Regrouper toutes les recettes dans un cahier que l'on laissera dans la classe à la disposition des apprenants (ou dans un fichier numérique que l'on enverra par e-mail à la classe).

7 Productions libres.

Activité 8 20 min

→ **Présenter une recette de cuisine**

Présentation

En petit groupe Demander à chaque groupe de venir devant la classe présenter sa recette. Inciter le reste de la classe à demander des précisions. Lors de chaque présentation, la classe liste les ingrédients présentés dans les différentes recettes de façon à établir à la fin la liste de tous les ingrédients utilisés par les apprenants.

Les apprenants peuvent, en dehors de la classe, poster leur recette sur le site marmiton.fr.

Corrigé

8 Productions libres.

Prolongement de la leçon

❯ **Entraînement linguistique**

■ Demander aux apprenants de relire la double page, de réécouter les documents travaillés.

■ Compléter la fiche-lexique sur le thème des aliments (ajouter les ingrédients, les ustensiles de cuisine et les étapes culinaires) qui a été créée à la leçon 17.

❯ **Évaluation formative**

■ Les activités du **Cahier d'activités** correspondant à la leçon sont aux pages 66-69.

■ Les activités du **Parcours digital®**.

Classe inversée

Avant la leçon 21

Demander aux apprenants de :

– lire et d'écouter l'encadré Vocabulaire *Les mots du restaurant* page 77, 🎧 110 ;

– visionner le tutoriel de Jean-Thierry ▶ 28, ou de l'écouter 🎧 111 et de lire l'encadré phonétique sur les sons [e] et [ɛ̃] page 77 ;

– regarder le document 1 de la page 76 ;

– préparer les activités 1 et 2 a page 76.

COMMANDER AU RESTAURANT ⏱ 2 h 35		
Savoir-faire et savoir agir : décrire ce qu'on mange habituellement · raconter des événements passés		

COMPRENDRE

DOC. 1	DOC. 1 et DOC. 2	
5'	20'	10'
Act. 1 📖	Act. 2 📖	Act. 3 ▶ 027 💬
· repérer des informations sur la page d'un site Internet	· comprendre la carte d'un restaurant	· parler de ses habitudes alimentaires

COMPRENDRE — DOC. 3 🎧 109

5'	10'	10'	10'	5'	20'		10'
Act. 4 🎧 109	Act. 5 🎧 109	Vocabulaire 🎧 110	Act. 6 🎧 109	Grammaire	Act. 7	Grammaire	Phonétique 🎧 111 ▶ 28
· identifier une situation de communication	· comprendre une commande au restaurant	· les mots du restaurant	· comprendre les expressions utilisées au restaurant	· le pronom personnel sujet *on*	· le passé composé (1) avec *avoir*	· les participes passés -*é* et -*i* · le passé composé (1)	· les sons [E] et [ɛ]

AGIR

30'	Act. 8 💬	· réserver dans un restaurant français
20'	Act. 9 ✏	· composer une ardoise de restaurant

COMPRENDRE

 DOC. 1 📖

Activité 1 ⏱ 5 min

→ **Repérer des informations sur la page d'un site Internet**

Compréhension globale et finalisée

Seul puis **En classe entière** Faire observer le document 1 et le faire identifier (*Il s'agit de la page d'accueil d'un site Internet*).

– Faire faire l'activité et mettre en commun.

– Le professeur peut compléter le repérage par la question : « Est-ce que ce café est en France ? » (*Non, il se trouve en Suisse, à Fribourg.*) Faire observer l'extension du site « .ch » (Confédération helvétique) ; Fribourg est en Suisse romande (partie ouest et francophone de la Suisse). Rappeler que la langue française est l'une des quatre langues en usage officiel de ce pays avec l'allemand, l'italien et le romanche.

Corrigés

1 a. www.cafeanciennegare.ch. b. adresse : esplanade de l'ancienne gare, ville : Fribourg, numéro de téléphone :

026 322 57 72, e-mail : event@cafeanciennegare.ch. c. Au Café de l'ancienne gare, on peut prendre une boisson, manger, écouter un concert et voir des expositions. d. Le café est situé dans une ancienne gare.

 DOC. 1 et DOC. 2

Activité 2 ⏱ 20 min

→ **Comprendre la carte d'un restaurant**

Compréhension globale

Seul puis **En classe entière** a. Faire observer le document 2 et le faire identifier en entourant la proposition qui convient. Demander aux apprenants de justifier leurs réponses en citant les mots qui les ont conduits à répondre à la question (*midi*, *soir*, *plats*, *salade*, *dessert*...). Les apprenants n'auront certainement pas compris le mot « ardoise ». Leur expliquer que de nombreux restaurants écrivent leur carte sur une ardoise qu'ils peuvent facilement actualiser chaque jour ou chaque semaine (celle du document 2 est valable pour la semaine du 20 au 24 mai).

Compréhension finalisée

À deux **b.** Demander aux apprenants si les affirmations sont vraies ou fausses et de justifier les réponses (*cf.* corrigés). Préciser que les réponses se trouvent sur les documents 1 et 2. Mettre en commun.

c. et **d.** Avant de faire faire l'activité, faire repérer sur la carte (Doc. 2) les indications « végétarien » et « vegan » et demander aux apprenants s'ils connaissent le sens de ces mots. Si les apprenants veulent réagir à ces habitudes alimentaires, les laisser échanger brièvement.

– Les binômes font les repérages demandés ; les autoriser à utiliser un dictionnaire pour comprendre les noms des aliments qu'ils ne connaissent pas. Mettre en commun en demandant de justifier (*cf.* corrigés).

2 a. C'est la carte du restaurant.

2 b. 1. Vrai (Doc. 2 : elle s'appelle MIDI SMART), **2.** Faux (Doc. 2 : il y a quatre plats notés P1, P2, P3 et P4) ; **3.** Vrai (Doc. 2 LE DESSERT, D2), **4.** Faux (Doc. 2 : il y a une seule entrée : l'entrée du jour), **5.** Faux (Doc. 2 : on paie en francs suisses – CHF), **6.** Faux (Doc. 1 : pour le déjeuner, la cuisine ferme à 14 h 00), **7.** Vrai (Doc. 1 : pour le dîner, la cuisine est ouverte jusqu'à 22 h 00).

2 c. P1 (il y a seulement des légumes et du fromage) et P2 (il y a seulement des légumes).

2 d. 1. P3 (la poularde), **2.** P4 (le cabillaud), **3.** P2 (aucun produit d'origine animale).

Culture(s) +

■ Les personnes **végétariennes** ne mangent pas de viande (viande rouge et viande blanche), de poissons et de fruits de mer mais elles peuvent consommer du miel, des œufs, des produits laitiers.

■ Les personnes **végétaliennes** éliminent de leur alimentation tout produit d'origine animale. Leur nourriture provient uniquement du monde végétal (graines, légumes, fruits, algues...).

■ Le **veganisme** est une façon de vivre et un mode de consommation qui cherche à exclure l'exploitation, la souffrance et la cruauté envers les animaux. Un vegan exclut tout produit d'origine animale dans son alimentation, mais aussi dans les autres aspects de sa vie : il ne porte pas de laine, pas de cuir ; il n'utilise pas de produits cosmétiques testés sur les animaux, etc. Le mot « vegan » est un terme anglais qui a été inventé en 1944, à partir du mot « vegetarian » (VEG-etari-AN).

Activité 3  27 10 min

→ **Parler de ses habitudes alimentaires**

En petit groupe Projeter la vidéo où Adam, l'étudiant polonais, présente ses habitudes alimentaires. Demander aux apprenants de répondre à la question d'Adam. Les inciter à utiliser

le vocabulaire vu dans l'activité 2 et à la leçon 17 noté sur la fiche-lexique, ainsi que les indications de temps étudiées dans les leçons 14 et 16 pour citer les moments des repas.

3 Productions libres.

 DOC. 3 109

Activité 4 109 5 min

→ **Identifier une situation de communication**

Sensibilisation

En classe entière Dire aux apprenants qu'ils vont écouter un dialogue en relation avec les documents 1 et 2 et faire formuler des hypothèses sur le contenu de cette situation. Réponse logique attendue : *Des personnes sont au restaurant.*

Compréhension globale

Faire écouter le document et faire vérifier les hypothèses, puis poser les trois questions en demandant de justifier les réponses (*cf.* corrigés).

Le serveur : Bonjour, c'est pour déjeuner ? Vous avez réservé ?
Le client : Bonjour ! Oui, j'ai réservé au nom de Luxton.
Le serveur : Oui, une table pour deux personnes. Par ici, voici votre table. Vous désirez un apéritif ?
Le client : Non merci. On pourrait avoir la carte, s'il vous plaît ?
Le serveur : Bien sûr. Voilà l'ardoise. Je reviens dans 2 minutes.
...
Le serveur : Vous avez choisi ?
Le client : Euh... Le Midi Smart à 27 francs 50, c'est bien le plat du jour plus le dessert ?
Le serveur : Non ! C'est la formule complète : entrée, plat, dessert ! Aujourd'hui, l'entrée du jour, c'est guacamole et chips de maïs.
Le client : Alors, qu'est-ce que tu prends ?
Le serveur : Je vous conseille la formule !
Le client : D'accord ! La formule à 27 francs 50 ! Avec le plat 4 : le cabillaud.
La cliente : Moi, je voudrais juste une salade caprese.
Le serveur : Et comme boisson ?
La cliente : Quelles boissons vous avez ?
Le serveur : De l'eau, des jus de fruits, du vin...
La cliente : De l'eau ! Une carafe d'eau.
Le client : Et du vin blanc ? Ça te dit ?
Le serveur : Une bouteille de vin ?
La cliente : Non, un pichet de 25 cL.
...
Le serveur : Vous avez fini ?
La cliente : Oui ! Nous avons fini. L'addition, s'il vous plaît !
Le serveur : Bien sûr ! J'arrive tout de suite !

4 a. Elles sont au restaurant de l'Ancienne gare (le serveur donne l'ardoise, le client parle du « Midi Smart » à 27,50 francs et du plat 4). b. Il y a deux clients, un homme et une femme. c. Oui (Oui, j'ai réservé au nom de Luxton).

Activité 5 109 10 min

→ **Comprendre une commande au restaurant**

Compréhension finalisée

En classe entière Faire réécouter le dialogue. Demander aux apprenants de souligner sur l'ardoise – ou de noter sur une feuille – les plats choisis par les clients. Préciser qu'il faut noter ce qu'ils mangent et ce qu'ils boivent. Lors de la mise en commun, le professeur peut faire remarquer l'utilisation des partitifs et des expressions de quantité : *de l'eau / une carafe d'eau – du vin / un pichet de vin*.

5 Éléments à souligner sur l'ardoise : Midi Smart, P4 (choix du client) et salade caprese, P1 (choix de la cliente).

 Si le besoin ou le désir est exprimé par les apprenants, leur laisser un peu de temps pour décoder les plats du menu à l'aide de leur dictionnaire.

Vocabulaire 110 10 min

▶ **Les mots du restaurant**

En classe entière Avant de réécouter le dialogue pour une compréhension plus fine, demander aux apprenants de se reporter à l'encadré Vocabulaire page 77 la partie *Les mots du restaurant* 110 et expliquer les mots en s'aidant, si possible, d'images pour les illustrer :
– la différence entre un menu (les plats classés par catégories) et la carte (une liste de plats).
– la formule (= un menu). La formule est surtout proposée le midi.
– un repas est composé d'une entrée, d'un plat (principal) et d'un dessert.
– l'addition (= le prix du repas) ; expliquer que ce mot s'utilise uniquement dans les restaurants et non dans les magasins.
– En France, le/la client(e) a le choix : il/elle peut demander une bouteille d'eau ; il s'agit alors d'eau minérale (plate ou gazeuse) et la bouteille est payante. Ou bien, il/elle peut demander une carafe d'eau ; il s'agit d'eau du robinet (la carafe est le contenant) qui est gratuite.
– Le/La client(e) peut demander une bouteille de vin choisi sur la carte. Il peut aussi demander un pichet de vin ; le pichet est un contenant généralement de 25 cL ou de 50 cL dans lequel le serveur verse le vin d'une bouteille. Les deux sont payants.
– L'apéritif est une boisson traditionnellement prise avant le repas.

▶ S'entraîner ▶ activité 7 page 82

Activité 6 109 10 min

→ **Comprendre les expressions utilisées au restaurant**

Cette activité va permettre de lister les expressions utilisées par un(e) client(e) et un serveur/une serveuse dans un restaurant.

À deux Pour faciliter le classement des phrases entendues, proposer aux apprenants de faire une grille sur deux colonnes et d'écrire les phrases entendues **au tableau**. Faire réaliser l'activité avec ou sans l'enregistrement et mettre en commun.

Le serveur	Le client ou la cliente
a. Vous avez choisi ?	c. On pourrait avoir la carte, s'il vous plaît ?
b. Vous avez réservé ?	d. Quelles boissons vous avez ?
e. Vous avez fini ?	f. L'addition, s'il vous plaît !
g. Je reviens dans deux minutes.	h. Je voudrais juste une salade caprese.

6 Le serveur : a, b, e, g – Le client ou la cliente : c, d, f, h

▶ S'entraîner ▶ activité 11 page 83

Grammaire 5 min

▶ **Le pronom personnel sujet *on***

Conceptualisation

Attirer l'attention des apprenants sur la phrase c notée dans le tableau ci-dessus : « **On** pourrait avoir la carte ? ». Demander ce que représente le pronom sujet *on*. À ce stade de l'apprentissage, il est probable que les apprenants l'auront déjà entendu et sauront expliquer que *on* est utilisé pour *nous*.

Pour confirmer l'information, demander de se reporter à l'encadré Grammaire de la page 77, la partie *Le pronom personnel sujet* on.

▶ S'entraîner ▶ activité 9 page 83

Activité 7 15 min

Grammaire

▶ **Le passé composé (1) avec *avoir***

Conceptualisation

Le passé composé sera étudié sur deux leçons : le professeur se limitera donc ici à présenter le passé composé avec *avoir* et les participes passés terminés par *-é* et *-i*.

À deux, puis **En classe entière** a. et b. Faire réaliser les activités. Procéder à la mise en commun.

Demander aux apprenants de se reporter de nouveau à la grille de l'activité 6, de repérer les phrases avec un verbe et d'entourer d'une couleur les verbes au présent (en vert ici). Demander aux apprenants à quel temps sont les autres verbes (passé ? futur proche ?). Mettre en commun, puis demander d'entourer d'une autre couleur les verbes au passé composé (en orange ici).

– Expliquer rapidement que *je voudrais* et *on pourrait* sont des formes de politesse utilisées dans une situation formelle.

Le serveur	Le client ou la cliente
a. **Vous** avez choisi ?	c. **On pourrait avoir la carte, s'il vous plaît** ?
b. **Vous** avez réservé ?	d. **Quelles boissons vous** avez ?
e. **Vous** avez fini ?	
g. **Je** reviens **dans deux minutes.**	f. **L'addition, s'il vous plaît !**
	h. **Je voudrais juste une salade caprese.**

– Faire réécouter le dialogue et demander aux apprenants de relever les autres verbes conjugués de la même manière. Les noter **au tableau** en les entourant avec le même code couleur.

Le serveur	Le client ou la cliente
a. **Vous** avez choisi ?	c. **On pourrait avoir la carte, s'il vous plaît** ?
b. **Vous** avez réservé ?	d. **Quelles boissons vous** avez ?
e. **Vous** avez fini ?	
g. **Je** reviens **dans deux minutes.**	f. **L'addition, s'il vous plaît !**
C'est **pour déjeuner ?**	h. **Je voudrais juste une salade caprese.**
Vous désirez **un apéritif ?**	**J'**ai réservé **au nom de …**
C'est **la formule complète**	**C'**est **bien le plat du jour plus le dessert ?**
Aujourd'hui, l'entrée du jour, c'est…	
Je vous conseille **la formule.**	**Qu'est-ce que tu** prends **?**
J'arrive tout de suite !	**Nous** avons fini

c. Ne conserver au tableau que les phrases au passé composé : donner le nom de ce temps et faire un remue-méninges pour amener les apprenants à formuler la formation du passé composé. Noter **au tableau** les remarques.

Le passé composé

Vous avez choisi ?	
Vous avez réservé ?	**2 verbes :** avoir **au présent**
Vous avez fini ?	+ choisi, réservé, fini
Nous avons fini	
J'ai réservé	

– Pour terminer la présentation du passé composé, faire lire dans l'encadré Grammaire la partie *Le passé composé (1) pour raconter des événements passés* et répondre aux questions éventuelles.

 Faire conjuguer oralement quelques verbes connus en *-er* et *-ir* (*manger, acheter, essayer, dormir, choisir*) pour s'assurer de la bonne compréhension des apprenants en prenant garde de ne choisir que des verbes conjugués avec *avoir*.

Corrigés

7 a. 1/b, 2/b, 3/a.

7 b. 1. J'ai réservé, 2. Vous **avez** fini ?

7 c. Pour former une phrase au **passé composé**, on utilise le verbe **avoir** au présent + le participe passé du verbe.

❯ S'entraîner ❯ activité 8 page 82

Phonétique

▶ **Les sons [E] et [ɛ̃]**

Faire visionner le tutoriel vidéo de Jean-Thierry ▶ 28 ou faire écouter l'audio 🎧 111 de l'encadré pour faire travailler la façon de prononcer les sons **[e]** et **[ɛ̃]**.

Transcription ▶ 28

• **Les sons [E] et [ɛ̃]**
Aujourd'hui, les sons [E] et [ɛ̃].
– Le son [E] est oral, l'air passe par la bouche : *une entrée* • *un dessert*.
– Le son [ɛ̃] est nasal, l'air passe par le nez et par la bouche. On ne prononce pas le *n* : *vingt (20)* • *le vin* • *un (1)* • *bien* • *je reviens.*
Écoutez et répétez ! Attention ! Oral ! Nasal ! Gardez bien les lèvres souriantes !
[E] • [ɛ̃] • [E] • [ɛ̃] • [E] • [ɛ̃] • [E] • [ɛ̃]
C'est bien ! À demain, hein !

Transcription 🎧 111

• **Les sons [E] et [ɛ̃]**
– Le son [E] est oral, l'air passe par la bouche.
Exemples : *une entrée* • *un dessert*
– Le son [ɛ̃] est nasal. L'air passe par le nez (et par la bouche). On ne prononce pas le *n*.
Exemples : *le vin* • *vingt (20)* • *un (1)* • *bien* • *je reviens*
é • in • é • in • é • in • é • in

❯ S'entraîner ❯ activité 10 page 83

AGIR

Activité 8 ⏱ 30 min

→ **Réserver dans un restaurant français**

Préparation

Cette tâche a pour finalité de mettre les apprenants dans une situation réelle de réservation ; il ne s'agit pas d'une simulation.

En classe entière Présenter la tâche aux apprenants et en expliquer les différentes étapes. Ils vont devoir choisir un restaurant français où ils aimeraient aller déjeuner ou dîner tous ensemble. La préparation se fera en groupe et l'un d'entre eux téléphonera réellement au restaurant pour réserver.

a. Dans un premier temps, la classe choisit la date, l'heure et surtout le budget.

En petit groupe **b.** et **c.** Une fois les choix faits, **les petits groupes vont choisir un restaurant qui correspond le mieux aux critères et le proposer à la classe qui choisira par un vote celui qu'elle préfère.** Il est recommandé de sélectionner plusieurs restaurants par ordre de priorité au cas où il ne serait pas possible de réserver dans le premier.

N.B. : Selon le matériel disponible en classe, cette activité pourra se dérouler de deux façons : si la classe est équipée d'ordinateurs, les apprenants pourront faire leur recherche de restaurants sur Internet ; si la classe ne dispose pas d'un équipement informatique, le professeur aura fait lui-même la recherche au préalable et aura imprimé plusieurs listes de restaurants avec les informations nécessaires à la réalisation de l'activité (adresse, horaires d'ouverture et prix).

– Un(e) apprenant(e) se portera volontaire pour faire la réservation par téléphone.

La situation de réservation n'ayant pas été vue, le professeur fera un remue-méninges pour faire un schéma attendu de la situation **au tableau** et anticiper un maximum les échanges.

– (nom du restaurant), bonjour.

   – Bonjour madame/monsieur, je voudrais réserver une table, s'il vous plaît.

   – Pour quand ?   → le … à …
Pour combien de personnes ?   → …

   – Bien sûr, pas de problème.   C'est impossible pour cette date, désolé(e).

   – Quel nom ?   – Au revoir et merci.

   – Parfait, à bientôt.

   – Au revoir.

– Rappeler également à l'apprenant(e)/client(e) qu'il/elle doit prévoir de demander de l'aide s'il/si elle ne comprend pas une question. Ces expressions ont été vues à la leçon 2 mais il peut être utile de les noter à nouveau.

Excusez-moi, je ne comprends pas, vous pouvez répéter ?

Production

En groupe L'apprenant(e) téléphone et les autres notent les expressions qui leur semblent intéressantes. Si la réservation ne peut pas se faire dans le premier restaurant choisi, un autre apprenant téléphone dans un autre restaurant.

– Mettre en commun toutes les notes prises et faire un compte-rendu de l'expérience.

– Le professeur pourra ensuite appeler le restaurant pour annuler la réservation.

8 Productions libres.

Activité 9   20 min

→ **Composer une ardoise de restaurant**

Préparation

En classe entière Commencer l'activité par une séance de remue-méninges en demandant aux apprenants quels différents types de restaurants on peut trouver (restaurants de cuisine italienne, chinoise… restaurants végétariens, restaurants de cuisine traditionnelle…). Écrire les propositions au tableau.

– Présenter la tâche aux apprenants et en expliquer les différentes étapes : chaque groupe va choisir un type de restaurant et proposer une ardoise (sur une feuille de canson noire ou de couleur) comportant deux entrées, trois plats et un dessert. De la même manière que pour l'ardoise de la page 76, les apprenants devront donner un nom à chaque plat et indiquer les ingrédients principaux et le prix. Ils devront également proposer une formule.

Production

En petit groupe **a.**, **b.**, **c.** Faire effectuer l'activité en laissant l'imagination des groupes s'exprimer visuellement dans la manière de présenter les plats sur la carte. Circuler parmi les groupes pour veiller à sa bonne réalisation et apporter l'aide linguistique.

Présentation

d. Demander aux groupes d'échanger leurs ardoises. Après avoir pris connaissance de toutes les ardoises de la classe, chaque groupe choisira celle qu'il préfère et annoncera son choix à la classe en le justifiant.

9 Productions libres.

Prolongement de la leçon

› **Entraînement linguistique**

■ Demander aux apprenants de relire la double page, de réécouter les documents travaillés.

■ Faire créer une fiche-lexique sur le thème du restaurant.

› **Évaluation formative**

■ Les activités du **Cahier d'activités** correspondant à la leçon sont aux pages 70-73.

■ Les activités du **Parcours digital®**.

Avant la leçon 22

Demander aux apprenants de :

– lire et d'écouter les encadrés Vocabulaire page 79 : *Le mariage* 🎧 113, *Le temps* 🎧 114 et *Le cinéma* 🎧 115 ;

– lire le document 1 de la page 78 ;

– préparer les activités 1 et 2 a de la page 78.

LEÇON **22** **Raconter un événement** pages 78-79

RACONTER UN ÉVÉNEMENT ⏱ 2 h 20

Savoir-faire et savoir agir : indiquer la chronologie dans le passé

	DOC. 1					
COMPRENDRE	15'		15'		15'	
	Act. 1 📖	Vocabulaire 🎧 113	Act. 2 📖	Grammaire	Act. 3 📖	Vocabulaire 🎧 115
	· faire des hypothèses sur le contenu d'un article	· le mariage	· comprendre le sujet et le lieu d'un événement	· *il y a*	· comprendre les événements d'un récit	· le cinéma

	DOC. 2 🎧 112					
COMPRENDRE	10'	30'				15'	5'
	Act. 4 🎧 112	Act. 5 a, b, c 📖	Vocabulaire 🎧 114	Act. 5 d Grammaire	Grammaire	Act. 6 💬	Culture(s)
	· comprendre un message vocal	· *il y a* pour indiquer un moment précis *d'abord* (2), *puis*, *ensuite* pour exprimer la chronologie	· le temps	· les accords des participes passés	· le passé composé (2) avec *avoir* et *être* · le passé composé à la forme négative	· raconter une cérémonie	· échanger sur le mariage et les autres formes d'unions

AGIR	20'	Act. 7 💬	· raconter une surprise
	20'	Act. 8 ✏	· écrire un court article pour raconter un événement

Activité 1

→ **Faire des hypothèses sur le contenu d'un article**

Sensibilisation

Seul puis **En classe entière** Faire observer le document sans le lire et le faire identifier (*Il s'agit d'un article publié sur la page Internet d'un journal*). C'est la première fois que les apprenants ont à identifier un article de presse. Expliquer le mot : un article est un texte d'information ou d'opinion écrit dans un journal papier ou numérique.

a. Faire décrire la photo (*cf.* corrigé).

b. Faire identifier le nom du journal, la date de l'article et le titre. Expliquer que cette identification est un préalable nécessaire avant tout travail de lecture et de compréhension d'un article de presse.

c. Faire formuler des hypothèses sur le sujet de l'article.

d. Puis demander aux apprenants d'associer la photo à l'expression « demande en mariage » en justifiant leur réponse. On peut, pour cela, demander de décrire la photo 1 en s'aidant de l'encadré page 79 *Le mariage* 🎧 113 : un jeune homme est à genoux et il offre une bague à une jeune femme pour la demande en mariage ; on voit derrière la tour Eiffel (un lieu romantique) ; elle est émue. Dans la foulée, faire décrire aussi la photo 2 : un couple de mariés sort de la cérémonie de mariage : elle porte une robe de mariée et tient le bouquet de la mariée.

 Pour travailler sur l'interculturel, on peut demander aux apprenants de s'exprimer sur cette image de la demande en mariage : « Fait-on comme ça dans votre pays ? Est-ce une pratique ancienne ou toujours d'actualité chez les jeunes ?... »

Corrigés

1 a. La photo représente un cinéma, le *Cinéma du Palais*. On voit 6 affiches de films. **b.** Nom du journal : *Le Parisien* – Date de l'article : 28 avril 2019 – Titre de l'article : Créteil : il monte un scénario pour sa demande en mariage. (Créteil est une ville de la région parisienne.) **c.** Exemples de réponses : Il prépare sa demande en mariage comme dans un film. Il joue comme un acteur, sa demande en mariage est originale, ... ». **d.** Photo 1

> **S'entraîner** **activité 15 page 83**

Culture(s) +

■ Fondé en 1944, **Le Parisien** est le premier journal quotidien régional diffusé à Paris, en Île-de-France et dans l'Oise. Sa ligne éditoriale est généraliste mais le journal s'intéresse particulièrement aux faits divers et à l'actualité locale.
Il a également une édition nationale diffusée sur le reste du territoire français sous le titre *Aujourd'hui en France*.

Les activités 2, 3 et 4 sont des activités dont la finalité est d'accéder au sens tout en faisant lire et écouter des formes de passé composé dont la conceptualisation se fera à l'activité 5. Au fur et à mesure des activités, les formes de passé composé peuvent être écrites au tableau.

Activité 2

→ **Comprendre le sujet et le lieu d'un événement**

Compréhension globale

À deux a., b. Faire lire le petit texte de légende sous la photo ainsi que l'article et faire répondre aux deux questions. Mettre en commun.

En classe entière Le professeur peut attirer l'attention sur la structure *Il y a cinq mois* et l'écrire au tableau. Les apprenants connaissent déjà l'expression *il y a* en tant que présentatif (leçon 12) ; leur expliquer qu'elle est également utilisée avec une indication de temps pour situer un événement dans le passé et est donc accompagnée d'un verbe au passé composé. Faire un remue-méninges pour noter d'autres indications de temps possibles qui seront travaillées plus loin (activité 5).

Corrigés

2 a. L'événement est la demande en mariage d'Antoine dans une salle de cinéma.

2 b. Il y a 5 mois.

Activité 3

→ **Comprendre les événements d'un récit**

Compréhension finalisée

À deux Faire relire le texte et faire réaliser l'activité. Le verbe *applaudir* n'est pas connu mais les apprenants l'associeront intuitivement à la photo c par élimination. Mettre en commun en justifiant les réponses.

N.B. : Lors de la lecture de l'article, quelques mots liés au cinéma poseront peut-être un problème de compréhension notamment *bande-annonce* (= petit film pour présenter un film). Inviter les apprenants à se reporter à l'encadré Vocabulaire page 79 *Le cinéma* 🎧 115 et à s'aider d'un dictionnaire en cas de besoin.

Corrigés

3 2-d (on voit la bague) – 3-c (on voit les gens applaudir) – 4-a (la main devant la bouche montre l'émotion)

Activité 4 112 ⏱10 min

→ **Comprendre un message vocal**

Sensibilisation

Le document 2 va permettre d'introduire à l'oral le passé composé à la forme négative.

En classe entière Dire aux apprenants qu'ils vont écouter un document audio en relation avec le document 1. Faire faire des hypothèses sur sa forme et son contenu comme par exemple : « Julie appelle une amie pour raconter la demande en mariage. »

Compréhension globale

En classe entière **a.**, **b.**, **c.** Faire écouter le document et le faire identifier : *Il s'agit d'un message téléphonique.* Demander qui téléphone à qui (*Antoine téléphone à Éric*). Que raconte-t-il ? (*Il raconte sa demande en mariage.*)

– Faire réécouter le document et faire répondre aux questions de l'activité. Mettre en commun et noter **au tableau** les phrases au passé qui permettent de justifier les réponses a et b.

 J'ai fait ma demande en mariage.

Nous n'avons pas regardé le film au programme.

Transcription ▶ 112

> Salut Éric, c'est Antoine. Ça va à New York ? Hier, j'ai emmené Julie au Cinéma du Palais. Nous n'avons pas regardé le film au programme. J'ai fait ma demande en mariage ! Julie adore la bague. Ouf !! Nous nous marions en septembre. Rappelle-moi !

Corrigés

4 a. Antoine a demandé Julie en mariage. **4 b.** Ils n'ont pas regardé le film au programme. **4 c.** La nouvelle information concerne la date du mariage : il va avoir lieu en septembre.

Activité 5 30 min

Grammaire

▶ *Il y a* pour indiquer un moment précis dans le passé
▶ *D'abord* (2), *puis*, *ensuite* pour exprimer la chronologie

Conceptualisation

À deux **a.** Demander aux apprenants de reprendre le document 1 et faire observer l'exemple : ils doivent repérer les phrases au passé composé ainsi que les indications de temps. Proposer de noter les phrases dans une grille à deux colonnes pour séparer les verbes conjugués avec

avoir des verbes conjugués avec *être* : ce relevé servira également pour l'activité 5 d. Faire entourer les indicateurs de temps et faire souligner les verbes au passé composé. Mettre en commun.

💡 On peut aussi faire repérer les indications de temps du message d'Antoine.

Avec avoir	Avec être
Il y a cinq mois , Antoine a demandé Julie en mariage.	À 18 heures , les amis du couple sont arrivés.
D'abord le cinéma a montré deux bandes annonces.	À 18 heures 10 , Julie est arrivée.
Puis il a lancé une bande-annonce.	Ensuite , Antoine est entré.
Julie a retrouvé ses amis.	
Il a donné à Julie une jolie bague.	
Julie a pleuré.	
Les amis ont applaudi.	
Antoine a déclaré…	
Le cinéma n'a pas montré le Sens de la fête.	
Hier , j'ai emmené Julie au cinéma.	
Nous n'avons pas regardé le film.	
J'ai fait ma demande en mariage.	

En classe entière **b.** Demander aux apprenants de repérer les mots qui situent un événement à un moment précis du passé. Ils savent déjà qu'on peut indiquer un moment précis avec l'heure : *à 18 heures*. Ils identifieront un mot, *hier*, et la forme *il y a*. Afin de faire repérer les deux indications, leur demander quand Antoine a fait sa demande en mariage.

– Pour expliquer *hier*, le professeur peut recourir à un autre exemple en prenant la date du jour de la leçon, et dire par exemple : « Nous sommes mardi 23 avril. Je suis allé au restaurant lundi 22 avril » et reformuler : « Je suis allé au restaurant hier. » Demander ensuite aux apprenants de se reporter à l'encadré Vocabulaire *Le temps* 🎧 114 page 79.

– Pour *il y a*, expliquer que cette forme indique la durée entre une action effectuée à un moment précis du passé et le moment où l'on parle. Dessiner au **tableau** une frise chronologique accompagnée de l'exemple : *Paul est allé au restaurant il y a trois jours*. Faire comprendre aux apprenants que, dans l'exemple donné, nous sommes le mardi 22 avril, que Paul est allé au restaurant samedi 19 avril, et que « il y a trois jours » signifie que trois jours se sont écoulés entre le moment où Paul est allé au restaurant et le moment où l'on parle.

```
                        3 jours
        _____
    samedi      dimanche      lundi      mardi
    19 avril     20 avril     21 avril   22 avril
    |            |            |          |
    _____>

    Moment                            Moment
    où Paul est                       où l'on
    allé au                           parle.
    restaurant.

                Paul est allé au restaurant
                    il y a trois jours.
```

c. Faire répondre à la question. Demander aux apprenants de repérer les autres indications de temps. Pour marquer la chronologie, les apprenants connaissent déjà trois mots *d'abord*, *et*, *après* (leçon 16). Expliquer que *puis* et *ensuite* sont synonymes de *après* (et peuvent être utilisés dans un ordre indifférent).

Grammaire

Le passé composé (2) avec *avoir* et *être*

Conceptualisation

En classe entière d. Inviter les apprenants à lire les six phrases (données également dans le corpus de phrases relevées au début de l'activité). Leur demander dans un premier temps d'observer les participes passés. Les amener ainsi à remarquer que, dans la première colonne, les participes passés ne changent pas alors que, dans la deuxième colonne, ils sont respectivement au masculin pluriel, au féminin singulier et au masculin singulier. Leur faire trouver la relation avec le sujet des verbes pour les amener à déduire que, dans la deuxième colonne, l'accord se fait avec le sujet. Le professeur peut alors écrire deux phrases lacunaires **au tableau** et demander à **un apprenant de les compléter** pour formuler la règle.

 Quand le passé composé est conjugué avec ... , le participe passé s'accorde avec le sujet.

Avec le verbe ... , le participe passé ne s'accorde pas avec le sujet.

À deux Inévitablement, les apprenants vont se demander quels verbes sont conjugués avec *avoir* et quels verbes sont conjugués avec *être*. Expliquer que la grande majorité des verbes sont conjugués avec *avoir* et que seuls quelques verbes sont conjugués avec *être*. Pour en connaître la liste, leur demander de se reporter à l'encadré Grammaire de la page 79 *Le passé composé (2) pour raconter des événements passés*. Faire observer cette liste et demander **aux apprenants d'expliquer le sens des verbes**. Mettre en commun. Pour les aider à mémoriser ces verbes, plusieurs moyens mnémotechniques existent. On peut par exemple écrire une liste en les opposant (quand c'est possible) deux par deux : aller/venir - arriver/partir – entrer/sortir – monter/descendre – naître/mourir (décéder) – passer/rester – tomber – retourner...

Le passé composé à la forme négative

Conceptualisation

Revenir au corpus de phrases des documents 1 et 2 et faire retrouver les deux phrases négatives. Puis demander aux apprenants de retrouver la phrase au passé composé à la forme négative notée au tableau pour répondre à la question 4 b.

Faire observer la place de la négation au passé composé. Puis demander à un élève de venir entourer les éléments de la négation et de souligner l'auxiliaire conjugué et le participe passé. **Demander ensuite aux apprenants d'expliquer la place de *ne/n'... pas* par rapport à l'auxiliaire et au participe passé.**

 Le cinéma n'a pas montré Le Sens de la fête.

Nous n'avons pas regardé le film au programme.

Demander ensuite aux apprenants de se reporter à l'encadré grammaire de la page 79 *Le passé composé à la forme négative* pour vérifier la formation.

Corrigés

5 a. Antoine a demandé Julie en mariage samedi dernier. À 18 heures , les amis et la famille sont arrivés. À 18 h 10 , Julie est arrivée. D'abord , le cinéma a montré deux bandes-annonces de films. Puis , il a lancé une bande-annonce spéciale. Julie a retrouvé ses amis. Ensuite , Antoine est entré dans la salle. Il a donné à Julie une jolie bague. Julie a pleuré. Les amis ont applaudi. Antoine a déclaré... Le cinéma n'a pas montré *Le Sens de la fête*.

5 b. Le moment précis est indiqué avec *hier*, *à* (*à 18 h 00*, *à 18 h 10*) ; avec *dernier* (*samedi dernier*) et avec *il y a* (*il y a cinq mois*).

5 c. 1. d'abord, 2. puis, 3. ensuite.

5 d. Quand le verbe au passé composé est conjugué avec *être*, le participe passé s'accorde avec le sujet. Avec le verbe *avoir*, il ne s'accorde pas avec le sujet.

> S'entraîner > activités 12, 13 et 14 page 83

Activité 6 15 min

→ Raconter une cérémonie

À deux Faire lire la consigne et s'assurer de sa bonne compréhension. Inciter les élèves à limiter leur récit à quelques actions, ou à quelques événements, et à utiliser les marqueurs chronologiques. Proposer un modèle : « Il y a deux mois, je suis allé au mariage d'une amie. Les invités sont arrivés l'après-midi devant la mairie. Puis les mariés sont arrivés. La cérémonie a duré 30 minutes. Ensuite, nous sommes allés à l'église. Puis on a fait la fête dans un restaurant. »

Corrigé

6 Productions libres.

Culture(s) 10 min

▶ Échanger sur le mariage et les différentes formes d'unions

Pour terminer cette première partie de la leçon, demander aux apprenants de lire l'encadré sur le mariage et le PACS. Concernant le mariage, préciser qu'en France, seul le mariage civil est légal. S'ils le souhaitent, les mariés peuvent également opter pour une cérémonie religieuse qui aura lieu après le mariage civil. Les mariés sont accompagnés de témoins (2 minimum et 4 maximum). Pour contracter une union, de plus en plus de Français préfèrent le PACS (institué en 1999). À partir de 2013, le mariage a été rendu possible entre personnes de même sexe.

Pour répondre à la question « Et chez vous ? », si les apprenants sont de nationalités variées, on peut faire un tour de table en proposant un modèle simple de production : « Dans mon pays, le mariage est religieux. On se marie à l'église, à la mosquée ou au temple. »

On peut ensuite laisser les apprenants s'exprimer en langue maternelle ou en langue commune s'ils ont de nombreuses choses à exprimer, notamment pour donner leur opinion sur les traditions différentes.

AGIR

Activité 7 20 min

→ Raconter une surprise

Préparation

En classe entière Présenter la tâche aux apprenants, expliquer les étapes de l'activité et en vérifier la bonne compréhension : les apprenants vont raconter un événement qui constitue pour eux une vraie surprise et un autre correspondant à une fausse surprise qu'ils vont imaginer. À la suite de leur récit, la classe devra deviner quelle est la vraie surprise. Comme pour l'activité 6, inciter les apprenants à limiter leurs récits à quelques actions et à utiliser les marqueurs chronologiques (*cf.* corrigé). Le professeur circule et vérifie.

Production

À deux a., b. Chaque apprenant raconte à son partenaire une surprise qu'il a réellement vécue et une surprise qu'il a imaginée. Sur les quatre événements racontés, **le binôme se met ensuite d'accord sur l'histoire vraie et l'histoire fausse qu'ils vont conserver pour les raconter à la classe.**

Présentation

En classe entière c. Chaque binôme vient devant la classe et raconte ses deux histoires.
d. **La classe devine quelle est la vraie histoire.**

On peut rendre cette activité ludique. Faire une grille au tableau (*cf.* ci-après). À chaque passage de binôme, on peut faire un tour de table et demander à chacun de déterminer la fausse histoire et la vraie. Chaque choix correct fait marquer un point.

Exemple : À l'écoute des 2 histoires du binôme A, Adrien a choisi l'histoire 2 comme étant vraie. Or, c'est la 1 qui l'était ; il marque 0 point. À l'écoute des 2 histoires du binôme B, Adrien a choisi l'histoire 2 comme étant vraie. Il a eu raison ; il marque 1 point.

Prénom	Binôme A	Binôme B	...	Points
Adrien	1 ☑	1 ☑	...	0 + 1 + ... + ... = ...

Corrigé

7 Productions libres. Exemple : Il y a 3 jours, je suis allée au cinéma avec une amie et, quand nous sommes sorties, nous avons rencontré un acteur très connu : Brad Pitt. Ensuite, on est allées boire un verre avec lui. Vrai ou Faux ?

Activité 8 20 min

→ Écrire un court article pour raconter un événement

Préparation

En classe entière Présenter la tâche aux apprenants, expliquer les différentes étapes de l'activité et en vérifier la bonne compréhension : les apprenants vont, à deux, écrire un court article pour raconter un événement à la manière du document 1 (titre, date, légende..). Pour le choix de l'événement, on peut faire un remue-méninges en les invitant à s'inspirer d'événements communs à la classe, le premier cours de français par exemple. Noter quelques propositions au tableau.

À deux a., b. **Chaque binôme se met d'accord pour choisir un sujet et les actions de l'histoire** que les apprenants racontent avec leur chronologie.

Production

c. Chaque binôme rédige l'article. Même remarque que pour les activités 6 et 7 : les inciter à limiter leur récit à quelques actions ou quelques événements et à utiliser les marqueurs chronologiques. Rappeler que le nombre de mots est limité, 80 mots maximum.

L'enseignant circule dans la classe pour aider à la rédaction. **On peut proposer aux binômes d'échanger leurs articles de façon à ce qu'ils en lisent plusieurs et qu'ils s'autocorrigent.**
d. Une fois la rédaction terminée, chaque binôme trouve et écrit un titre.

Hors de la classe, demander à chaque binôme de poster son témoignage sur le groupe de la classe.

Corrigé

8 Productions libres.

LEÇON 23 Techniques pour... pages 80-81

Les deux tâches proposées dans cette dernière leçon illustrent le titre de l'unité 5 « Partagez vos expériences ! » en réinvestissant le lexique lié à l'alimentation et au restaurant et en incitant les apprenants à raconter et décrire une expérience. Il s'agira aussi, par des mots simples, de donner un avis sur l'expérience.

... écrire un avis sur un restaurant 1 heure

Cette première tâche consiste à découvrir et analyser les composants d'un avis sur un restaurant posté sur un site et d'en écrire un. Écrire un commentaire pour évaluer un restaurant est de plus en plus encouragé par les plateformes de réservation en ligne. The Fork (anciennement La Fourchette) est une de ces plateformes ; elle est présente dans plus de vingt pays en Europe et en Amérique latine.

duction sera de réaliser le même type de document que le document 1. Les trois premières activités vont permettre de découvrir et d'analyser le document pour faciliter le travail de production.

– Demander d'observer rapidement le document et de l'identifier : il s'agit d'une application ou de la page d'un site qui donne des informations sur un restaurant et propose le commentaire d'un client. Demander ensuite de répondre aux trois questions pour préciser les hypothèses. Mettre en commun.

 **LIRE** DOC. 1

Activité 1 10 min

[Découverte]

Seul puis **En classe entière** Avant de commencer le travail proposé, expliquer aux apprenants que leur travail de pro-

Corrigés

1 a. Le nom de l'application est « lafourchette ». b. Elle donne des informations sur un restaurant (son nom, son adresse, le prix) et permet de connaître l'avis de clients sur un restaurant. c. Benoît P. a écrit un avis pour d'éventuels futurs clients.

Activité 2 10 min

À deux puis **En classe entière** **a.** Pour trouver les informations demandées (nom, adresse, prix moyen, note générale et type de restaurant), demander aux apprenants de les repérer dans la page d'accueil de l'application. Lors de la mise en commun, expliquer ce qu'est *un bistrot* : *un bistro* (ou bistrot) est un petit café, pouvant parfois offrir des services de restauration comme des sandwiches, des croque-monsieur, des salades… Le mot a donné naissance au concept de « bistronomie » (= gastronomie de bistro) ; des chefs célèbres proposent une cuisine originale mais moins chère que dans des restaurants.

b. Demander aux binômes de lire le commentaire et de relever les éléments linguistiques positifs ou négatifs – ils verront qu'il n'y a pas de commentaire négatif. Mettre en commun **au tableau** et faire les commentaires nécessaires (ci-dessous en bleu).

 Commentaires positifs :

- **Excellente qualité**

- **Lieu agréable** (= on est bien)

- **Accueil chaleureux** (= les employés sont sympathiques, gentils)

- **belle surprise**

- **bravo**

- **je recommande** (= je conseille)

Corrigés

2 **a.** a. L'Ardoise ; b. 5 rue Marceau, à Tours ; c. 35 euros ; d. 9,3 sur 10 ; e. Ce restaurant sert de la cuisine française, c'est un bistrot.

2 **b.** Le commentaire de Benoît est positif. Il donne une bonne note au restaurant (10 sur 10) et ses remarques sont positives : pour lui, les ingrédients sont d'excellente qualité, l'endroit est agréable et chaleureux, il parle d'une belle surprise, il dit « bravo » et il recommande le restaurant.

Activité 3 10 min

[Analyse]

À deux Cette activité permet de repérer les parties constituant le commentaire de Benoît.

Demander aux binômes de faire les associations et de justifier en soulignant les phrases. Mettre en commun et apporter si nécessaire des précisions sur le sens des commentaires.

– Pour compléter le travail d'analyse, demander aux apprenants de se reporter à l'encadré Mémo de la page 80 pour confirmer les étapes du travail pour écrire un avis sur un restaurant.

Corrigé

3 1 l'appréciation générale ; 2 les exemples de plats ; 3 le lieu et les personnes ; 4 le conseil.

 **ÉCRIRE**

Activité 4 30 min

[Préparation]

Seul **a.** et **b.** Les apprenants sachant ce qu'ils doivent faire grâce au travail d'analyse de l'activité 3, les laisser choisir un restaurant qu'ils connaissent, penser aux plats qu'ils vont évoquer et mobiliser le vocabulaire appréciatif pour donner leurs impressions et leur appréciation. Durant cette phase, les apprenants pourront consulter un dictionnaire si nécessaire. Le professeur circule pour apporter également son aide.

💡 Pour enrichir le vocabulaire des apprenants et leur permettre d'exprimer leurs impressions et appréciations, l'enseignant peut reprendre les commentaires positifs relevés à l'activité 2 et donner aux élèves les commentaires négatifs contraires, ou bien leur demander de les rechercher à l'aide de leur dictionnaire. Les noter **au tableau**.

Commentaires positifs	Commentaires négatifs
Excellente qualité	Mauvaise qualité
Lieu agréable	Lieu désagréable
Accueil chaleureux	Accueil froid
…	…

[Production]

c. Pendant la phase de production, le professeur circule pour aider à la rédaction et à la correction des écrits. S'ils le souhaitent, les apprenants pourront accompagner leur texte d'une photo. Demander de noter sur 10 le restaurant qu'ils ont choisi.

En classe entière Une fois les commentaires terminés, les échanger et les lire. S'ils connaissent le restaurant choisi par leur camarade, **les apprenants pourront réagir, donner leur avis (accord ou désaccord avec l'opinion exprimée) et aussi demander des précisions.**

💡 Selon l'âge et l'expérience des apprenants, on pourra les laisser échanger librement sur leur utilisation de ce type d'application. Les consultent-ils quand ils choisissent un restaurant, un hôtel, un spectacle, un voyage, etc. ? Les trouvent-ils fiables ? Ont-ils l'habitude de laisser un avis ?

Corrigé

4 Productions libres.

... écrire un article de blog 55 min

Cette deuxième tâche consiste à découvrir et analyser les composants d'un article de blog racontant une expérience et d'en écrire un. Le blog est un autre type de site qui s'est développé avec l'apparition d'Internet qui permet à tout le monde de raconter ses expériences et d'échanger. Les blogs sont très consultés pour obtenir des informations pratiques et des conseils lorsqu'on prépare un voyage, une sortie... Le fait de raconter axe la production sur l'utilisation du passé composé et des indicateurs de temps étudiés.

  LIRE DOC. 2

Activité 5 5 min

[Découverte]

En classe entière Expliquer aux apprenants que leur travail de production sera de réaliser le même type de document que le document 2. Les trois premières activités vont permettre de découvrir et d'analyser le document pour faciliter le travail de production.

À deux Demander d'observer le document et de l'identifier : il s'agit d'une page d'un blog, ici le blog de Delphine Souchon.

a. b. et **c.** Demander ensuite de répondre aux questions a, b et c. Mettre en commun.

Corrigés

5 **a.** Les thèmes traités dans le blog de Delphine Souchon figurent dans les onglets sous son nom : le bien-être, l'alimentation (se nourrir), la décoration (décorer) et la vie de famille. **b.** Sur la première photo, on voit des ingrédients (légumes, épices, semoule, etc.) pour préparer des plats. La seconde photo présente une salle de restaurant marocain traditionnel. **c.** Le titre permet de penser que le sujet de l'article sera un cours de cuisine (le mot *atelier* a été vu à la leçon 13, en rappeler le sens si besoin : c'est un cours pratique).

Activité 6 10 min

Seul puis **En classe entière** Demander aux apprenants de réaliser l'activité individuellement, puis de comparer leurs réponses par deux. Mettre en commun.

Corrigés

6 **a. 1.** Elle décrit le cours de cuisine dans le 1er paragraphe (« c'est un cours... », « Zohra reçoit les élèves... », « Le cours est... »). **2.** Elle raconte ce qu'elle a fait dans le 3e paragraphe (« j'ai fait... », « j'ai découpé... »). **3.** Elle conseille ce cours de cuisine puisqu'elle dit « à faire absolument ».
6 **b.** Les plats : des tajines, du couscous, de la pâtisserie orientale, du thé à la menthe, une chakchouka – des ingrédients : de la menthe, des légumes.

 Autoriser les apprenants à consulter Internet pour voir des illustrations des plats qui sont présentés (et des ingrédients utilisés dans ces plats).

Activité 7 10 min

[Analyse]

À deux Cette activité permet d'observer les parties constituant l'article du blog de Delphine Souchon. Demander aux apprenants d'écrire les lettres des légendes dans les petits cadres positionnés en marge de l'article. Mettre en commun. Faire repérer les temps utilisés par Delphine Souchon pour la description de l'atelier (le présent) et pour le récit de son expérience (le passé composé).

– Pour compléter le travail d'analyse, demander aux apprenants de se reporter à l'encadré Mémo de la page 81 afin de confirmer les étapes du travail pour écrire un article de blog.

Corrigés

7 1-b, 2-d, 3-e, 4-c, 5-a

 ÉCRIRE

Activité 8 30 min

Préparation

Seul Les apprenants sachant ce qu'ils doivent faire grâce au travail d'analyse de l'activité 7, **leur demander de choisir une expérience qu'ils souhaitent raconter** et de préparer le récit qu'ils vont écrire, en s'aidant du dictionnaire si nécessaire. Bien préciser qu'ils doivent suivre la structure de l'encadré *Pour écrire un article de blog*.

Production

a. Pendant la phase de production, le professeur circule pour aider à la rédaction et à la correction des écrits.

À deux b., **c.** et **d.** Une fois les rédactions terminées, les apprenants échangent leur article avec leur partenaire de binôme qui le lira, identifiera les différentes parties et **demandera, si nécessaire, des explications sur des mots nouveaux**.

Hors de la classe, les apprenants pourront publier leur article sur le groupe de la classe.

Corrigé

8 Productions libres.

 Laisser les apprenants échanger sur les blogs. À leur avis, pourquoi crée-t-on un blog ? Est-ce que eux-mêmes en ont un ?...

S'entraîner pages 82-83

Cf. Introduction (C.1.3), page 24.

– **Corrigés** des activités 1 à 15 : p. 140 du livre de l'élève.

– **Parcours digital®** : toutes les activités des pages 82-83 sont proposées en version auto-corrective 🖥 sauf les activités 11 et 14 qui sont à faire à deux.

Faites le point page 84

Cf. Introduction (C.1.4), page 24.

Évaluez-vous !

Corrigés

〉 Exemples : un couteau – une cuillère, une poêle
〉 Exemple : une cuillère d'**huile**, un peu de **sel**, 500 grammes de **riz**.
〉 Exemple de production : Je voudrais un steak avec des haricots verts, s'il vous plaît.
〉 J'ai fini, tu as fini, il/elle/on a fini, nous avons fini, vous avez fini, ils/elles ont fini.
〉 Au passé composé, 16 verbes sont conjugués avec le verbe *être : arriver, partir, aller, venir, descendre, monter, entrer, sortir, passer, retourner, tomber, devenir, naître, mourir, décéder, rester.*
〉 Exemple de production : Hier matin, je suis allé dans un parc avec une amie. À midi, nous avons déjeuné dans un restaurant. L'après-midi, je suis allé voir mes parents. Je suis rentré chez moi vers 18 h 00.
〉 **D'abord**, j'ai travaillé. **Ensuite**, je suis allé au cinéma.
〉 **Il y a** deux ans, je suis allé au Maroc.

Donnez votre avis !

UNITÉ 7

> Livre de l'élève p. 85-96

Page d'ouverture

page 85

**En classe entière** ⏱ 10 min

Suivre la démarche proposée en Introduction (C1.1), page 23.

Corrigés

Exemples de production :

> C'est l'unité 7. Elle est rouge.

> Elle s'appelle *Donnez votre avis !*

> Sur la photo, on voit une femme « senior » avec le visage sérieux. Elle écrit.

> Les objectifs sont : conseiller, proposer un projet et raconter un voyage.

> Les points de grammaire sont : l'impératif (2) (forme négative), l'impératif (3) des verbes pronominaux, les verbes *devoir* et *pouvoir* + infinitif, *il faut*, *il ne faut pas* + infinitif, l'expression de la durée avec *depuis*, l'expression *avoir*

mal à + les parties du corps, l'expression du but avec *pour* + infinitif, l'expression de la cause avec *pourquoi* et *parce que*, le futur proche (2) des verbes pronominaux, l'indicateur du futur *dans*, la négation *ne... rien*, l'indicateur de temps *en*, l'imparfait (*c'était*), le passé composé (3) des verbes pronominaux, les participes passés en *-u*, *-i*, *-is*, *-ert*, les verbes *devoir* et *connaître* au présent.

> Dans la leçon 27, on va laisser un message vocal et écrire un avis sur une plateforme de voyages.

> La vidéo 29 s'appelle *Un potager de champion*. On va découvrir un potager.

LEÇON 24 Conseiller

pages 86-87

	CONSEILLER ⏱ 2 h 40				
	Savoir-faire et savoir agir : donner des conseils · décrire son état, sa santé				
COMPRENDRE			DOC. 1		
	5'	30'		15'	
	Act. 1 📖	Act. 2 📖	Grammaire	Act. 3	Vocabulaire 🎧 120
	· identifier un document écrit	· identifier et classer des conseils	· l'impératif (2) : forme affirmative et forme négative (2) · l'impératif (3) des verbes pronominaux	· nommer les parties du corps	· les parties du corps

	COMPRENDRE						
	15'		20'		10'	10'	10'
	Act. 4 119	Grammaire	Act. 5 a et b 121-122-123-124	Act. 5 c et d	Grammaire	Act. 6 💬	Culture(s) 💬
	· communiquer chez le médecin	· *depuis* pour indiquer une durée	· les professions (3) : la santé · les symptômes · les maladies · le traitement	· *devoir* et *pouvoir*, et *il faut*, *il ne faut pas* pour donner des conseils	· les verbes *devoir* et *connaître* au présent	· dire où on a mal	· échanger sur la carte Vitale

AGIR	45'	Act. 7 💬 ✏️	· donner des conseils de santé

COMPRENDRE

 DOC. 1 📖

Activité 1 ⏱ 5 min

→ **Identifier un document écrit**

Sensibilisation

Seul puis **En classe entière** Faire observer le document et laisser les apprenants réagir librement quelques minutes. Il est probable qu'ils seront attirés par les dessins ; ne pas trop s'y attarder au risque de parasiter l'objectif des activités 1 et 2.

Compréhension globale

a. et **b.** Faire faire les deux parties de l'activité afin d'identifier le document et **mettre en commun en demandant de justifier les réponses.** L'affiche et les dessins peuvent être commentés un peu plus en détails afin de comprendre la finalité et l'organisation du document.

– Faire repérer les quatre situations indiquées dans les sous-titres (« Pour travailler devant l'ordinateur » – « Pour faire vos courses » – « Pour ramasser un objet » – « Pour mettre vos chaussures ») et expliquer le vocabulaire si besoin. Demander pourquoi, pour chaque situation, il y a deux dessins : amener ainsi les apprenants à oraliser, comme ils le peuvent linguistiquement ou avec un dessin, que le premier dessin indique une mauvaise position (☹) pour faire quelque chose et qui provoque le mal de dos (symbolisé par les éclairs) et que le second indique la bonne position (☺).

– Travailler sur le sens du mot *conseil* et du verbe *conseiller* (titre de l'unité et sous-titre de l'affiche). Le verbe a déjà été vu de façon passive notamment à la leçon 23 ; on peut passer par la traduction (= recommander).

 À deux Pour entraîner les apprenants à répondre à des questions ouvertes et à structurer des réponses, on peut leur demander de répondre aux deux questions suivantes en structurant une phrase de réponse : « Quel est le constat ? Quels sont les objectifs de l'Assurance Maladie avec cette affiche ? »
Constat : Beaucoup d'activités de la vie quotidienne font mal au dos (quand on travaille devant l'ordinateur, quand on fait les courses, quand on se baisse pour ramasser quelque chose, quand on met ses chaussures) parce qu'on a une mauvaise position corporelle (illustrée par le premier dessin).
Objectif de l'Assurance Maladie : Donner des conseils sur la bonne position (second dessin).

Corrigés

1 a. Le mal de dos

1 b. C'est l'affiche de l'Assurance Maladie (logo en haut à droite). Cette affiche donne des conseils (sous-titre : 8 conseils pour éviter le mal de dos).

Culture(s) ✚

■ **L'Assurance Maladie** est une branche de la Sécurité sociale (créée en 1945 avec pour objectif de garantir la protection sociale aux salariés et à leur famille). L'Assurance Maladie prend en charge les soins des Français (en totalité ou en partie selon les soins et les maladies) quelles que soient leurs ressources, leur situation ou leur état de santé. Pour bénéficier de cette gratuité de soins, une cotisation est prélevée sur le salaire. Pour les personnes à faibles ressources, les soins sont totalement gratuits. Elles bénéficient de la protection universelle maladie (PUMA).
Le site ameli.fr permet à chaque assuré d'avoir son espace personnel sécurisé pour accéder à tous les services depuis un ordinateur, un mobile ou une tablette : consulter ses remboursements, télécharger ses attestations, contacter un conseiller par e-mail...

Activité 2 ⏱ 30 min

→ Identifier et classer des conseils

Compréhension finalisée

En classe entière a. Faire lire la consigne et indiquer aux apprenants que les 8 conseils de l'affiche peuvent être classés en deux parties : « à faire » et « à ne pas faire ».

À deux Faire travailler les binômes pour classer les conseils dans la grille ci-dessous. La principale difficulté de cette compréhension écrite réside dans le lexique (*se pencher*, *s'accroupir*, *ramasser*…). Laisser les apprenants utiliser librement leur dictionnaire pour accéder au sens. Comme il y a les dessins, le professeur peut aussi les montrer ou mimer les actions. **Il peut aussi demander à des apprenants qui ont compris de les mimer aux autres.**

Mettre en commun en notant les réponses **au tableau.**

À faire	À ne pas faire
Placez l'écran face à vous.	Ne placez pas l'écran sur le côté.
Portez un sac dans chaque main.	Ne portez pas vos sacs d'une seule main.
Accroupissez-vous le dos droit.	Ne vous penchez pas.
Asseyez-vous.	Ne restez pas debout.

⬤ Grammaire

▶ L'impératif (2) : pour donner des conseils

Conceptualisation

En classe entière b. L'identification de l'impératif ne devrait pas poser de problème particulier puisqu'il a été étudié à la leçon 13 ; demander aux apprenants de justifier leur réponse et noter leurs remarques **au tableau.**

 Verbes au présent sans sujet (2ᵉ personne pluriel)

Faire ensuite un rapide remue-méninges pour rappeler les points importants de sa formation et les noter **au tableau.**

Impératif :

– 3 personnes

– formes du présent

– pas de -s pour les verbes en -er à la deuxième personne du singulier

– Le professeur insistera sur son utilisation : à la leçon 13, l'impératif a été utilisé pour indiquer un chemin. Demander avec quelle fonction il est utilisé dans cette leçon (*pour donner des conseils*).

À deux c. Cette partie de l'activité consiste à repérer la structure de la forme négative de l'impératif. Amener les élèves à observer que, comme pour les autres temps étudiés jusqu'ici, *ne* et *pas* entourent le verbe.

– Faire faire l'appariement demandé et **demander à un apprenant d'oraliser la structure.**

▶ L'impératif (3) des verbes pronominaux

Conceptualisation

En classe entière d. Passer ensuite à l'autre phase de la conceptualisation : celle de la structure de l'impératif des verbes pronominaux.

– Reprendre le tableau réalisé à l'activité 2 a et demander de trouver les infinitifs de chaque verbe. La présence du pronom amènera peut-être les apprenants à identifier les verbes pronominaux. Dans le cas contraire, corriger lors de la mise en commun.

En classe entière Soulignez les impératifs des verbes pronominaux et demander aux apprenants d'essayer de comprendre la structure de l'impératif de ces verbes. Noter les réponses **au tableau.**

À faire	À ne pas faire
Placez l'écran face à vous. → placer	Ne placez pas l'écran sur le côté. → placer
Portez un sac dans chaque main. → porter	Ne portez pas vos sacs d'une seule main. → porter
Accroupissez-vous le dos droit. → s'accroupir	Ne vous penchez pas. → se pencher
Asseyez-vous. → s'asseoir	Ne restez pas debout. → rester

 L'impératif des verbes pronominaux

Forme affirmative	Forme négative
– pronoms après le verbe	– pronoms avant le verbe
– un -(trait d'union) entre le verbe et le pronom	– pas de - (trait d'union)

– Afin de compléter la conceptualisation, demander de se reporter à l'encadré de la page 87 *L'impératif (2) pour donner des conseils* et *L'impératif (3) des verbes pronominaux*. Demander de nouveau aux apprenants ce qu'ils remarquent et noter les autres observations **au tableau.**

 L'impératif des verbes pronominaux

Forme affirmative	Forme négative
– pronoms après le verbe : → toi → nous → vous	– pronoms avant le verbe : → te → nous → vous
– un - (trait d'union) entre le verbe et le pronom	– pas de - (trait d'union)

En classe entière Reprendre les trois verbes pronominaux du document 1 et demander de les conjuguer à l'impératif affirmatif et négatif à toutes les personnes. Le professeur apportera son aide notamment pour le verbe *s'asseoir*.

S'accroupir	Se pencher	S'asseoir
accroupis-toi / ne t'accroupis pas	penche-toi / ne te penche pas	assieds-toi / ne t'assieds pas
accroupissons-nous / ne nous accroupissons pas	penchons-nous / ne nous penchons pas	asseyons-nous / ne nous asseyons pas
accroupissez-vous / ne vous accroupissez pas	penchez-vous / ne vous penchez pas	asseyez-vous / ne vous asseyez pas

 On peut laisser les apprenants échanger sur les conseils donnés, sur leurs propres attitudes pour faire ces actions. On peut aussi faire un remue-méninges pour chercher d'autres conseils à donner : « Pour travailler devant l'ordinateur, tenez-vous droit, posez vos bras sur la table... Pour ramasser un objet, baissez-vous... Pour mettre vos chaussures, accroupissez-vous... »

Corrigés

2 a. À faire : placez l'écran face à vous, portez un sac dans chaque main, accroupissez-vous le dos droit, asseyez-vous. À ne pas faire : ne placez pas l'écran sur le côté, ne portez pas vos sacs d'une seule main, ne vous penchez pas, ne restez pas debout.

2 b. l'impératif

2 c. Une affirmation : Placez l'écran..., Accroupissez-vous. Une négation : Ne vous penchez pas..., Ne portez pas...

2 d. placer, se pencher, porter, s'accroupir, rester, s'asseoir

 S'entraîner **activité 1 page 94**

Activité 3 ⏱15 min

Vocabulaire

Nommer les parties du corps

Seul puis **En petit groupe** Faire faire l'activité et demander aux apprenants de se reporter à l'encadré Vocabulaire de la page 87, partie *Les parties du corps* 🎧 120 et de placer les autres mots de la liste sur le dessin. **Les membres du groupe s'entraident pour comprendre les mots nommant les parties du corps en les désignant.** Grâce au dictionnaire, le groupe peut également ajouter un ou deux mot(s) qui lui semble(nt) important(s) à connaître. Mettre en commun.

Corrigé

3 De haut en bas : la tête, le dos, la main, la jambe, le pied

Activité 4 ⏱15 min

→ **Communiquer chez le médecin**

Sensibilisation

En classe entière Dire aux apprenants qu'ils vont écouter une conversation en relation avec les trois premières activités et l'acte de conseiller. Faire faire des hypothèses sur la situation de communication qu'ils vont entendre. Exemples : une personne donne des conseils pour avoir une bonne attitude, un médecin donne des conseils à un malade...

Compréhension globale

En classe entière a. Faire écouter les quatre premières répliques de la conversation et répondre aux trois questions. Faire relever la question du médecin « Qu'est-ce qui vous arrive ? » et la paraphraser : le médecin demande quel est le problème, pourquoi l'homme vient le voir.

– Comme ce type d'interaction est très codifié, on peut demander aux apprenants de faire des hypothèses sur la suite de la conversation : le médecin va poser des questions plus précises pour connaître « les symptômes » (donner le mot et l'écrire au tableau) et donner « des médicaments » avec « une ordonnance » (donner les mots et les écrire au tableau).

Compréhension finalisée

À deux b. Faire lire les items du *vrai/faux* et répondre rapidement aux éventuelles questions de compréhension, puis faire lire le modèle de réponse donnant la justification. Avant de poursuivre le travail de compréhension, expliquer le sens de *depuis*.

Grammaire

Depuis pour indiquer une durée

Expliquer le sens de *depuis* par un dessin **au tableau**. Préciser que *depuis* indique une durée.

Lundi :	Mardi :	Mercredi :	Jeudi :
Il a toussé	Il a toussé	Il a toussé	Il tousse

Le moment où l'on parle est jeudi.

Depuis indique que : Il a toussé pendant trois jours et il tousse encore aujourd'hui = Il tousse depuis trois jours.

– Faire réécouter la conversation et demander aux binômes de faire l'activité de vrai/faux. Insister sur la justification qui peut être exprimée comme dans l'exemple ou illustrée par ce que disent le médecin et le patient. Après la première écoute, **les binômes comparent leurs réponses.** Faire écouter une deuxième fois, voire une troisième fois pour que **les binômes se mettent d'accord sur leurs réponses**, puis mettre en commun.

	I	Faux	J'ai mal à la gorge depuis deux-trois jours.
	2	Faux	J'ai mal à la gorge. / Je tousse.
	3	Vrai	Vous devez arrêter (de fumer). Vous pouvez consulter un tabacologue.
	4	Faux	– Vous connaissez quelqu'un ? – Non personne.
	5	Faux	– Je dois voir un pneumologue aussi ? – Ce n'est pas nécessaire...
	6	Vrai	Vous pouvez prendre du paracétamol et du sirop contre la toux.
	7	Vrai	Vous pouvez..., vous devez..., il faut...

Transcription 119

Le médecin : M. Thauvin ! Bonjour.
Le patient : Bonjour docteur.
Le médecin : Asseyez-vous ! Qu'est-ce qui vous arrive ?
Le patient : Je ne me sens pas bien. Je suis fatigué.
Le médecin : Vous avez de la fièvre ?
Le patient : Non, je ne crois pas. J'ai mal à la gorge et je tousse.
Le médecin : Depuis combien de temps ?
Le patient : J'ai mal à la gorge depuis deux-trois jours mais je ne suis pas en forme depuis une semaine.
Le médecin : Montrez votre gorge ! Mmmmh... Vous fumez beaucoup ?
Le patient : Oui.
Le médecin : Vous devez arrêter ! Vous pouvez consulter un tabacologue. Vous connaissez quelqu'un ?
Le patient : Non personne !
Le médecin : Voilà les coordonnées du docteur Lamouric. Vous pouvez prendre rendez-vous de ma part.
Le patient : Je dois voir un pneumologue aussi ?
Le médecin : Ce n'est pas nécessaire... pour le moment.
Le patient : Et comme médicament, pour ma gorge ?
Le médecin : Vous avez une laryngite : vous pouvez prendre du paracétamol et du sirop contre la toux. Je vous fais une ordonnance pour la pharmacie.
Le patient : Et des antibiotiques ?
Le médecin : C'est un virus : il ne faut pas prendre d'antibiotiques ! Et il faut arrêter de fumer ! Vous avez votre carte Vitale ?

Corrigés

4 a. Un médecin et un patient. Ils sont dans le cabinet médical. L'homme ne se sent pas bien. Il est fatigué.

4 b. 2. Faux : il a mal à la gorge. **3.** Vrai : Vous devez arrêter (de fumer). **4.** Faux : – Vous pouvez consulter un tabacologue. Vous connaissez quelqu'un ? – Non personne ! **5.** Faux : – Je dois voir un pneumologue aussi ? – Ce n'est pas nécessaire... pour le moment. **6.** Vrai : Vous pouvez prendre du paracétamol et du sirop contre la toux. **7.** Vrai (Même si les apprenants ne connaissent pas le verbe *devoir* – *vous devez* – et *il faut*, la situation est très claire.)

Activité 5 a. et b. 10 min

Vocabulaire

● **Les professions (3) : la santé** 121
● **Les symptômes** 122 / *Avoir mal au, à la, à l', aux*
● **Les maladies** 123
● **Le traitement** 124

En petit groupe a. Faire réécouter et proposer la grille suivante pour effectuer le relevé lexical.

Les professions	Les médicaments	Les symptômes
Un tabacologue	Le paracétamol	Je ne me sens pas bien.
Un pneumologue	Le sirop	Je suis fatigué.
	Les antibiotiques	Vous avez de la fièvre ?
		J'ai mal à la gorge.
		Je tousse.
		Je ne suis pas en forme.

À deux b. À l'aide des connaissances de chacun et du dictionnaire, demander de citer d'autres professions de santé. Pour cadrer l'activité et limiter la liste, se borner aux professions de santé les plus courantes que les apprenants ont déjà consultées (*cf.* corrigé). Demander à chaque fois les formes du masculin et du féminin.

– Demander aux apprenants de se reporter à l'encadré Vocabulaire, parties *Les professions (2) : la santé* 121, *Les symptômes* 122, *Les maladies* 123, *Le traitement* 124 de la page 87 pour compléter le repérage lexical et expliquer le sens des mots pas encore travaillés.

Activité 5 c. et d. 10 min

Grammaire

● *Devoir* et *pouvoir* + infinitif pour donner des conseils
● *Il faut / Il ne faut pas* + infinitif pour donner des conseils

Conceptualisation

En classe entière Reprendre la grille de l'activité 4b et faire repérer les trois conseils du médecin déjà notés au tableau. Demander à un apprenant de décrire la structure grammaticale permettant de donner un conseil : *vous devez / vous pouvez* + infinitif. La conjugaison du verbe *pouvoir* au présent a été étudiée à la leçon 14, page 53. Il peut être utile de la faire produire oralement aux apprenants.

– Faire réécouter et demander de noter les autres conseils (en bleu ci-dessous). Demander à un apprenant de décrire cette nouvelle façon de donner un conseil : *Il faut / Il ne faut pas* + infinitif.

Vous devez arrêter (de fumer).

Vous pouvez consulter un tabacologue.

Vous pouvez prendre du paracétamol et du sirop contre la toux.

Vous pouvez prendre rendez-vous de ma part.

Il ne faut pas prendre d'antibiotiques !

Il faut arrêter de fumer.

💡 Le professeur peut signaler la nuance : le verbe *pouvoir* qui suggère, propose une solution alors que le verbe *devoir* et l'expression *Il faut* sont plus forts et expriment une obligation (*cf.* la question du patient « Je dois voir un pneumologue ? »). Préciser que l'expression *Il (ne) faut (pas)* n'existe qu'à une seule personne.

Corrigés

5 a. Les professions : un docteur, un tabacologue, un pneumologue. Les médicaments : le paracétamol, le sirop, les antibiotiques. Les symptômes : Je ne me sens pas bien, je suis fatigué. Vous avez de la fièvre ? J'ai mal à la gorge, je tousse. Je ne suis pas en forme.

5 b. Exemples : un/une ophtalmo(logue), un/une dermato-(logue), un/une gynéco(logue), un/une chirurgien(ne).

5 c. Vous devez arrêter ! Vous pouvez consulter un tabacologue. Vous pouvez prendre rendez-vous de ma part. Vous pouvez prendre du paracétamol et du sirop. Il ne faut pas prendre d'antibiotiques ! Et il faut arrêter de fumer !

5 d. On utilise *pouvoir*, *devoir*, *il faut* + verbe à l'infinitif pour donner des conseils.

 activité 3 page 94

Grammaire 🕙 10 min

Les verbes *devoir* et *connaître* au présent

En classe entière Faire prendre connaissance dans l'encadré Grammaire de la page 87 de la conjugaison du verbe *devoir* ainsi que celle du verbe *connaître* que le médecin a utilisé dans le dialogue « Vous connaissez un tabacologue ? » et faire faire les observations afin d'aider à la mémorisation de la conjugaison de ces deux verbes.

 DEVOIR

– verbe en -oir

– terminaisons : -s, -s, -t, -ons, -ez, -ent

– 3 radicaux : doi-, dev-, doiv-

CONNAÎTRE

– verbe en -tre

– terminaisons : -s, -s, -t, -ons, -ez, -ent

– 2 radicaux : connai-, connaiss-

– accent circonflexe sur le « i » à la 3e personne avec « il/elle/on »

  activité 2 page 94

Activité 6 🕙 10 min

→ **Dire où on a mal**

En petit groupe

– Regardez la vidéo d'Antonio. Signaler aux apprenants que l'expression *avoir mal à* exige l'utilisation des articles contractés (encadré page 87).

– Faire faire la tâche demandée.

💡 Suggestion supplémentaire pour faire pratiquer oralement la structure en classe entière : le professeur désigne un apprenant qui doit dire *j'ai mal à* + une partie du corps. Puis, il en désigne un autre et ainsi de suite. À chaque fois, c'est une autre partie du corps qui doit être mentionnée. Si un apprenant ne peut répondre ou s'il répète une partie du corps déjà citée, il est éliminé. Le dernier est le vainqueur.

Corrigé

6 Productions libres.

  activité 4 page 94

Culture(s) 🗨 🕙 10 min

Échanger sur la carte Vitale

En classe entière Demander aux apprenants de lire l'encadré et de répondre à la question.

Culture(s) ✚

■ La **carte Vitale** est une carte qui permet au médecin ou au pharmacien de transmettre directement par voie informatique des informations à l'Assurance Maladie : un patient a consulté un médecin et a payé sa consultation. Le remboursement sera plus rapide. Sur cette carte sont mentionnés le nom et le prénom de la personne assurée et un code individuel permettant de l'identifier.

AGIR

Activité 7   45 min

→ Donner des conseils de santé

Préparation

En classe entière Présenter la tâche aux apprenants, expliquer les différentes étapes de l'activité et en vérifier la bonne compréhension : les apprenants vont devoir réaliser un document similaire à l'affiche de l'Assurance Maladie (Doc. 1).

a. Faire un remue-méninges pour lister des problèmes de santé et les écrire **au tableau** ; il faut formuler les problèmes de façon assez détaillée pour que les conseils soient précis aussi.

 (Exemples)

Les problèmes de santé / Les maladies	Les symptômes
– le rhume	– avoir mal à la tête
– la grippe	– tousser
– le mal de dos	– avoir de la fièvre
– ...	– ...

Production

À deux b., c., d., e., f. Les binômes choisissent un des problèmes de santé et réalisent leur document avec trois conseils (ou plus). Leur demander d'utiliser des impératifs : ils peuvent, comme dans le document 1, dire aussi ce qu'il ne faut pas faire. Demander de donner un titre au document ; il est possible d'illustrer les conseils.

Présentation

En classe entière g. Chaque binôme présente son document à la classe et le commente avec les structures étudiées *(il (ne) faut (pas), vous (ne) devez (pas), vous (ne) pouvez (pas))*. Le professeur peut donner une consigne linguistique comme par exemple : « Trois conseils pour ne pas tousser la nuit : 1. Vous ne devez pas rester allongé. 2. Il faut dormir avec la tête relevée. 3. Etc. »

Corrigé

7 Productions libres. Exemple : Le mal de tête. Trois conseils pour calmer le mal de tête : Ouvrez la fenêtre. Reposez-vous. Il faut boire beaucoup d'eau.

 Jeu de rôles chez le médecin. Il est tout à fait possible, après avoir regardé la transcription de la piste 119, de demander aux binômes d'imaginer un jeu de rôle en suivant la même structure que celle du document 2 et de le jouer devant la classe.

Prolongement de la leçon

› Entraînement linguistique

■ Demander aux apprenants de relire la double page, de réécouter les documents travaillés.

■ Faire créer une fiche-lexique sur le thème du corps humain.

■ Faire créer une fiche-lexique sur le thème de la santé.

■ Faire compléter la fiche-lexique sur le thème des professions (ajouter les professions de santé) qui a été créée à la leçon 8.

› Évaluation formative

■ Les activités du **Cahier d'activités** correspondant à la leçon sont aux pages 80-83.

■ Les activités du **Parcours digital®**.

Classe inversée

Avant la leçon 25

Demander aux apprenants de :

– lire le document 1 page 88 ;

– préparer l'activité 1 et l'activité 2 a page 88 ;

– lire et écouter l'encadré Vocabulaire page 89, *Le jardin* 128 ;

– de visionner le tutoriel de Jean-Thierry ▶ 32, ou de l'écouter 129 et de lire l'encadré phonétique sur les sons [a] et [ã] page 89.

PROPOSER UN PROJET ⏱ 2 h 55						
Savoir-faire et savoir agir : expliquer un projet						

COMPRENDRE — DOC. 1

10'	20'				15'	10'
Act. 1 📖	Act. 2 a 📖	Grammaire	Act. 2 b 📖	Act. 2 c Grammaire	Act. 3 💬	Culture(s) 💬
· identifier un document écrit	· comprendre les objectifs d'un projet	· *dans* pour situer dans le futur	· comprendre les objectifs d'un projet	· *pour* + infinitif pour exprimer le but	· proposer des objectifs	· échanger sur le concept du « jardin collectif »

COMPRENDRE — DOC. 2 🎧 125

20'	10'	5'	15'	15'	10'
Act. 4 🎧 125	Vocabulaire 🎧 128-129	Grammaire	Act. 5 Grammaire	Act. 6 Grammaire	Act. 7 💬	Phonétique 🎧 130 ▶ 32
· expliquer un choix	· le jardin · l'environnement	· la négation (3) : *ne… rien*	· *pourquoi* et *parce que*	· le futur proche (2) des verbes pronominaux	· dire ce qu'on va faire et pourquoi	· les sons [a] et [ã]

AGIR

45'	Act. 8 💬 ✏	· proposer un projet pour son quartier

COMPRENDRE

DOC. 1 📖

Activité 1 📖 ⏱ 10 min

→ **Identifier un document écrit**

Sensibilisation

Seul puis **En classe entière** Faire observer le document 1 et demander de nommer tous les éléments visuels (sans lire le texte) et de les interpréter. Tous ces éléments font penser à la nature, à l'écologie : la couleur verte (demander si cette couleur symbolise la nature dans tous les pays), le logo de l'arbre, les photos de familles s'occupant des jardins, les petits dessins au bas du document montrant les activités que l'on fait dans un jardin. Noter les propositions des apprenants **au tableau**.

Vert
Arbre
Personnes dans le jardin
Activités de jardin
} nature / écologie

Le professeur peut également demander aux apprenants de balayer le document et de compter le nombre de fois où le mot *jardin* est utilisé (7 fois).

Compréhension globale

Toujours sans lire le tract en détail, demander de repérer les éléments demandés. Demander aux apprenants de faire des hypothèses sur ce qu'est un tract (document demandant à un public spécifique de faire quelque chose : se réunir, protester, signer un document…). Expliquer aussi le terme *association* : un groupe de personnes qui agit avec un intérêt commun.

Corrigés

1 a. Partageons nos jardins. **b.** jeudi 5 octobre à 18 h 30 ; 36 rue Bernard-Mulé à Toulouse.

Activité 2 📖 ⏱ 20 min

→ **Comprendre les objectifs d'un projet**

Compréhension finalisée

Seul puis **En classe entière a.** Attirer l'attention des apprenants sur le haut et le bas du tract et demander de répondre aux deux questions. Faire un remue-méninges pour s'assurer de la bonne compréhension de ce qu'est un jardin partagé (= un jardin collectif, accessible à plusieurs personnes pour y cultiver des fruits et des légumes).

Lors de la mise en commun, noter **au tableau** la réponse à la question **a.** 2 ainsi que la phrase de l'affiche qui justifie cette réponse.

 Le jardin d'Amouroux ouvre dans un mois.

Dans un mois, nous allons ouvrir le jardin partagé d'Amouroux.

◖Grammaire◗

◗ *Dans* pour situer dans le futur

Conceptualisation

Attirer l'attention sur la préposition *dans* + indication d'un moment pour situer un événement dans le futur. Relier la structure au titre de la leçon « Proposer un projet ». L'association veut créer quelque chose dans le futur. Faire observer et **inviter à formuler la règle d'utilisation de cette préposition** : « La préposition est suivie d'une indication de temps. » Expliquer que *dans* exprime la durée qui sépare une action au futur du moment où l'on parle. On peut faire référence à l'expression *il y a* travaillée à la leçon 22 pour souligner la symétrie des deux expressions. Pour bien expliquer l'utilisation de *dans*, on peut reproduire le schéma suivant **au tableau** avec l'exemple *Claire va partir dans trois jours*. Faire comprendre aux apprenants que, dans l'exemple donné, nous sommes le mercredi 12 mars, que Claire va partir le samedi 15 mars, et que *dans 3 jours* signifie que 3 jours vont s'écouler entre le moment où l'on parle et le moment où Claire va partir.

```
                    3 jours

mercredi 12 mars  jeudi 13 mars  vendredi 14 mars  samedi 15 mars

├─────────────────┼──────────────┼─────────────────┼──────────────▶

moment où                                          moment où
l'on parle                                         Claire va partir
```

– Faire lire les trois exemples de la partie Dans *pour situer dans le futur* dans l'encadré Grammaire page 89.

À deux **b.** S'assurer de la bonne compréhension de la consigne, notamment du terme *objectif* et des quatre adjectifs proposés pour le classement. Orienter la lecture vers le paragraphe concerné – qui commence par « Les jardins partagés sont utiles : … » – et laisser les binômes **travailler ensemble pour classer les objectifs**, avec la possibilité d'utiliser le dictionnaire.

– Mettre en commun et noter les réponses **au tableau**.

Objectif économique (= économiser l'argent, ne pas dépenser trop)	Objectif social (= améliorer la qualité des relations entre les gens)	Objectif esthétique (= faire quelque chose de beau)	Objectif écologique (= respecter la nature)
pour avoir une auto-production de nourriture	pour partager du temps entre voisins	pour embellir votre immeuble, votre quartier	pour respecter l'environne-ment

◗ *Pour* + verbe à infinitif pour exprimer le but

Conceptualisation

En classe entière **c.** Faire observer les quatre objectifs notés dans la grille de l'activité **2 b**. Demander aux apprenants quel mot est utilisé pour indiquer qu'il s'agit d'objectifs (*pour*). Faire ensuite identifier le mot qui suit et demander quelle en est la nature grammaticale (verbe à l'infinitif).

– Demander à un apprenant de compléter la phrase de la consigne c. Faire valider par la classe. Faire lire la partie Pour + *verbe à l'infinitif pour exprimer le but* dans l'encadré Grammaire page 89.

◖Corrigés◗

2 a. 1. Le but de la réunion est d'informer sur l'ouverture d'un jardin partagé d'un quartier de Toulouse (le quartier de la Roseraie) et de s'inscrire pour participer aux activités du jardin. Cette réunion est pour les habitants de ce quartier. 2. L'ouverture du jardin est prévue « dans un mois ».

2 b. Objectif social : pour partager du temps entre voisins. Objectif esthétique : pour embellir votre immeuble, votre quartier. Objectif écologique : pour respecter l'environnement.

2 c. On utilise *pour* + verbe à l'infinitif pour exprimer un objectif (un but).

 > S'entraîner **activité 6 page 94**

Activité 3  15 min

→ **Proposer des objectifs**

En petit groupe Chaque groupe recherche et présente **deux autres objectifs**. Pour la mise en commun, demander de classer les propositions dans l'une des quatre catégories de la grille de l'activité **2 b** ou d'en créer une cinquième si besoin.

◖Corrigé◗

3 Productions libres. Exemples : pour faire des économies, pour choisir sa nourriture, pour s'amuser, pour bien manger, pour partager ses connaissances, pour aider…

Culture(s) 10 min

→ **Échanger sur le concept du « jardin collectif »**

En classe entière L'enseignant lit à voix haute l'encadré ou demande à trois apprenants de lire à voix haute à tour de rôle chaque paragraphe. La classe échange sur la pratique du jardinage, l'existence de jardins partagés et sur la végétalisation des villes dans leur pays.

Activité 4 ⏱20 min

→ **Expliquer un choix**

Sensibilisation

En classe entière Dire aux apprenants qu'ils vont écouter une conversation en relation avec le document 1. Faire faire des hypothèses sur la situation de communication qu'ils vont entendre. Par exemple : « Des personnes sont à la réunion d'information du jardin d'Amouroux. »

Compréhension globale

En classe entière a. Faire écouter le dialogue et répondre aux questions pour identifier la situation de communication. Comme aucun indice n'est donné dans le dialogue concernant les prénoms, le professeur indiquera aux apprenants que le premier intervenant s'appelle Stéphane et le second, Lucas.

Compréhension finalisée

À deux b. Faire lire les items de l'activité et répondre si besoin aux questions sur le sens de certains mots :

une parcelle = un morceau de terre

une plantation = des légumes ou des fleurs mis dans la terre

un engrais = une substance pour aider les plantations à pousser

– Faire réécouter et demander aux apprenants d'entourer les bonnes réponses. Après l'écoute, **leur demander de se mettre d'accord sur leurs réponses en binômes.** Insister sur la justification. Faire écouter une seconde fois et mettre en commun en grand groupe. Noter les justifications **au tableau**.

 Item 1 → C'est un petit bout de terrain privé, pour toi.

   Item 2 → Je ne connais rien au jardinage.

   Item 3 → Je préfère une parcelle collective.

   Item 4 → Je veux choisir mes plantations.

   Item 5 → Je vais planter des tomates.

   Item 6 → C'est un engrais naturel.

– Pour terminer l'activité, faire lire à nouveau l'encadré Vocabulaire page 89, les parties *Le jardin* 🎧 128 et *L'environnement* 🎧 129, et expliquer les mots non travaillés précédemment.

🔖 Grammaire ⏱10 min

La négation (3) : *ne... rien*

Conceptualisation

En classe entière Profiter de la justification à l'affirmation 2 de l'activité **4 b** (*Je ne connais rien au jardinage*) pour attirer l'attention sur la structure négative. C'est la troisième négation étudiée après *ne... pas* et *ne... jamais*.

 Je <u>ne</u> connais <u>rien</u> au jardinage.

– Demander aux apprenants de faire des remarques sur la structure soulignée.

- **les deux mots de la négation se placent devant et derrière le verbe**

- **ne... rien = pas une seule chose**

- **la structure proposée : je ne connais rien + au, à la + thème (au jardinage, à la cuisine...)**

> **S'entraîner** > activité 7 page 94

Transcription

Stéphane : Non, désolé je ne suis pas libre jeudi. Je vais m'inscrire à la réunion d'information.
Lucas : Quelle réunion ?
Stéphane : Ben, la réunion sur le nouveau jardin partagé !
Lucas : Ah ! Le jardin d'Amouroux ! Oui, moi aussi, je vais m'inscrire !
Stéphane : Tu vas t'inscrire ?!!
Lucas : Ben oui ! Pourquoi ?
Stéphane : Euh... Pour rien ! Tu vas demander une parcelle individuelle ou une parcelle collective ?
Lucas : Heu... Qu'est-ce que c'est ?
Stéphane : La parcelle individuelle, c'est un petit bout de terrain privé, pour toi ! Et la p...
Lucas : Non, je préfère une parcelle collective.
Stéphane : Pourquoi ?
Lucas : Parce que je ne connais rien au jardinage ! Les autres vont m'aider !
Stéphane : Moi, je préfère une parcelle individuelle. Je veux choisir mes plantations.
Lucas : Qu'est-ce que tu vas planter ?
Stéphane : Je vais planter des tomates, des fraises...
Lucas : Elles ne vont pas pousser en ville !!!
Stéphane : Elles vont pousser parce qu'il y a un compost.
Lucas : C'est quoi un compost ?
Stéphane : C'est un engrais naturel !
Lucas : Super ! On va avoir des légumes... bio ! Je vais planter des carottes... bio !

Corrigés

4 a. Deux amis parlent de la réunion sur le jardin partagé d'Amouroux. Ils veulent s'inscrire à la réunion d'information sur un nouveau jardin partagé.

4 b. 1. Une parcelle individuelle est pour **une** personne (La parcelle individuelle, c'est un petit bout de terrain privé, pour toi !). 2. Lucas **ne connaît pas** le jardinage (Je ne connais rien au jardinage). 3. Lucas préfère une parcelle **collective** (Je préfère une parcelle collective). 4. Stéphane veut choisir ses **plantations** (Je veux choisir mes plantations.). 5. Stéphane va planter **des tomates** (Je vais planter des tomates.). 6. Le compost est un engrais **naturel** (C'est un engrais naturel.).

Activité 5 5 min

Grammaire

> *Pourquoi* et *parce que* **pour exprimer la cause**

Conceptualisation

À deux Ce point de grammaire ne doit pas poser de difficulté de compréhension car les apprenants doivent souvent entendre leur enseignant poser la question commençant par *Pourquoi*. Faire lire la consigne et **faire expliquer le mot** *cause* (= la raison ou le motif d'une action). Faire observer l'extrait de dialogue et **demander aux élèves de réfléchir ensemble** pour compléter les deux phrases et systématiser le duo de question-réponse *Pourquoi ? / Parce que...* puis mettre en commun. Faire lire la partie *Pourquoi* et *parce que pour exprimer la cause* dans l'encadré Grammaire page 89.

Corrigé

5 Pour demander la cause, on utilise **pourquoi**. Pour répondre et indiquer la cause, on utilise **parce que**.

> **S'entraîner** **activités 8 et 9 page 95**

Activité 6 15 min

Grammaire

> **Le futur proche (2) des verbes pronominaux pour parler d'un projet**

Conceptualisation

À deux a. et **b.** Demander aux apprenants d'observer les deux phrases et de répondre aux deux consignes. Le futur proche a déjà été travaillé à la leçon 17. Il s'agit ici d'insister sur la structure de la phrase lorsqu'il s'agit d'un verbe pronominal et de placer correctement le second pronom. Faire réécouter le dialogue du document 2 et noter au tableau les autres verbes au futur proche. Demander aux apprenants de donner l'infinitif de ces verbes et les noter **au tableau**.

Je vais m'inscrire ⎫
Tu vas t'inscrire ⎬ → s'inscrire

Tu vas demander → demander

Les autres vont m'aider → aider

Qu'est-ce que tu vas planter ? ⎫
Je vais planter des tomates. ⎬ → planter

Elles ne vont pas pousser en ville ⎫
Elles vont pousser ⎬ → pousser

Faire faire des remarques sur la structure avec le verbe pronominal. Faire ainsi observer la présence des pronoms réfléchis – les apprenants les connaissent déjà grâce à l'étude de la conjugaison des verbes pronominaux au présent à la leçon 16 – et surtout leur place (juste devant l'infinitif).

c. Faire remettre dans l'ordre les mots des deux phrases.

– Après la conceptualisation, demander de se reporter à la partie *Le futur proche (2) des verbes pronominaux pour parler d'un projet* de l'encadré Grammaire page 89 et de lire ensemble à haute voix la conjugaison du verbe *s'inscrire* au futur proche.

 Afin de faciliter la mémorisation, on peut faire un remue-méninges pour dresser une liste des verbes pronominaux connus (*cf.* leçon 16) et les écrire au tableau (*se coucher, se lever, se laver, s'habiller, se reposer*). Par deux, les apprenants s'entraînent à les conjuguer au futur proche.

Corrigés

6 a. s'inscrire

6 b. Ces phrases expriment le futur.

6 c. 1. Je vais me doucher. 2. Tu vas te doucher.

> **S'entraîner** **activité 5 page 94**

Activité 7   15 min

→ **Dire ce qu'on va faire et pourquoi**

En petit groupe Faire regarder la vidéo de Ying et demander aux membres de chaque groupe de répondre à la question de la même façon avec le futur proche et l'expression de la cause : « Le week-end prochain, je vais... parce que... ».

Corrigé

7 Productions libres.

Phonétique 130  32 10 min

> **Les sons [ɑ] et [ã]**

Faire visionner le tutoriel vidéo de Jean-Thierry 32 ou faire écouter l'audio 130 de l'encadré pour faire travailler la façon de prononcer les sons [ɑ] et [ã].

Transcription 32

• Les sons [ɑ] et [ã]

Bonjour ! Aujourd'hui, nous étudions les sons [ɑ] et [ã]. Le son [ɑ] est oral. L'air passe par la bouche : la tomate, le jardinage, le jardin partagé. Le son [ã] est nasal. L'air passe par le nez (et par la bouche). On ne prononce pas le « n » : dans, planter, demander, l'engrais, l'environnement. Écoutez et répétez ! Attention oral, nasal ! Gardez bien la bouche ouverte ! a • an • a • an • a • an. À dimanche ? Non ! À samedi ? Non ! À vendredi ? Peut-être !

• Les sons [ɑ] et [ã]

Le son [ɑ] est oral. L'air passe par la bouche. Exemples : la tomate, le jardinage, le jardin partagé. Le son [ã] est nasal. L'air passe par le nez (et par la bouche). On ne prononce pas le « n ». Exemples : dans, planter, demander, l'engrais, l'environnement. a • an • a • an • a • an

> S'entraîner > activité 10 page 95

AGIR

Activité 8   45 min

→ **Proposer un projet pour son quartier**

Préparation

Seul puis **En classe entière** Présenter la tâche aux apprenants, expliquer les différentes étapes de l'activité et en vérifier la bonne compréhension : les apprenants vont devoir réaliser un tract similaire à celui de l'association « Partageons nos jardins » (Doc. 1).

a. On peut faire un remue-méninges en classe entière pour donner des idées ou laisser les petits groupes réfléchir et se mettre d'accord. Chaque groupe choisit un projet. Exemples : se réunir pour ramasser les papiers dans la rue, faire les courses pour les personnes âgées…

Production écrite

En petit groupe b., **c.** et **d.** Chaque groupe liste les objectifs de son projet avec la structure étudiée (*pour* + infinitif) puis décide de la date de la réunion d'information. Les membres peuvent faire un remue-méninges pour choisir aussi un nom d'association et un logo, puis des questions-réponses destinées à attirer les éventuels participants.

Pour la rédaction du tract, les membres du groupe se répartissent les tâches : certains s'occupent de la composition visuelle du tract avec le nom de l'association, son logo et les illustrations éventuelles, d'autres rédigent l'en-tête (titre, date et lieu de la réunion) et le bas de page du tract, d'autres rédigent les deux ou trois questions/réponses, enfin d'autres listent les objectifs du projet.

Tous les membres de chaque groupe se réunissent pour rassembler les parties du tract.

Présentation

En classe entière e. Chaque groupe présente son tract et explique son projet à la classe.

Hors de la classe, les apprenants pourront poster leur tract sur le groupe de la classe.

Corrigé

8 Productions libres.

Prolongement de la leçon

> **Entraînement linguistique**

■ Demander aux apprenants de relire la double page, de réécouter les documents travaillés.

■ Faire créer une fiche-lexique sur le thème de la nature, l'environnement.

> **Évaluation formative**

■ Les activités du **Cahier d'activités** correspondant à la leçon sont aux pages 84-87.

■ Les activités du **Parcours digital®**.

Classe inversée

Avant la leçon 26

Demander aux apprenants de/d' :

– lire et écouter l'encadré Vocabulaire, page 91, les parties *Les voyages* 131, *Les appréciations* 132, *Les loisirs (2)* 133, *Les jeux* 134 ;

– visionner le tutoriel de Jean-Thierry ▶ 33, ou de l'écouter 135 et de lire l'encadré phonétique page 91 ;

– observer et décrire le document 1 page 90 ;

– préparer l'activité 1 et l'activité 2 page 90 ;

– préparer l'activité 3 page 90.

RACONTER UN VOYAGE ⏱3 h 15							
Savoir-faire et savoir agir : situer une action dans le passé · donner une appréciation dans le passé							

DOC. 1

	10'		15'				20'
COMPRENDRE	Act. 1 📖		Act. 2 📖		Vocabulaire 🎧 134		Act. 3 💬
	· identifier un document écrit et son information principale		· préciser les informations sur un concours		· les jeux		· dire si on aime voyager et pourquoi

DOC. 2

	20'				10'	20'		10'
COMPRENDRE	Act. 4 📖	Grammaire	Vocabulaire 🎧 131 et 133	Grammaire	Vocabulaire 🎧 132	Act. 5 Grammaire		Phonétique 🎧 135 ▶ 33
	· raconter un voyage	· *en* + année ou mois	· les voyages · les loisirs (2)	· l'imparfait *C'était*	· les appréciations	· le passé composé (3) des verbes pronominaux	· les participes passés en *-u, -i, -is, -ert*	· la continuité : l'élision, les liaisons et les enchaînements

	45'	Act. 6 💬	· présenter un pays
AGIR	45'	Act. 7 ✏	· raconter un voyage

COMPRENDRE

Activité 1 📖 ⏱10 min

→ **Identifier un document écrit et son information principale**

Sensibilisation

En classe entière Faire observer le document et le faire identifier : il s'agit d'une affiche (les apprenants ont déjà vu ce type de support dans le livre aux leçons 5 et 13). Faire décrire les éléments visuels et les titres situés en haut de l'affiche. Propositions : Il s'agit d'un dessin du portrait d'un enfant (fille ou garçon). Le mot *voyage* dans le titre indique le thème. Le mot *concours* (= jeu) indique le but de l'affiche.

Compréhension globale

Lire la consigne de l'activité 1 et demander de cocher la bonne réponse ; les observations faites précédemment permettent de répondre facilement ; le sous-titre « Textes et dessins » précise qu'il s'agit d'un jeu sur l'écriture et le dessin. Faire justifier la réponse et demander d'expliquer ce que signifie

le mot *concours* : un jeu, une compétition avec un prix ou une récompense pour le(s) meilleur(s).

Corrigé

1 b. C'est l'affiche d'un jeu sur l'écriture et le dessin.

Activité 2 📖 ⏱15 min

→ **Préciser les informations sur un concours**

Compréhension finalisée

Seul puis **À deux** Demander aux binômes de lire les autres informations de l'affiche et de répondre aux questions ; mettre en commun oralement.

Les mots *sponsors* et *treks*, qui sont des anglicismes, ne devraient pas poser de problème de compréhension. Si besoin, en donner une définition. Un sponsor est une personne ou, plus souvent, une entreprise qui finance une manifestation culturelle ou une épreuve sportive (ou un de ses participants), généralement dans un but publicitaire. Un trek (ou trekking) est une longue randonnée pédestre. Le trek se pratique dans des zones sauvages ou difficiles d'accès.

Le mot *concours* a été expliqué dans l'activité 1. Le mot *prix* dans cette acception peut demander à être précisé : la chose à gagner, la récompense.

Culture(s) +

- *Libération* est un quotidien français.
- **Le Grand Bivouac** est un festival du film et du livre documentaires avec des récits d'expériences et témoignages de grands voyageurs, un salon du livre, des expositions, un salon du voyage.
- **Point-Voyages** est une agence spécialisée dans les voyages d'aventures en petits groupes, en randonnée, en trekking ou en voiture.

Activité 3   20 min

→ Dire si on aime voyager et pourquoi

En classe entière

 Pour cette activité de production orale, il est possible, au préalable, de faire une carte mentale à partir du mot *voyage*. Écrire le mot « voyage » au centre du tableau et demander aux apprenants de citer des mots en relation avec ce mot et les écrire. Exemples : soleil, culture, loin, marcher, découvrir, mer, monuments, vacances, avion, visiter, montagne… Cette carte mentale donnera du lexique et permettra aux apprenants de répondre à la question posée. Le lexique noté servira également à enrichir les productions demandées aux activités 6 et 7.

– Faire un tour de table où chacun va répondre à la question en utilisant la matrice : « J'aime/Je n'aime pas voyager parce que… » On peut demander à chacun de proposer trois raisons.

Corrigé

3 Productions libres.

DOC. 2

Activité 4 20 min

→ Raconter un voyage

Sensibilisation

En classe entière Demander à la classe de regarder le document 2 et de l'identifier : c'est un extrait de blog ou de journal où une personne raconte son voyage au Japon. Elle a posté des photos avec des commentaires (= des légendes).

Compréhension globale

Seul puis **En classe entière** **a.** Inviter les apprenants à lire le premier paragraphe et à répondre aux trois questions. Mettre en commun et noter les réponses **au tableau**. Entourer *en* et attirer l'attention sur la structure en + année.

 Sophie est allée au Japon.

en 2018

pour faire de la randonnée dans un pays loin de l'Europe

 On peut rappeler aux apprenants qu'ils connaissent déjà d'autres structures pour situer une action dans le passé :
En 2018
L'année dernière
Il y a un an, deux mois…

Compréhension finalisée

Seul puis **À deux** **b.** Faire lire la consigne et en vérifier la compréhension. Montrer l'exemple pour le dessin 1 et préciser que, pour légender, il suffit de relever la phrase la plus générale dans le texte en accord avec le dessin et non de recopier un paragraphe.

Laisser les binômes trouver la phrase légende de chaque illustration et mettre en commun.

– Consacrer un moment à compléter l'enrichissement lexical autour du thème du voyage en demandant aux apprenants de relever dans le récit de Sophie les termes en relation avec le voyage et le tourisme et en orientant le relevé sur les transports et les actions privilégiées pendant les voyages. Le lexique noté complétera le relevé réalisé à l'activité 3 et servira à enrichir les productions demandées aux activités 6 et 7. Laisser aussi la possibilité d'ajouter des mots (propositions en bleu ci-dessous).

Les transports/ le logement	Les actions
un vol	visiter un pays
l'avion	faire de la randonnée, de la marche
un aéroport	se reposer
un monorail	prendre des photos
un train	
descendre ≠ monter	découvrir (un restaurant, un quartier…)
la valise	retourner à l'hôtel
l'hôtel	réserver
la gare	
un bagage	
un sac	
un billet	

En classe entière c. Faire relever les deux commentaires et les écrire **au tableau**. Si besoin, expliquer les deux adjectifs. Demander de transformer au présent pour faire identifier le verbe *être*.

 C'était **magique** ! (= merveilleux, fabuleux) → C'est **magique** !

C'était **délicieux** ! (= très très bon) → C'est **délicieux** !

– Les apprenants connaissent déjà cette façon de donner une appréciation au présent : *C'est beau ! C'est cher !* Expliquer que cette nouvelle forme verbale a la même fonction mais dans un contexte passé. Faire lire l'encadré Grammaire *L'imparfait pour donner une appréciation dans le passé* page 91.

Vocabulaire

 🎧 132 ⏱ 10 min

▶ **Les appréciations**

En classe entière Revenir au lexique des appréciations : demander aux apprenants de relire rapidement le récit de Sophie et de relever d'autres adjectifs qui donnent une appréciation (= une opinion, un jugement négatif ou positif, une description). Pour l'accès au sens, passer par la synonymie ou l'antinomie voire la paraphrase.

	=	≠
C'était magique	merveilleux, fabuleux	ordinaire, normal
C'était délicieux	très bon	très mauvais
un quartier animé	avec beaucoup de personnes	calme
un mariage traditionnel	classique, avec les règles du passé	moderne
un restaurant typique	caractéristique, spécifique	original, différent

Corrigés

4 a. Sophie est allée au Japon. En 2018. Pour faire de la randonnée dans un pays loin de l'Europe.

4 b. 2. Je suis allée au parc Yoyogi. 3. J'ai vu un mariage traditionnel. 4. J'ai découvert un temple. 5. Je suis retournée à l'hôtel.

4 c. C'était magique ! C'était délicieux !

Activité 5 ⏱ 20 min

Grammaire

▶ **Le passé composé (3) des verbes pronominaux**
▶ **Les participes passés en** *-u, -i, -is, -ert*

Conceptualisation

 Cette activité grammaticale consiste à poursuivre le travail d'appropriation sur le passé composé commencé aux leçons 21 et 22. Dans cette leçon, l'accent est mis sur le passé composé des verbes pronominaux et l'ensemble des formes de participes passés.

a. Pour effectuer le relevé demandé, proposer une grille et **demander aux binômes de la compléter**. **Au tableau**, écrire avec une couleur différente les verbes conjugués avec *être* (ici en vert) et le verbe pronominal (ici en rouge).

en -é	en -u	en -i
j'ai arrêté → arrêter	je suis descendue → descendre	j'ai choisi → choisir
j'ai décidé → décider		j'ai dormi → dormir
le vol a duré → durer	j'ai vu → voir	
je ne me suis pas reposée → se reposer	j'ai bu → boire	
j'ai laissé → laisser		
je suis allée → aller		
j'ai quitté → quitter		
je suis retournée → retourner		

en -is	en -ert	
j'ai pris › prendre	j'ai découvert → découvrir	

– Avant de travailler sur les formes de participe passé, demander aux apprenants de regarder les formes de passé composé et de faire des remarques sur l'utilisation de l'auxiliaire dans les exemples relevés :
• la majorité des verbes sont formés avec le verbe *avoir* ;
• 4 verbes sont formés avec le verbe *être* : *aller*, *retourner*, *descendre* (conformément à ce qui a été étudié à la leçon 22) + le verbe pronominal *se reposer*.
Le professeur précisera que tous les verbes pronominaux se conjuguent avec l'auxiliaire *être* au passé composé.

– Attirer l'attention sur l'accord du participe dans les exemples : invariable avec l'auxiliaire *avoir* et au féminin ici avec l'auxiliaire *être* puisque *je* représente Sophie.

– Attirer l'attention sur la structure négative du verbe pronominal et l'ordre des mots *Je ne me suis pas reposée*.

 Demander à la classe de mettre tous les verbes de la liste à la forme négative et faire remarquer que dans toutes les structures négatives, aucun mot ne peut séparer le pronom sujet et *ne/n'*.

À deux Pour travailler l'automatisme du passé composé des verbes pronominaux, on peut faire la liste de tous les verbes connus (*se lever, se laver, s'habiller*…) et demander aux apprenants de s'entraîner à les conjuguer à différentes personnes et aux formes affirmatives et négatives.

En classe entière b. Revenir à la grille du tableau et faire observer les formes de participes relevées, puis faire répondre au *vrai/faux*.

– Demander ensuite à la classe de faire toutes les remarques qui leur semblent importantes sur ces formes de participes passés. Ce travail sur les participes permet de faire une synthèse à écrire au tableau. Le professeur ajoutera quelques commentaires.

Il y a plusieurs formes de participes passés : -é, -i, -is, -it, -u, -ert

– tous les verbes en -er → é (les plus nombreux)

– beaucoup de verbes en -ir → -i, quelques verbes → -ert (découvrir, offrir, ouvrir, souffrir) et quelques-uns en -u (venir, tenir)

– prendre et mettre (et leurs composés) → -is

– les autres infinitifs → -u (voir, connaître, boire, lire)

 Pour être complet, le professeur pourra ajouter qu'il existe une autre forme du participe passé en -it pour quelques verbes en -ire (dire, écrire).

– Se reporter à l'encadré Grammaire *Les participes passés en* -u, -i, -is, -ert de la page 91 et au Précis grammatical de la page 131. Repréciser également la possibilité de se reporter au Précis de conjugaison (p. 132-135) pour trouver la forme de participe passé d'un verbe précis.

Corrigé

5 a.

en -é	en -u	en -i
j'ai arrêté → arrêter	je suis descendue → descendre	j'ai choisi → choisir
j'ai décidé → décider		j'ai dormi → dormir
le vol a duré → durer	j'ai vu → voir	
je ne me suis pas reposée → se reposer	j'ai bu → boire	
j'ai laissé → laisser		
je suis allée → aller		
j'ai quitté → quitter		
je suis retournée → retourner		

en -is	en -ert
j'ai pris → prendre	j'ai découvert → découvrir

5 b. 1. Vrai. 2. Faux : certains verbes en -ir ont une terminaison de participe passé en -ert.

  S'entraîner activités 11, 12, 13 et 14 page 95

(Phonétique) 135 ▶ 33 ⏱ 10 min

▶ **La continuité : l'élision, les liaisons et les enchaînements**

Faire visionner le tutoriel vidéo de Jean-Thierry ▶ 33 ou faire écouter l'audio 🎧 135 de l'encadré pour faire travailler la continuité : l'élision, les liaisons et les enchaînements.

 Transcription ▶ 33

• La continuité : l'élision, les liaisons et les enchaînements

Bonjour, aujourd'hui, la continuité. L'élision, la liaison, les enchaînements.

En français, on ne s'arrête pas entre les mots. On prononce le mot phonétique ou le groupe rythmique comme un seul mot. Les consonnes et les voyelles s'enchaînent ! Par exemple : J'_ai_mal_à_la_gorge : on prononce comme un seul mot : [ʒemalalagorʒ] [ʒemalalagorʒ]. Rapide. Vous_avez_des_antibiotiques [vuzavedezãtibjotik]. Une infirmière [ynɛ̃firmjɛr]. Un infirmier [ɛ̃nɛ̃firmje].

À vous. Prononcez ces phrases. Écoutez pour vérifier. J'ai mal à la tête. Elle a mal aux dents. Ils ont mal au dos. Vous avez compris ? C'est bien ! À bientôt !

 Transcription 🎧 135

• La continuité : l'élision, les liaisons et les enchaînements

En français, on ne s'arrête pas entre les mots. Prononcez comme un seul mot.

J'ai_mal_à_la_gorge. > [ʒemalalagorʒ]

Vous avez des_antibiotiques ?

Vous_avez des_antibiotiques ? > [vuzavedezãtibjotik]
    [z]   [z]

une infirmière > [ynɛ̃firmjɛr]

un infirmier > [ɛ̃nɛ̃firmje]

a. J'ai mal à la tête. b. Elle a mal aux dents. c. Ils ont mal au dos.

S'entraîner activité 15 page 95

AGIR

Activité 6 💬 ⏱ 45 min

→ **Présenter un pays**

Préparation

En classe entière puis **Seul** a. Présenter la tâche aux apprenants, expliquer les différentes étapes de l'activité et en vérifier la bonne compréhension. Chaque apprenant choisit silencieusement un pays qu'il a visité et note quelques activités qu'il a faites dans ce pays. Inviter les apprenants à utiliser le lexique travaillé aux activités 3 et 4. Préciser que les activités sélectionnées ne doivent pas être trop générales – comme par exemple, *j'ai lu, je me suis reposé(e)* – puisqu'elles doivent constituer des indices pour faire deviner le pays visité. Insister aussi sur le fait que les activités doivent être contextualisées (où – sans dire le nom du pays – ? quand ? pourquoi ?).

Présentation

En petit groupe b. et c. Chaque membre du groupe raconte les activités faites lors de son voyage. Les autres devinent le pays visité.

Cette activité peut se faire sous forme de jeu. Chaque apprenant prépare 5 activités pour un pays et les classe de la moins évidente à la plus évidente ; il donne la première information, laisse quelques instants de réflexion au groupe ; si une personne pense avoir trouvé, elle note sa réponse sur un morceau de papier et la montre à celui qui présente. On procède de la même façon pour toutes les informations. Si une personne devine le pays après le premier indice, il marque 5 points, après le deuxième indice, 4 points, etc.

Le professeur peut donner un exemple (*cf.* corrigé). Cette activité peut se faire en classe entière ; dans cette configuration, ce sont des petits groupes qui présentent ensemble un pays.

Corrigé

6 Productions libres. Exemple : Pour faire deviner la Norvège : Information n° 1 : J'ai visité un pays dans le nord de l'Europe, près de la mer. Information n° 2 : J'ai pris des photos des jolies maisons colorées. Information n° 3 : J'ai mangé beaucoup de poisson. Information n° 4 : J'ai pris le bateau pour visiter les fjords. Information n° 5 : Je suis allée au musée des bateaux vikings à Oslo.

Activité 7 45 min

→ **Raconter un voyage**

Préparation

En classe entière a. Présenter la tâche aux apprenants, expliquer les différentes étapes de l'activité et en vérifier la bonne compréhension. Il s'agit de rédiger un petit récit de son voyage sur le modèle du document 2. Inviter les apprenants à utiliser le lexique travaillé aux activités 3 et 4.

Production

Seul b. et **c.** Préciser aux élèves d'utiliser l'imparfait pour exprimer l'appréciation. Chaque apprenant rédige. Le professeur circule pour apporter son aide.

Présentation

À deux d. Constituer des binômes qui se lisent leurs textes, les comparent et échangent sur les voyages.

e. Les textes sont affichés.

 Hors de la classe, les apprenants peuvent poster leur texte sur le groupe classe.

Corrigé

7 Production libre.

Prolongement de la leçon

> **Entraînement linguistique**

■ Demander aux apprenants de relire la double page, de réécouter les documents travaillés.

■ Faire compléter la fiche-lexique sur le thème des sports et des loisirs qui a été créée à la leçon 10.

> **Évaluation formative**

■ Les activités du **Cahier d'activités** correspondant à la leçon sont aux pages 88-91.

■ Les activités du **Parcours digital**®.

Classe inversée

Avant la leçon 27

Demander aux apprenants de/d' :

– écouter le document 1 page 92 ;

– préparer l'activité 1 page 92 ;

– lire le document 2 page 93 ;

– préparer l'activité 5 page 93.

Avant la leçon 28

Demander aux apprenants de :

– regarder la page d'ouverture de l'unité 8 page 99 ;

– lire le document 1 page 100, chercher le sens des mots nouveaux dans un dictionnaire ;

– faire les activités 1 et 2 page 100 ;

– lire et écouter l'encadré Vocabulaire page 101, les parties *Les études universitaires* 142 et *Les domaines* 143 ;

– faire l'activité de phonétique sur les sons [s] et [z] ▶ 36 et 144.

Les deux tâches proposées dans cette dernière leçon privilégient le thème des loisirs et du voyage et permettent de

réinvestir les savoir-faire et savoir agir de la formulation d'un projet, du récit, de l'appréciation et du conseil.

 laisser un message vocal 1 heure

Cette première tâche consiste à découvrir et analyser les composants d'un message vocal demandant des précisions sur une activité sportive et à en enregistrer un. Un message vocal est un monologue court qui donne des informations très précises et concises. C'est un support de la vie quotidienne très pratique qui pourra être utile aux apprenants. L'enseignant peut ainsi transférer cette tâche dans la vie des étudiants en les invitant à se laisser des messages en français pour demander l'heure d'un cours, demander des documents ou prévenir d'une absence, par exemple. L'enseignant donnera le vocabulaire qui favorise ces échanges entre apprenants. Les apprenants en langue étrangère sont réticents à enregistrer ce type de message car ils sont souvent intimidés. Les entraîner à ce type de tâche peut leur permettre de gagner en confiance.

ÉCOUTER DOC. 1

Activité 1 10 min

[Découverte]

En classe entière

Demander d'observer le document 1, de l'identifier (il s'agit de la page du site web de Sport et découverte) et de faire des hypothèses sur ce que ce site propose : le slogan *Offrez l'inoubliable* (= on ne peut pas oublier) !, les titres des onglets et la photo des montgolfières font penser à des activités de loisirs sportives et originales donnant des sensations fortes.

– Faire écouter le document audio associé et demander de répondre à la question. Faire préciser l'objectif du message de Redouane (*cf.* corrigés).

Transcription 136

– Bonjour. Vous êtes bien chez Sport et découverte. Veuillez laisser votre message après le bip sonore. Merci et à bientôt !
– Bonjour. Je m'appelle Redouane Fontes. Je souhaite faire un vol en montgolfière pour découvrir les volcans d'Auvergne. Est-ce qu'une personne en fauteuil roulant peut faire le voyage ? Il y a des disponibilités pour 4 personnes en juin ? Faut-il réserver maintenant ? Vous pouvez me rappeler au 07 34 12 78 51. Merci, bonne journée !

Corrigé

1 b. C'est un message téléphonique. (Un jeune homme, Redouane, laisse un message sur le répondeur de Sport et découverte pour demander des informations sur une activité.)

Activité 2 10 min

À deux Faire réécouter et répondre aux questions en justifiant les réponses. Demander aux apprenants de réaliser l'activité individuellement, puis de **comparer leurs réponses par deux**. Mettre en commun.

Corrigés

2 a. Faux (Je souhaite faire un vol en montgolfière). b. Faux (Il y a des disponibilités pour 4 personnes ?). c. Vrai (Est-ce qu'une personne en fauteuil roulant peut faire le voyage ?). d. Vrai (pour découvrir les volcans d'Auvergne). e. Faux (07 34 12 78 51).

Activité 3 10 min

[Analyse]

À deux Cette activité permet de décrypter les parties constituant un message téléphonique. Demander aux apprenants de faire l'activité avec ou sans réécoute.

– Pour compléter le travail d'analyse, demander aux apprenants de se reporter à l'encadré Mémo de la page 92 pour confirmer les quatre parties composant le message téléphonique.

Corrigé

3 1. c ; 2. d ; 3. b ; 4. a ; 5. e

PARLER

Activité 4 30 min

Préparation

Seul a. et b. Faire lire les deux consignes pour que les apprenants prennent connaissance de la tâche à accomplir.

On peut faire un remue-méninges afin de lister les expressions utiles pour exprimer le projet de sortie (*Je souhaite…, je voudrais…*) et pour proposer la sortie (*Tu veux venir avec moi, on pourrait aller ensemble, est-ce que tu es libre ?*).

– Chaque apprenant choisit une sortie et prépare un message à laisser sur le répondeur d'un ami pour lui proposer cette sortie (indiquer le projet, le jour et l'heure).

Production

c. Chaque apprenant enregistre son message sur le répondeur de l'ami. Faire écouter tous les messages et **laisser la classe réagir sur l'originalité du projet, la façon de le présenter…**

Corrigé

4 Productions libres.

... écrire un avis sur une plateforme de voyages 1 heure

Cette seconde tâche consiste à découvrir et analyser les composants de deux avis sur un voyage postés sur une plateforme de voyage (Tripadvisor) et d'en écrire un. Les apprenants ont déjà réalisé ce type d'écrit à la leçon 23 pour donner un avis sur un restaurant et sont donc un peu familiarisés avec la structure qui consiste à raconter et à évaluer une expérience vécue pour conseiller de la faire ou non. L'intérêt pour un apprenant est de s'ancrer dans la vie réelle et de pouvoir réaliser en langue cible ce qu'il a peut-être l'habitude de faire dans sa langue maternelle, à savoir échanger sur les réseaux sociaux, les plateformes et les forums.

 LIRE DOC. 2

Activité 5 10 min
[Découverte]

En classe entière **a.** et **b.** Expliquer aux apprenants que leur travail de production sera d'écrire un avis sur une plateforme de voyages. Les deux premières activités vont permettre de découvrir ce type de document pour faciliter le travail de production à faire.

À deux Demander d'observer le document 2 et de l'identifier : il s'agit d'une page d'un site touristique. Demander d'identifier le sujet sur lequel les internautes donnent leur avis (une visite à vélo de Montréal) et ensuite de répondre aux questions. Mettre en commun en justifiant les réponses et en précisant les informations (*cf.* corrigés).

Corrigés

5 a. 1. Il y a deux avis. 2. On parle de Montréal (au Canada).

5 b. 1. Les auteurs sont Christelle2525 de Liège, en Belgique et Hugo4ever de Genève, en Suisse. 2. Le 15 juillet 2019 et le 23 juillet 2019. 3. Christelle2525 est très contente (5 ronds verts ; C'était parfait !). Hugo4ever n'est pas content (1 seul rond vert ; C'était nul !). 4. Christelle2525 : À faire absolument ! Hugo4ever : Il ne faut pas faire cette activité !

Activité 6 20 min
[Analyse]

À deux Faire lire l'intitulé des 5 rubriques et s'assurer que les apprenants en ont compris le sens, puis demander de faire l'activité pour retrouver la structure de chaque avis. Les apprenants peuvent identifier et encadrer les parties de message, puis écrire la lettre à côté.

– Pour la mise en commun, demander à un apprenant de lire à haute voix les extraits concernés. Lors de cette mise en commun, faire remarquer que le commentaire général est écrit en gras au début du message puisqu'il s'agit d'une sorte de résumé de l'expérience.

– Pour compléter le travail d'analyse, demander aux apprenants de se reporter à l'encadré Mémo de la page 93 pour visualiser la structure d'un message.

– Faire remarquer que dans les parties du Mémo *Faire un résumé de l'expérience* et *Raconter et donner des détails* apparaissent aussi des éléments d'appréciation. Les relever et les commenter pour faciliter le travail de production. Proposer aux apprenants de relire les deux avis et de relever les phrases d'appréciation dans une grille en séparant les avis positifs des avis négatifs : faire remarquer notamment que l'avis négatif s'exprime principalement par des phrases négatives qui montrent que la personne avait des attentes qui n'ont pas été satisfaites.

Avis positif	Avis négatif
une <u>superbe</u> promenade	Nous <u>n'</u>avons <u>pas</u> visité le mont Royal <u>comme prévu</u>.
des lieux <u>typiques</u>	Nous <u>ne</u> nous sommes <u>pas</u> arrêtés pour manger.
une pause pique-nique très <u>agréable</u>	Ella <u>n'</u>a pas raconté.
notre guide est <u>sympa</u>	Nous <u>n'</u>avons <u>rien</u> appris.
des explications <u>intéressantes</u>	

6 a. Superbe promenade avec Jonas à Montréal ! / Sortie décevante ! **b.** À faire absolument ! / Il ne faut pas faire cette activité ! **c.** Visite de Montréal à vélo. **d.** Nous avons fait... agréable. / Nous n'avons pas visité... manger ! **e.** Notre guide Jonas est sympa... intéressantes. / Ella, notre guide... Montréal.

 **ÉCRIRE**

Activité 7 30 min

Préparation

seul Les apprenants sachant ce qu'ils doivent faire grâce au travail d'analyse de l'activité 6, leur demander de choisir une activité touristique et d'écrire un message positif ou négatif. Bien préciser qu'ils doivent suivre la structure des modèles et utiliser de préférence des phrases négatives pour l'avis négatif. Rappeler aussi de se reporter au lexique travaillé à la leçon 26 (activité 4) pour donner une appréciation et d'écrire le récit au passé composé.

 Les avis peuvent être plus nuancés avec une partie négative et une partie positive.

Production

a. et **b.** Pendant la phase de production, le professeur circule pour aider à la rédaction et à la correction des écrits.

À deux Une fois les rédactions terminées, **les apprenants échangent leurs messages avec quelques apprenants proches d'eux et essaient de se corriger entre eux.**

 Il est possible de faire une phase de lecture plus collective : séparer la classe en deux selon que les avis sont positifs ou négatifs. Demander à chacun de lire son avis et faire un relevé des expressions utilisées pour enrichir le lexique de tous.

Hors de la classe, les apprenants pourront publier leur avis sur une plateforme de voyages.

Corrigé

7 Productions libres.

S'entraîner — pages 94-95

Cf. Introduction (C.1.3), page 24.

– **Corrigés** des activités 1 à 15 : p. 141 du livre de l'élève.

– **Parcours digital®** : toutes les activités des pages 94-95 sont proposées en version auto-corrective □ sauf l'activité 3 qui est à faire à deux.

Faites le point — page 96

Cf. Introduction (C.1.4), page 24.

Évaluez-vous !

Corrigés

> J'ai mal **aux** dents !

> Exemples de production : Repose-toi ! Prends un médicament ! Il faut dormir ! Tu dois aller à la pharmacie.

> Exemples de production : Je vais aller à la campagne. Je vais me reposer.

> J'ai mal au ventre **depuis** une semaine.

> Exemples de production : J'étudie le français parce que **je veux aller en France**. Parler une langue étrangère est utile **pour trouver un travail**.

> **En** 2015, je suis allée au Vietnam.

> Exemples de production : c'était intéressant, ennuyeux (pour une activité) ; c'était délicieux, mauvais (pour un plat) ; c'était calme, bruyant (pour un lieu)

Classe inversée

Avant la leçon 28

Demander aux apprenants de :

– regarder la page d'ouverture de l'unité 8 page 99 ;

– lire document 1 page 100, chercher le sens des mots nouveaux dans un dictionnaire ;

– faire les activités 1 et 2 page 100 ;

– lire et écouter l'encadré Vocabulaire page 101, les parties *Les études universitaires* 🎧 142 et *Les domaines* 🎧 143 ;

– faire l'activité de phonétique sur les sons **[s]** et **[z]** ▶ 36 et 🎧 144.

Préparation au DELF A1

I COMPRÉHENSION DE L'ORAL

15 points

Exercice 3. Comprendre des instructions

5 points

 139 **Transcription**

Écoutez deux fois le message. Lisez les questions puis répondez.
Madame Guéné, pour soigner votre rhume, vous allez prendre du paracétamol trois fois par jour. Pour le mal de gorge, vous devez prendre du sirop le matin et le soir avant le repas. Et mangez des oranges, c'est bon pour soigner le mal de gorge !

1. 3 fois par jour. (2 points)
2. Le matin et le soir. (1 point)
3. Avant le repas. (1 point)
4. Photo b. (1 point)

Exercice 4. Comprendre de courtes conversations entre 2 personnes

10 points
(2 points par bonne réponse)

 140 **Transcription**

Dialogue 1 :
– Elle est bonne ta pizza ?
– Oui, c'est un super restaurant ici !

Dialogue 2 :
– Regarde, on mélange d'abord le beurre et les œufs, puis on ajoute le sucre.
– Et on ajoute les 250 grammes de chocolat ?

Dialogue 3 :
– Bonjour, je voudrais un médicament pour soigner le mal de tête.
– Oui, il coûte 10 euros.

Dialogue 4 :
– Qu'est-ce que tu fais ?
– Je jardine, je plante des fleurs.

Dialogue 5 :
– Bonjour, je voudrais 3 kilos de tomates, s'il vous plaît.
– 3 kilos de tomates... 4 euros 50, s'il vous plaît.

a. Pas de dialogue.
b. dialogue numéro 2
c. dialogue numéro 5
d. dialogue numéro 3
e. dialogue numéro 4
f. dialogue numéro 1

II COMPRÉHENSION DES ÉCRITS   **15 points**

Exercice 3. **Lire pour s'orienter (dans le temps)**   8 points
1. Le samedi 5 mai. (2 points)
2. À 9 heures. (1 point)
3. À 19 heures. (1 point)
4. Photo A. (2 points)
5. Un concert de musique classique. (2 points)

Exercice 4. **Lire pour s'informer**   7 points
1. Julie (0,5 point) et Paul. (0,5 point) ;
2. a. Le samedi 15 juillet. (0,5 point) ; b. 15 heures. (0,5 point) ; c. Mairie. (0,5 point) ; d. Roissy. (0,5 point) ;
3. À 19 heures. (1 point)
4. Photo a. (1 point)
5. Avant le 25 juin. (2 points)

III PRODUCTION ORALE   **10 points**

Exercice 3. **Le dialogue simulé**
L'apprenant a...
– formulé deux questions sur la taille (2 points) ;
– formulé deux questions sur la couleur (2 points) ;
– formulé deux questions sur le prix (2 points) ;
– dit au vendeur les vêtements qu'il a choisis (2 points) ;
– donné la somme exacte du prix total de ses achats (2 points).

Pour chacune des actions, l'enseignant évaluera la capacité de l'apprenant à :
– utiliser un répertoire élémentaire de mots et d'expressions isolés relatifs à la situation donnée ;
– utiliser de façon limitée des structures très simples ;
– prononcer de manière compréhensible un répertoire limité d'expressions mémorisées.

Informez-vous !

› **Livre de l'élève p. 99-110**

Page d'ouverture

page 99

En classe entière 🕙 10 min

Suivre la démarche proposée en Introduction (C1.1), page 23.

Corrigés

Exemples de production :

› C'est l'unité 8. Elle est bleue.

› Elle s'appelle *Informez-vous !*

› Sur la photo, on voit une jeune femme au travail.
Elle travaille dans l'électricité ou l'informatique.

› Les objectifs sont : expliquer un cursus, décrire un travail
et se loger.

› Les points de grammaire sont : le passé récent, les verbes
connaître (2) et *savoir* au présent, l'interrogation avec

l'intonation, l'inversion et les mots interrogatifs,
le verbe *étudier* au présent, le futur proche (3) des verbes
pronominaux à la forme négative, le pronom *y*, le passé
composé (4) du verbe *être*, les comparatifs avec
les adjectifs, les adverbes d'intensité *très* et *trop*, le verbe
répondre au présent.

› Dans la leçon 31, on va écrire une annonce de location
et on va créer son profil professionnel.

› La vidéo 34 s'appelle *Ma petite maison en bois*.

LEÇON 28 Expliquer son cursus

pages 100-101

EXPLIQUER SON CURSUS 🕙 2 h 45

Savoir-faire et savoir agir : expliquer son cursus · décrire une action immédiate · dire ses connaissances

	DOC. 1					
	5'	10'	15'	20'		10'	10'
	Act. 1 📖	Act. 2 📖	Act. 3 Grammaire	Culture(s) 💬	Vocabulaire 🎧 142	Act. 4 💬	Act. 5 💬 ▶ 35
COMPRENDRE	· identifier les différents éléments d'un e-mail	· comprendre une demande de stage	· le passé récent	· parler des diplômes universitaires et de l'accès à l'université	· les études universitaires	· échanger sur les stages et les formations en alternance	· dire ce qu'on vient de faire et ce qu'on va faire

				DOC. 2 🎧 141			
COMPRENDRE	5'	10'		10'	15'		10'
	Act. 6 🎧	Act. 7 🎧	Vocabulaire 🎧 143	Grammaire	Act. 8 Grammaire	Grammaire	Phonétique 🎧 144 ▶ 36
	• identifier un type d'entretien	• comprendre un entretien pour un stage	• les domaines d'études	• le verbe *savoir* au présent • *connaître* (2) + nom et *savoir* + infinitif	• l'interrogation : récapitulatif	• le verbe *étudier* au présent	• les sons [s] et [z]
AGIR	45'	Act. 9 💬 ✏️		• expliquer son cursus scolaire ou universitaire			

COMPRENDRE

Activité 1 🕐 5 min

→ **Identifier les différents éléments d'un e-mail**

Sensibilisation

Seul puis **En classe entière** Faire observer et identifier le document 1 *(Il s'agit d'un e-mail.)*. Les apprenants ont déjà travaillé sur un e-mail à la leçon 11. En rappel, on peut faire repérer et définir collectivement les différents éléments qui composent la partie supérieure de l'e-mail :
– le destinataire est la personne à qui on écrit ;
– l'expéditeur est celui qui écrit l'e-mail ;
– l'objet est le sujet de l'e-mail. Expliquer ce qu'est un stage : une période de travail en entreprise pour compléter les études théoriques et obtenir des compétences professionnelles. Préciser qu'on nomme *stagiaire* un étudiant qui fait un stage.

Compréhension globale

a. Demander aux apprenants de répondre aux questions. Valider les réponses en demandant de décoder les adresses électroniques.
La destinataire s'appelle Floriane Addad ; pour l'extension phenix.be, expliquer ou faire expliquer que les adresses professionnelles utilisent souvent le nom de l'entreprise et les premières lettres du pays ; .fr : France ; .be = Belgique. Le nom de l'entreprise apparaît aussi dans le corps de l'e-mail ainsi que Bruxelles.
Le nom de l'expéditeur apparaît dans l'adresse et en signature de l'e-mail.

b. La pièce jointe est représentée par un trombone. Le nom du fichier joint est écrit à côté du trombone. Expliquer collectivement ce qu'est le CV (= curriculum vitae) : c'est un document qui retrace le parcours d'études et les diplômes acquis ainsi que le parcours professionnel d'une personne et ses compétences.

– Faire faire des hypothèses sur la fonction de la destinataire Floriane Addad (certainement la responsable du recrutement) et sur le contenu du message : Hippolyte Tissot va préciser sa demande et expliquer en détail sa formation pour mettre en valeur certains éléments.

Corrigés

1 a. Hippolyte Tissot (h.tissot : expéditeur / Hippolyte Tissot : signature) écrit à Madame Floriane Addad (destinataire) parce qu'il recherche un stage. **b.** Le CV (curriculum vitæ) d'Hippolyte Tissot est le document joint à l'e-mail.

Activité 2 🕐 10 min

→ **Comprendre une demande de stage**

Compréhension finalisée

Seul puis **En classe entière** **a.** Faire réaliser l'activité individuellement en demandant de noter la phrase qui justifie la réponse ; puis interroger des apprenants à tour de rôle pour donner les réponses aux cinq items. Faire valider les réponses par la classe en insistant sur la justification. Noter les réponses **au tableau** pour préparer la conceptualisation du passé récent.

 1. Faux → Je viens de finir mon master 1.

2. Faux → J'envisage de suivre mon master 2.

3. Vrai → Je viens d'assister à une réunion d'information.

4. Vrai → sur les startups belges innovantes

5. Faux → Je souhaite faire mon stage de quatre mois, de mai à août.

En classe entière **b.** Demander aux apprenants s'il s'agit d'un e-mail formel ou amical. **Faire expliquer pourquoi** et faire ainsi relever les formules et marqueurs d'un e-mail formel.
Commenter les expressions et les opposer notamment à ce qu'on dit dans un e-mail amical.

Madame → on ne dit pas « cher/chère » ou « Bonjour ! »

Cordialement → On ne dit pas « À bientôt » ou « Je t'embrasse »

Je vous remercie → On dit « vous » et on fait une phrase complète.

Corrigés

2 a. 1. Faux ; 2. Faux ; 3. Vrai ; 4. Vrai ; 5. Faux

2 b. L'e-mail commence avec « Madame » et finit avec « Cordialement ». Hippolyte utilise le vouvoiement et l'expression « Je vous remercie ».

Activité 3 15 min

Grammaire

▶ **Le passé récent pour parler d'une action immédiate**

Conceptualisation

 a. Faire lire l'exemple et répondre à la consigne, puis mettre en commun. Inviter les apprenants à revenir aux phrases notées **au tableau** et leur demander d'entourer l'autre phrase qui évoque le passé.

 1. ┌─────────────────────────────┐
│ Je viens de finir mon master I. │
└─────────────────────────────┘

2. J'envisage de suivre mon master 2.

3. ┌──┐
│ Je viens d'assister à une réunion d'information. │
└──┘

4. sur les startups belges innovantes

5. Je souhaite faire mon stage de quatre mois, de mai à août.

– Les apprenants ne connaissent pas le passé récent mais ils peuvent en comprendre la fonction.
Pour les amener à comprendre l'idée de passé immédiat, les **faire réfléchir à la différence entre le passé récent et le passé composé.** Pour cela, leur demander de transformer les deux phrases au passé composé et les écrire **au tableau.**

Passé récent		Passé composé
Je viens de finir mon master I.	→	J'ai fini mon master I.
Je viens d'assister à une réunion.	→	J'ai assisté à une réunion.

– Faire un remue-méninges rapide et, si besoin, compléter le sens de ce passé récent : ce temps est utilisé pour parler d'une action qui s'est passée très peu de temps avant le moment où l'on parle. Quand Hippolyte dit *Je viens de finir mon master*, il veut dire qu'il a fini son master il y a quelques jours (et non pas il y a 1 an, il y a 2 ans – en ce cas, on utilisera le passé composé). Si une personne dit *Je viens d'arriver au bureau* cela signifie *Je suis arrivé il y a quelques minutes*.

b. La valeur du passé récent comprise, faire répondre à la consigne et valider les réponses. Demander ensuite aux apprenants de se reporter à l'encadré Grammaire *Le passé récent pour parler d'une action immédiate* page 101, pour visualiser la structure et faire pratiquer si besoin.

 – Donner un infinitif avec un sujet et un apprenant doit le conjuguer au passé récent. Par exemple, dire « partir / Marc » et l'apprenant doit répondre « Marc vient de partir ». Poursuivre de la même manière avec d'autres infinitifs et d'autres sujets en interrogeant des apprenants à tour de rôle.
– Proposer aux apprenants de pratiquer le passé récent sous forme de mini-dialogues en opposition au passé composé. Écrire deux modèles **au tableau.**

 – Le cours a commencé ? – Oui, il vient de commencer.

– Paul et Myriam sont arrivés ? – Oui, ils viennent d'arriver.

Corrigé

3 a. « Je viens de finir mon master » exprime le passé. **b.** On utilise le verbe *venir* au présent + de + verbe à l'infinitif.

> ❯ **S'entraîner** ❯ **activité 2 page 108**

Culture(s)   20 min

→ **Parler des diplômes universitaires et de l'accès à l'université**

En classe entière Demander aux apprenants de relire l'e-mail d'Hippolyte et de relever le lexique en relation avec les études. Travailler collectivement pour accéder au sens des mots relevés et se reporter à l'encadré Culture(s) page 100 pour découvrir le nom des diplômes français.

Le master I = bac + 4

L'université = le lieu d'études après le lycée

Un diplôme = un document officiel pour valider les études

Un master en alternance = les études sont partagées entre la théorie (études à l'université) et la pratique (expérience professionnelle en entreprise)

Une formation = un ensemble de connaissances pratiques ou théoriques

Un alternant = un étudiant qui fait des études en alternance

Le baccalauréat (ou bac) = le diplôme de fin d'études au lycée

– Demander de se reporter à l'encadré Vocabulaire, *Les études universitaires* 🎧 142, page 101, et expliquer les deux mots non encore vus : *la faculté* et *le cursus*. Ajouter **au tableau.**

La faculté = une partie de l'université ; une université regroupe plusieurs facultés (faculté des lettres, faculté de droit...)

Le cursus = le parcours/le chemin des études

– Expliquer aux apprenants que les études universitaires ne sont pas la seule voie d'études supérieures (*cf.* Culture(s) +).

– Demander aux apprenants d'échanger également sur l'accès à l'université dans leur pays : quel diplôme est obligatoire ? Y a-t-il un examen ? Les études à l'université sont-elles le seul moyen de faire des études supérieures ?

■ Les **formations professionnelles**

Les étudiants peuvent également opter pour des filières professionnelles et préparer un BTS (Brevet de Technicien supérieur = Bac + 2) ou un DUT (Diplôme Universitaire de Technologie = Bac + 2). D'autres encore font des études en classes préparatoires qui permettent d'accéder aux grandes écoles de commerce ou d'ingénieurs.

Activité 4   10 min

→ Échanger sur les stages et les formations en alternance

En petit groupe Proposer aux apprenants d'échanger entre eux à partir des deux questions proposées dans l'activité. Si les apprenants ont peu d'expérience, leur proposer de donner leur avis sur les avantages et les difficultés de suivre des études en alternance.

Corrigé

4 Productions libres.

Activité 5   35 10 min

→ Dire ce qu'on vient de faire et ce qu'on va faire

En petit groupe Projeter la vidéo où Angelica raconte ce qu'elle vient de faire et ce qu'elle va faire. Attirer l'attention des apprenants sur le parallélisme entre le passé récent et le futur proche qui expriment des actions en relation étroite et immédiate avec le présent.

– Demander à chaque participant de répondre à la question qu'Angelica leur pose. Inviter les apprenants à commencer par indiquer une heure virtuelle en début d'intervention pour éviter que tous prennent comme référence du présent la situation de classe. Exemple : « Il est 8 heures. Je viens de me lever et je vais prendre mon petit déjeuner. »

Corrigé

5 Productions libres.

 141

Activité 6 5 min

→ Identifier un type d'entretien

Sensibilisation

En classe entière Dire aux apprenants qu'ils vont écouter un dialogue entre deux personnes et que ce dialogue a un lien avec le document 1. Faire faire des hypothèses sur son contenu en s'aidant de la photo : c'est une situation professionnelle, la femme (peut-être Floriane Addad) a le CV d'Hippolyte Tissot et lui pose des questions.

Compréhension globale

En classe entière a. Faire écouter le document 2. Faire vérifier les hypothèses et réaliser l'activité. En corrigeant la réponse à la consigne **b.**, préciser la différence entre les mots *entretien* et *interview* en français. On utilise le mot *entretien* dans un contexte professionnel (un entretien pour un stage ou pour un travail – un entretien avec le directeur). Le mot *interview* est surtout utilisé dans un contexte journalistique (l'interview d'une personnalité par un journaliste).

Transcription 141

La responsable : Bonjour M. Tissot.
Hippolyte : Bonjour Madame.
La responsable : Alors, vous voulez faire votre stage de master chez nous, en Belgique ?
Hippolyte : Oui, bien sûr.
La responsable : Quel est votre cursus ?
Hippolyte : Après mon bac S, j'ai suivi un double cursus droit/gestion à Paris 1. J'ai obtenu ma double licence l'année dernière.
La responsable : Et maintenant, vous étudiez quoi ?
Hippolyte : J'ai choisi de faire un master de gestion : innovation/management. Je veux faire de l'économie circulaire.
La responsable : Est-ce que vous connaissez notre entreprise ?
Hippolyte : Oui, bien sûr ! Je connais bien Phenix.
La responsable : Parfait. Et qu'est-ce qui vous plaît chez Phenix ?
Hippolyte : Le côté économie circulaire de Phenix m'intéresse.
La responsable : Hum...
Hippolyte : Par exemple, utiliser à nouveau les plastiques pour limiter le gaspillage... ça, c'est innovant !
La responsable : D'accord. Savez-vous organiser des actions de communication ? Salons ? Formations ?
Hippolyte : Oui, je sais : je suis responsable d'une association à ma fac.
La responsable : Très bien ! Et vous êtes aussi disponible le week-end, bien sûr ?
Hippolyte : Oui, bien sûr !
La responsable : Dans votre CV, vous dites...

6 a. Hippolyte Tissot rencontre Madame Addad, de l'entreprise Phenix. Il parle de ses études pour obtenir un stage.

6 b. C'est un entretien.

Activité 7 10 min

→ **Comprendre un entretien pour un stage**

Compréhension finalisée

Seul puis En classe entière Faire écouter le document 2 une deuxième fois et faire réaliser l'activité. Demander aux apprenants de prendre des notes pour justifier les réponses. Puis mettre en commun. Si besoin, faire écouter encore une fois. Faire une mise en commun orale.

	Notes
a. une double licence droit/gestion	un double cursus droit/ gestion / double licence
b. en master de gestion	faire un master de gestion
c. l'économie circulaire	Le côté économie circulaire de Phenix m'intéresse.
d. Hippolyte sait organiser	organiser des actions de communication ? – Oui.
e. Il est responsable d'une association à l'université.	Je suis responsable d'une association à ma fac.

Exemples de productions orales (à partir des notes) :

a. Il a suivi un double cursus droit/gestion et il a obtenu une double licence.

b. Il fait un master de gestion.

c. Il dit : « le côté économie circulaire de Phenix m'intéresse ».

d. Il dit qu'il sait quand elle pose la question.

e. Il dit : « je suis responsable d'une association à ma fac ».

– Expliquer collectivement la notion d'économie circulaire (*cf.* Culture + ci-après).

– Demander de se reporter à l'encadré Vocabulaire *Les domaines d'études* page 101, 143, et en expliquer la signification si besoin. Les apprenants pourront ajouter leur propre domaine d'études à la liste.

7 a. Hippolyte a obtenu une double licence droit/gestion. **b.** Hippolyte est en master de gestion. **c.** L'entreprise Phenix favorise l'économie circulaire. **d.** Hippolyte sait organiser des événements de communication. **e.** Il est responsable d'une association à l'université.

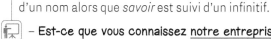

> **S'entraîner** > activité 5 page 108

Culture(s) +

■ **L'économie circulaire** est un modèle économique dont l'objectif est de produire des biens et des services tout en limitant fortement la consommation et le gaspillage des matières premières et des sources d'énergie non renouvelables. Il vise à être plus « écologiquement vertueux » que les modèles économiques classiques qui basent le développement économique sur une production de richesses qui se traduit bien souvent par une destruction de ressources.

Grammaire 10 min

▶ **Le verbe *savoir* au présent**
▶ **Les verbes *connaître* (2) et *savoir* au présent pour dire ses connaissances**

Conceptualisation

En classe entière Écrire **au tableau** les quatre phrases du dialogue dans lesquelles figurent les verbes *connaître* et *savoir*. Demander de donner les infinitifs de ces verbes : les apprenants connaissent le verbe *connaître* (leçon 24) ; leur donner, si besoin, l'autre infinitif : *savoir*.

– Est-ce que vous connaissez notre entreprise ?

– Oui, bien sûr, je connais bien Phenix. } connaître

– Savez-vous organiser des actions de communication ?

– Oui, je sais. } savoir

– Pour travailler sur la différence d'utilisation entre *savoir* et *connaître*, demander aux apprenants d'observer les phrases et de faire des remarques. Généralement, ils cherchent une nuance de sens, ce qui n'est pas le cas puisque les deux verbes sont utilisés pour exprimer des connaissances. Attirer l'attention sur la structure des deux phrases : demander de souligner les mots qui suivent les deux verbes et amener ainsi les apprenants à constater que *connaître* est suivi d'un nom alors que *savoir* est suivi d'un infinitif.

– Est-ce que vous connaissez <u>notre entreprise</u> ?

– Oui, bien sûr, je connais bien <u>Phenix</u>.

– Savez-vous <u>organiser</u> des actions de communication ?

– Oui, je sais (<u>organiser</u>).

– Demander ensuite à un apprenant de donner la conjugaison du verbe *connaître* au présent pour rappel.

– Essayer, collectivement, de construire la conjugaison du verbe *savoir* à partir des deux formes notées. Tout au long d'*Inspire 1*, les apprenants ont été amenés à réfléchir sur les conjugaisons et ont compris que les verbes qui n'ont pas l'infinitif en *-er* ont des points communs (même s'il y a des exceptions) :

– un radical plus court aux trois premières personnes du singulier ; un radical pour les trois personnes du pluriel qui est souvent similaire à celui de l'infinitif ;

– des terminaisons : *-s, -s, -t, -ons, -ez, -ent*.

Faire venir deux apprenants au tableau **pour construire ensemble la conjugaison** puis faire vérifier avec l'encadré grammatical page 101.

– Inviter les apprenants à se reporter à l'encadré Grammaire *Les verbes* connaître *(2)* et *savoir au présent pour dire ses connaissances* page 101 pour confirmer leurs observations.

❯ S'entraîner ❯ activité 1 page 108

Activité 8   15 min

Grammaire

▶ **L'interrogation : récapitulatif**

Les différentes formes de l'interrogation ont déjà été vues dans plusieurs leçons (5, 8, 10, 13, 14, 17) de façon progressive et segmentée. Il s'agit donc ici de récapituler les différentes manières de poser des questions et de revoir les mots interrogatifs.

– Demander quelles sont les trois manières de poser des questions et les écrire **au tableau** avec des exemples. Prévoir une quatrième colonne pour les autres questions.

La question avec intonation	La question avec « est-ce que »	La question avec inversion	Autres questions
Vous aimez les études ?	Est-ce que vous aimez les études ?	Aimez-vous les études ?	

À deux a. et **b.** Faire réécouter le document 2 et faire relever les questions dans la grille. Marquer des pauses pour permettre aux apprenants de noter les questions et faire réécouter des segments de dialogue si nécessaire. Mettre en commun et demander aux apprenants de souligner la question avec une forme qu'ils n'ont jamais étudiée.

La question avec intonation	La question avec est-ce que	La question avec inversion	Autres questions
Vous aimez les études ?	Est-ce que vous aimez les études ?	Aimez-vous les études ?	
– Vous voulez faire votre stage chez nous ? – Maintenant, <u>vous étudiez quoi</u> ? – Et vous êtes aussi disponible le week-end ?	– Est-ce que vous connaissez notre entreprise ? – Qu'est-ce qui vous plaît chez Phenix ?	– Savez-vous organiser des actions de communication ?	– Quel est votre cursus ?

– Reprendre la question soulignée (*vous étudiez quoi* ?) et en faire repérer la structure : question intonative + *quoi*.

– Demander de la transformer en question avec inversion (*Qu'étudiez-vous ?*) et en question avec *est-ce que* (*Qu'est-ce que vous étudiez ?*). Faire observer les changements : *quoi* devient *que* ou *qu'* dans la question inversion et *qu'* dans la question avec *est-ce que*.

 Vous étudiez quoi ? Qu'**étudiez-vous** ? Qu'est-ce que vous étudiez ?

– Demander aux apprenants de se reporter à l'encadré Grammaire *L'interrogation pour poser des questions* page 101 pour résumer tout le travail sur la question.

En classe entière Faire repérer le verbe utilisé dans l'exemple (*étudier*) qui ne présente aucune difficulté puisque que c'est un verbe en *-er*. Cependant, il est une faute que l'on entend fréquemment : *j'étude* au lieu de *j'étudie*. Faire observer la conjugaison de ce verbe dans l'encadré Grammaire page 101 et insister sur le maintien du *i* dans le radical du verbe. Lire la conjugaison pour faire entendre la prononciation correcte et faire répéter.

Corrigés

8 a. Vous voulez faire votre stage de master chez nous, en Belgique ? ; Quel est votre cursus ? ; Vous étudiez quoi ? ; Est-ce que vous connaissez notre entreprise ? ; Qu'est-ce qui vous plaît chez Phenix ? ; Savez-vous organiser des actions de communication ? ; Vous êtes aussi disponible le week-end, bien sûr ?

8 b. Question avec *quoi* : Vous étudiez quoi ? – Question avec *quel* : Quel est votre cursus ? – Question avec *est-ce que* : Est-ce que vous connaissez notre entreprise ? – Question avec *qu'est-ce que* : Qu'est-ce qui vous plaît chez Phenix ? – Questions avec intonation : Vous voulez faire votre stage de master chez nous, en Belgique ? / Vous êtes aussi disponible le week-end ? – Question avec l'inversion : Savez-vous organiser des actions de communication ?

❯ S'entraîner ❯ activité 3 page 108

Phonétique 36 144  10 min

▶ **Les sons [s] et [z]**

Faire visionner le tutoriel de Jean-Thierry ▶ 36 ou faire écouter l'audio 🎧 144 de l'encadré pour faire travailler la prononciation des sons [s] et [z].

❯ S'entraîner ❯ activité 4 page 108

• Les sons [s] et [z]

Bonjour ! Aujourd'hui, nous allons étudier les sons sssssssss et zzzzzzzz.

Le son [s] est tendu. Les cordes vocales ne vibrent pas : la licence • le master • le stage • une association.

Le son [z] est relâché. Les cordes vocales vibrent : les_études • une entreprise • organiser.

Écoutez et répétez ! Attention ! Pas de vibration, vibration : sssss • zzzzz • sssss • zzzzz • sssss • zzzzz.

Observez ! Écoutez la différence et répétez : verbe *être* : ils sont – verbe *avoir* : ils_ont ; verbe *savoir* : nous savons – verbe *avoir* : nous_avons.

Nous avons fini ! Salut !

• Les sons [s] et [z]

Le son [s] est tendu. Les cordes vocales ne vibrent pas. Exemples : la licence • le master • le stage • une association.

Le son [z] est relâché. Les cordes vocales vibrent. Exemples : les_études • une entreprise • organiser.

ils sont – ils_ont / nous savons – nous_avons

AGIR

Activité 9 💬 ✏️ ⏱ 45 min

→ **Expliquer son cursus scolaire ou universitaire**

Préparation

Seul Les apprenants vont préparer leur cursus scolaire et/ou universitaire afin de le présenter oralement aux autres membres du groupe. Cette présentation consistera à lister sur une feuille les étapes du cursus au passé composé. Exemple : « J'ai passé mon bac et après je suis allée à l'université. J'ai suivi des études de droit et j'ai obtenu un master 2. En master 1, j'ai fait un stage chez un avocat. » Autoriser les apprenants à utiliser leur dictionnaire pour rechercher la traduction de métiers ou de domaines d'études qu'ils ne connaissent pas.

Présentation

En petit groupe **a.**, **b.** et **c.** Expliquer le déroulement de l'étape : pendant la présentation de chaque membre, les autres vont prendre des notes dans une grille de critères décidée par la classe. Un exemple est écrit **au tableau**.

Domaine d'études	Lieu de formation	Diplôme	Stage	...
droit	université	Master 2	Oui en master 1	...

Tour à tour, **chaque membre du groupe présente son cursus** et note les informations du cursus d'un autre dans la grille.

En classe entière **d.** et **e.** La grille de chaque groupe sera échangée avec celle d'un autre groupe. À la lecture des cursus, **les apprenants devront deviner de quelle personne il s'agit.**

Corrigé

9 Productions libres.

Prolongement de la leçon

> **Entraînement linguistique**

■ Demander aux apprenants de relire la double page, de réécouter les documents travaillés.

■ Faire créer une fiche-lexique sur le thème des études.

> **Évaluation formative**

■ Les activités du **Cahier d'activités** correspondant à la leçon sont aux pages 94-97.

■ Les activités du **Parcours digital®**.

Classe inversée

Avant la leçon 29

Demander aux apprenants de :

– lire le document 1 page 102 et de chercher le sens des mots difficiles dans un dictionnaire ;

– faire les activités 1 et 2 page 102 ;

– lire et écouter l'encadré Vocabulaire page 103, les parties *Le travail* 🎧 146, *Les postes* 🎧 147, *Les services* 🎧 148 et *Les tâches* 🎧 149 ;

– faire l'activité de phonétique sur les sons [E], [Œ] et [O] ▶ 37 🎧 150.

DÉCRIRE UN TRAVAIL   ⏱ 2 h 50

Savoir-faire et savoir agir : demander et dire la profession · faire connaissance avec un nouveau collègue de travail · parler au quotidien

COMPRENDRE — DOC. 1

	10'	10'	20'			15'
	Act. 1 📖	Culture(s) 💬	Act. 2 📖	Vocabulaire	Grammaire	Act. 3 💬
	· identifier un document écrit · le travail 🎧 146	· échanger sur les types de contrats de travail en France	· comprendre les missions d'une fiche de poste	· les tâches 🎧 149	· le verbe *répondre* au présent	· décrire son travail ou un travail idéal

COMPRENDRE — DOC. 2   🎧 145

	5'	30'				10'	10'
	Act. 4 🎧	Act. 5 a 🎧	Vocabulaire	Grammaire	Act. 5b vocabulaire	Act. 6 Grammaire	Phonétique ▶ 37 🎧 150
	· identifier une situation de communication	· faire connaissance avec un collègue, parler de son futur travail	· les postes 🎧 147 · les services 🎧 148	· le futur proche (3) des verbes pronominaux : forme négative	· le parler quotidien	· le pronom *y* pour dire où on va	· les sons [E], [Œ] et [O]

AGIR

	30'	Act. 7 ✏	· décrire son travail (ou son travail idéal) à l'aide d'une fiche de poste
	30'	Act. 8 💬	· expliquer son travail

COMPRENDRE

 DOC. 1 📖

Activité 1 📖 ⏱ 10 min

→ **Identifier un document écrit**

Sensibilisation

 Seul puis **En classe entière** Faire observer le document (titres et composition) et le faire identifier : il s'agit d'une fiche de poste de l'association MonTroc.fr pour un emploi proposé par l'association MonTroc. Expliquer brièvement le mot *troc* : demander aux apprenants qui connaissent le mot de l'expliquer par des gestes (deux apprenants s'échangent des objets) ; puis le professeur peut aider à l'expliquer par des mots : il s'agit d'une forme d'échange commercial qui consiste à donner à quelqu'un un bien ou un service sans rien payer mais en échange d'un autre bien ou service.

– Essayer collectivement d'expliquer l'expression *fiche de poste*. Une fiche = un document court qui résume des informations ; un poste = un travail, un emploi, une fonction professionnelle. Une fiche de poste = un document qui décrit un emploi.

Compréhension globale

Demander aux apprenants de faire des hypothèses sur le type d'informations que doit contenir une fiche de poste. Faire un remue-méninges et écrire **au tableau** les propositions des apprenants pour leur permettre de commencer à acquérir du vocabulaire utile pour la suite de la leçon.

🖥 (propositions) Le nom du poste

    Le salaire

    Le nom de la société

    L'activité de la société

    Le lieu du travail

    Les tâches / le rôle / le travail à faire

    Le type de contrat

– Faire réaliser l'activité en demandant aux apprenants d'écrire la lettre des énoncés dans les cadres bleus numérotés sur le document 1. Mettre en commun et ajouter ou préciser des mots à la liste précédente en expliquant le lexique (**en bleu au tableau** ci-dessous) et en repérant dans la fiche si les informations correspondant aux attentes d'un futur employé sont indiquées (en orange ci-dessous).

 Le nom du poste / L'intitulé du poste → chargé de partenariat et développement

Le salaire → 2 200 euros net

Le nom de la société → MonTroc

L'activité de la société → elle offre des biens et services avec un système d'échanges ou une monnaie virtuelle

Le lieu du travail → 46 rue de la Mare à Paris

Les tâches / le rôle / le travail → faire / Les missions → Partie « Missions » de la fiche de poste

Le type de contrat → CDD de 9 mois

– Expliquer le mot *contrat* = document écrit qui lie l'employé et l'employeur (directeur, patron…). Le travail sur les différents contrats sera fait avec le point Culture(s) du manuel, celui sur les missions à l'activité 2.

Les apprenants seront certainement curieux d'avoir des informations sur les salaires en France (*cf.* Culture + ci-dessous).

– Compléter ce travail de vocabulaire en demandant aux apprenants de se reporter à l'encadré Vocabulaire, partie *Le travail* 🎧 **146**.

Corrigés

1 1-a ; 2-b ; 3-c ; 4-d

Culture(s) ✚

■ Les salaires en France

Le salaire net est le salaire réel que gagne une personne. En 2020, selon l'Institut National de la Statistique et des Études Économiques (INSEE) :
– le salaire moyen net mensuel en France est de 2 300 euros ;
– le salaire médian net mensuel (qui partage la population en deux parties ; 50 % gagne moins, 50 % gagne plus) est de 1 797 euros (soit 25 % de moins que le salaire moyen) ;
– le salaire minimum net mensuel est de 1 219 euros.

Culture(s) 💬 ⏱10 min

→ Échanger sur les types de contrats de travail en France

 Un travail de compréhension écrite peut être proposé pour repérer les différences entre les trois contrats et enrichir le vocabulaire qui pourra être utilisé à l'activité 3.

Demander aux apprenants de lire silencieusement l'encadré et de répondre à une question générale : Quelle est la principale différence entre les contrats ? (Réponse : la durée.)

– Demander de souligner les mots qui sont en rapport avec la durée et les noter **au tableau** en leur donnant du sens (utiliser les synonymies, les antinomies).

 (propositions)

durée indéterminée ≠ durée déterminée

durée indéterminée = pas de limite de temps → CDI

durée déterminée = temporaire → CDD et CTT/Intérim

– Pour compléter la compréhension, on peut leur demander s'ils connaissent la différence entre un CDD et un CTT : le CDD est proposé par une entreprise ou une société et est renouvelable trois fois = on peut avoir 4 CDD de suite. Le CTT est proposé par une agence d'intérim qui met le salarié à disposition d'une entreprise pour une mission à durée déterminée.

– Après la phase de compréhension, la classe échange sur la question.

Activité 2 📖 20 min

→ Comprendre les missions d'une fiche de poste

Compréhension finalisée

À deux Inviter les apprenants à se concentrer sur la partie « Missions » de la fiche de poste et faire réaliser l'activité de relevé et de classement. Puis les récapituler **au tableau**. Ne pas expliquer le vocabulaire au préalable et laisser les apprenants découvrir :
– les verbes et les noms associés ;
– la signification de ces noms et les verbes correspondant aux missions.

L'animation	Animer les réseaux sociaux (étudier et publier)
L'organisation	Organiser des « Troc Parties »
La gestion	Gérer le site (déposer des annonces et répondre)
Le développement	Développer l'outil Montroc (faire la liste des entreprises, prendre des rendez-vous)

En classe entière Faire une mise en commun pour accéder au sens des missions et sensibiliser à la nominalisation ; reprendre les 4 missions et faire trouver ou donner les noms correspondant aux verbes sans entrer dans les règles de formation lexicale.

 L'animation / animer = faire vivre

L'organisation / organiser = structurer, proposer

La gestion / gérer = diriger, s'occuper de

Le développement / développer = faire grandir

En petit groupe Demander aux apprenants de se reporter à l'encadré Vocabulaire *Les tâches* page 103 149 pour ajouter des verbes au lexique indiquant les missions : *lire, analyser, publier, faire la liste, écrire, prendre des rendez-vous, répondre, vérifier*.

En classe entière Parmi les verbes listant les tâches, demander aux apprenants de repérer ceux qu'ils savent conjuguer au présent et les faire conjuguer rapidement par un apprenant :
– les 3 verbes en *-er* ne poseront pas de problème ; préciser que *publier* et *vérifier* se conjuguent comme *étudier* (le radical : *étudi-* / *publi-* / *vérifi-*) ;
– les verbes *prendre* et *faire* ont été étudiés ;
– les conjugaisons des verbes *lire*, *écrire* et *répondre* ne sont pas connues.

– Pour le verbe *répondre* demander aux apprenants de se reporter à l'encadré Grammaire *Le verbe* répondre *au présent* page 103 et faire faire les observations habituelles sur l'orthographe et la prononciation qui seront notées **au tableau**.

 RÉPONDRE

– un seul radical : répond-

– à l'oral : le d ne se prononce pas aux trois premières personnes

– les terminaisons : je → -s, tu → -s, il/elle/on → d, nous → -ons, vous → -ez, ils/elles → -ent

 Donner quelques verbes conjugués sur le même modèle que *répondre* : *attendre, descendre, entendre, perdre, vendre*. Demander aux apprenants de s'entraîner à les conjuguer oralement par deux. Pour les verbes *lire* et *écrire*, se reporter au Précis de conjugaison pages 134-135.

Corrigés

2 a-1 et 3 ; b-4 ; c-2

 S'entraîner activité 8 page 109

 Pour préparer la production orale de l'activité 3 qui demande de lister les missions avec des verbes au présent, on peut demander aux binômes de décrire le travail du chargé de partenariat et développement décrit sur la fiche (document 1) sur le modèle : « Le chargé de partenariat et de développement de MonTroc anime les réseaux sociaux. Il étudie… ».

Activité 3 ⏱ 15 min

→ **Décrire son travail ou un travail idéal**

En petit groupe Chaque apprenant présente au groupe son travail (réel ou imaginaire).

– Expliquer aux apprenants qu'il s'agit de décrire simplement son travail sans entrer dans les détails. L'activité 8 permettra en effet une présentation plus approfondie. Donner un modèle : *Je suis* + fonction ; *je réponds au téléphone, je …*

(+ verbes au présent pour décrire le travail) ; *j'ai un CDD/CDI/CTT*.

– L'activité peut nécessiter un temps de préparation. Laisser chaque apprenant chercher le vocabulaire dont il a besoin et le noter sur son cahier.

Corrigé

3 Productions libres.

 DOC. 2 145

Activité 4 ⏱ 5 min

→ **Identifier une situation de communication**

Sensibilisation

Seul puis **En classe entière** Dire aux apprenants qu'ils vont écouter une conversation en relation avec le document 1. Faire faire des hypothèses sur la situation de communication et son contenu. Par exemple : « Une personne appelle Mon troc.fr pour avoir des informations sur le poste. »

Compréhension globale

En classe entière Faire écouter le dialogue et faire vérifier les hypothèses. En fait, Victor a été embauché pour le poste décrit dans le document 1. Puis faire répondre aux deux questions.

Transcription 145

Omid : C'est qui le nouveau ?
Sophie : C'est Victor. Il va travailler à la communication.
Omid : Qu'est-ce qu'il va faire à la com' ?
Sophie : Tu es bête ! Il va s'occuper des partenariats et du développement.
Omid : Ah ! Il remplace Jordan. Il est resté un an chez nous, c'est ça ?
Sophie : Oui ! C'est vrai ! Chut… Il arrive ! Bonjour Victor. Je vous présente Omid. Victor, nouvel assistant de la directrice du marketing.
Victor : Bonjour Sophie. Bonjour Omid, enchanté !
Omid : Bonjour ! Vous allez vous occuper du site ?
Victor : Mmmmh… je ne vais pas m'occuper du site, je vais développer les réseaux sociaux et…
Omid : Vous êtes en CDD ou en CDI ?
Victor : En CDD !
Omid : Ah ! Dommage ! Vous allez rester combien de temps ?
Victor : Mon contrat est de 9 mois… mais… renouvelable…
Sophie : C'est quand la réunion avec la directrice des ressources humaines ?
Omid : C'est maintenant ! Vous y allez, Victor ?
Victor : Euh… non, je ne crois pas.
Sophie : Nous, on y va ! Vite ! Il ne faut pas être en retard ! Elle n'est pas commode la DRH… À plus !
Omid : À bientôt !
Victor : Oui ! Mais… la réunion… J'y vais ou j'y vais pas ?

4 Il y a trois personnes : Victor et deux collègues (Sophie et Omid). Sophie présente Victor à Omid. Victor parle de son futur travail.

Activité 5   20 min

→ **Faire connaissance avec un collègue, parler de son futur travail**

Compréhension finalisée

À deux a. Faire lire les items de l'activité et expliquer le lexique si nécessaire. On peut attirer l'attention sur les deux postes et services nommés : *directrice du marketing* et *directrice des ressources humaines.* Se reporter à l'encadré Vocabulaire *Les postes* 🎧 147 et *Les services* 🎧 148 page 103 et attirer l'attention des apprenants sur l'utilisation du sigle *RH.* Leur demander de deviner quel sigle peut être utilisé pour le poste de directrice des ressources humaines (DRH), ce qui les aidera à comprendre ce que dit Sophie à la fin du dialogue.

– Faire réécouter le dialogue et demander aux binômes de faire l'activité de *vrai/faux.* Insister sur la justification. Après la première écoute, les binômes se mettent d'accord sur leurs réponses. Faire écouter une troisième fois si besoin et mettre en commun. Noter **au tableau** les réponses et les justifications.

 1. Faux → Sophie dit : « nouvel assistant de la directrice marketing ». Elle ne dit pas : « mon nouvel assistant ».

2. Vrai → Omid : « Il remplace Jordan. ».

3. Faux → Victor : « Je ne vais pas m'occuper du site. »

4. Vrai → Victor : « En CDD » / « Mon contrat est de neuf mois. »

5. Faux → Sophie : « C'est quand la réunion ? » Omid : « C'est maintenant. »

6. Vrai → Sophie : « Nous, on y va. »

Grammaire 10 min

Le futur proche (3) des verbes pronominaux

Conceptualisation

En classe entière Le futur proche est connu des apprenants (leçon 17) et la structure de ce temps avec les verbes pronominaux a déjà été vue à la leçon 25. Il s'agit ici d'un renforcement et d'un focus sur la forme négative des verbes pronominaux.

– Demander aux apprenants de se reporter aux justifications notées lors de l'activité 5 et, plus particulièrement à l'item 3 (*Je ne vais pas m'occuper du site*). Demander de donner le temps et l'infinitif du verbe (le futur proche du verbe *s'occuper*). Pour rappel, faire conjuguer oralement le verbe *s'occuper* au futur proche. Faire observer la place de la négation : écrire la structure **au tableau** sous forme lacunaire.

 Au futur proche, la négation est placée de chaque côté du verbe ... .

Et demander à un apprenant de compléter la phrase.

 Au futur proche, la négation est placée de chaque côté du verbe « aller ».

– Demander ensuite aux apprenants de se reporter à l'encadré Grammaire *Le futur proche (3) des verbes pronominaux* page 103 et de lire ensemble à voix haute les exemples. Faire remarquer par les élèves que le second pronom est toujours placé juste devant le verbe à l'infinitif.

 Le professeur peut faire réécouter le dialogue en demandant aux apprenants de dire « stop » à chaque occurrence du futur proche qui sera notée au tableau. Arrêter l'enregistrement pour permettre d'écrire.

 Il va travailler à la communication.

Qu'est-ce qu'il va faire à la com' ?

Il va s'occuper des partenaires et du développement.

Vous allez vous occuper du site ?

Je ne vais pas m'occuper du site.

Je vais développer les réseaux sociaux.

Vous allez rester combien de temps ?

 Afin de faciliter la mémorisation de la structure du futur proche avec les verbes pronominaux, on peut reprendre la liste des verbes pronominaux connus (*cf.* leçon 25) et les écrire au tableau (*se coucher, se lever, se laver, s'habiller, se reposer, se promener, s'inscrire*). Par deux, les apprenants s'entraînent à les conjuguer au futur proche à la forme affirmative et à la forme négative dans des mini-dialogues en variant les pronoms sujets : « – Tu vas te lever à 7 heures ? – Non, je ne vais pas me lever à 7 heures. / Elles vont se promener ? – Non, elles ne vont pas se promener. »

À deux b. Cette activité a pour objectif de travailler sur le parler quotidien et le vocabulaire familier qui peut être utilisé dans des situations informelles au travail, comme dans l'exemple de la situation : un dialogue entre des collègues devant la machine à café. Expliquer aux apprenants qu'ils vont travailler sur du vocabulaire un peu familier, non formel.

– Demander aux binômes de lire les items et d'essayer de trouver les équivalents (= les mots de même sens). Mettre en commun et faire les commentaires nécessaires, notamment pour les items 1, 2 et 3 qui proposent des mots de registre familier : les apprenants les auront peut-être déjà repérés lors des différentes écoutes du document 2 ; pour valider les réponses, se référer aux moments du dialogue où ces mots apparaissent et pourquoi :

– « Tu es bête ! » Sophie dit ça à Omid parce qu'il pose une question stupide.

– « Elle n'est pas commode ! » Sophie dit ça à propos de la DRH qui n'aime pas qu'on arrive en retard.

– « Dommage ! » Omid dit ça à Victor parce que son contrat est temporaire et non pas à durée indéterminée.

> S'entraîner activité 6 page 109

Activité 6 ⏱ 10 min

Grammaire

Le pronom *y* pour dire où on va

Conceptualisation

À deux Faire répondre à la question de la consigne. Les apprenants ont déjà compris, lors de l'activité 5 item 6, que la phrase *Nous, on y va* répondait à la question *Vous allez à la réunion ?* Ils vont donc répondre aisément que *y* remplace *à la réunion*. Valider les réponses.

– Faire réécouter la fin du dialogue et faire repérer les autres phrases avec *y*. Les noter au tableau.

 Vous y allez, Victor ?

Nous, on y va.

J'y vais.

J'y vais pas.

– Faire transformer les phrases avec le mot *réunion* à la place du *y*. Les noter **au tableau**.

 Vous y allez, Victor ? → Vous **allez** à la réunion, Victor ?

Nous, on y va. → Nous, on **va** à la réunion.

J'y vais. → Je **vais** à la réunion.

J'y vais pas. → Je ne **vais pas** à la réunion.

– Interroger les apprenants sur l'effet produit : avec ces répétitions du mot *réunion*, le dialogue est plus long. **Amener ainsi les apprenants à expliquer que le pronom *y* permet de ne pas répéter un lieu où l'on va.** Leur faire remarquer la place de *y* : devant le verbe.

– Se reporter à l'encadré Grammaire *Le pronom* y *pour dire où on va* page 103 et bien préciser que ce pronom *y* remplace un lieu et est utilisé avec le verbe *aller*.

Expliquer que, souvent, dans une conversation, on omet le premier élément de la négation et que *J'y vais pas* = *Je n'y vais pas.*

> S'entraîner activité 7 page 109

Phonétique ⏱ 10 min   37   150

Les sons [E] / [Œ] / [O]

Faire visionner le tutoriel de Jean-Thierry 37 ou faire écouter l'audio 🎧 150 de l'encadré pour faire travailler la prononciation des sons [E], [Œ] et [O].

> S'entraîner activité 9 page 109

Transcription   37

• Les sons [E] / [Œ] / [O]
Bonjour. Aujourd'hui, les sons [E], [Œ], [O].
• Le son [E] est aigu, souriant.
travailler • un café • un stagiaire • tu es bête
• Le son [Œ] est aigu, arrondi. La langue est en avant, contre les dents.
le lieu • le directeur • l'accueil • jeune
• Le son [O] est grave, arrondi. La langue est en arrière, elle ne touche pas les dents.
les réseaux sociaux • un poste • le téléphone
Écoutez et répétez ! Attention à vos lèvres : sourire, arrondi aigu, arrondi grave.
é • eu • o / é • eu • o / é • eu • o
Encore !
ère • eure • ore / ère • eure • ore / ère • eure • ore
Eh ! Euh ! Oh ! Au revoir et à bientôt pour le niveau A2 !

Transcription   150

• Les sons [E] / [Œ] / [O]
• Le son [E] est aigu, souriant.
travailler • un café • un stagiaire • tu es bête
• Le son [Œ] est aigu, arrondi. La langue est en avant.
le lieu • le directeur • l'accueil • jeune
• Le son [O] est grave, arrondi. La langue est en arrière, elle ne touche pas les dents.
les réseaux sociaux • un poste • le téléphone
é • eu • o / é • eu • o / é • eu • o
ère • eure • ore / ère • eure • ore / ère • eure • ore

AGIR

Activité 7   ⏱ 30 min

→ **Décrire son travail (ou son travail idéal) à l'aide d'une fiche de poste**

Préparation et production

En classe entière a. Présenter la tâche aux apprenants, expliquer les différentes étapes de l'activité et en vérifier la bonne compréhension : les apprenants vont devoir réaliser une fiche de poste similaire à celle du document 1 pour présenter leur travail (réel ou imaginaire).

Seul Chaque apprenant compose sa fiche de poste. Le professeur circule dans la classe pour aider à la rédaction et répondre aux éventuelles questions.

Présentation

À deux b. Les binômes échangent leurs fiches et **tentent ensemble de les améliorer** notamment en précisant, clarifiant les missions.

Corrigé

7 Productions libres.

Activité 8   30 min

→ **Expliquer son travail à l'aide d'une fiche de poste**

Préparation

En classe entière Présenter la tâche aux apprenants : ils vont devoir présenter et décrire leur travail réel ou imaginaire à l'aide de la fiche de poste élaborée dans l'activité 7.

Production orale

En classe entière Chaque apprenant explique son travail à la classe.

Chaque apprenant peut poster sa fiche sur le groupe de la classe.

Corrigé

8 Productions libres.

Prolongement de la leçon

> **Entraînement linguistique**

■ Demander aux apprenants de relire la double page, de réécouter les documents travaillés.

■ Faire créer une fiche-lexique sur le thème du travail.

> **Évaluation formative**

■ Les activités du **Cahier d'activités** correspondant à la leçon sont aux pages 98-101.

■ Les activités du **Parcours digital®**.

Classe inversée

Avant la leçon 30

Demander aux apprenants de :

– lire le document 1 page 104 et chercher le sens des mots difficiles dans un dictionnaire ;

– faire les activités 1 et 2 page 104 ;

– lire et écouter l'encadré Vocabulaire page 103 sur *Le logement* 🎧 152, *L'appartement* 🎧 153, *Les caractéristiques du logement* 🎧 154, *Les nombres ordinaux* 🎧 155 et *La météo* 🎧 156.

LEÇON 30 **Se loger**

pages 104-105

SE LOGER ⏱ 2 h 10

Savoir-faire et savoir agir : trouver un logement · dire quel temps il fait · parler au téléphone

	DOC. 1		DOC. 1 et DOC. 2						
	5'		35'					10'	10'
COMPRENDRE	Act. 1 📖	Vocabulaire	Act. 2 a 📖	Vocabulaire	Act. 2 b 📖	Vocabulaire	Act. 2 c 📖	Act. 3 📖	Act. 4 💬 ▶ 38
	· identifier un document écrit	· le logement 🎧 152	· décrire un logement	· les nombres ordinaux 🎧 155 · les pièces 🎧 153	· caractériser un logement	· les caractéristiques du logement 🎧 154	· associer un plan et une description	· nommer les meubles et les appareils d'un appartement	· décrire son salon

	5'	10'	15'		5'		5'
	Act. 5 🎧	Act. 6 🎧	Act. 7	Grammaire	Act. 8 💬	Vocabulaire	Grammaire
COMPRENDRE	• identifier une situation de communication	• décrire un appartement	• comparer deux appartements	• les comparatifs *plus / moins / aussi* + adjectif (+ *que*) • les adverbes d'intensité *très/ trop*	• dire la météo	• la météo 🎧 156	• le passé composé (4) du verbe *être*
AGIR	30'	Act. 9 ✏️ 💬	• décrire son appartement idéal				

COMPRENDRE

Activité 1 📖 ⏱ 5 min

→ **Identifier un document écrit**

Compréhension globale

Seul puis **En classe entière** Faire observer le document 1 et le faire identifier en répondant aux deux questions. Mettre en commun.

Attirer l'attention sur la barre d'onglets qui représentent les critères de sélection de la personne qui fait des recherches et faire préciser la demande : la personne cherche à louer (= payer un prix par mois) un appartement meublé.

– Demander aux apprenants de se reporter à l'encadré Vocabulaire *Le logement* 🎧 152 page 105 pour découvrir quelques mots généraux sur le logement.

 Les apprenants ayant été sensibilisés à la leçon précédente au travail de nominalisation, il est possible de le reprendre ici et d'associer les mots :
– se loger / un logement ;
– louer / une location / le loyer.

Corrigés

1 a. C'est la page d'un site web (seloger.com.) **b.** Ce site propose des annonces immobilières. C'est pour trouver un logement.

DOC. 1 et DOC. 2 📖

Activité 2 📖 ⏱ 20 min

→ **Décrire un logement**

Compréhension finalisée

En classe entière puis **Seul a.** Demander aux apprenants de lire les items pour découvrir quel type d'informations ils doivent rechercher dans le document. Pour faire les relevés, ils n'ont pas besoin de lire toute l'annonce en détail mais de repérer rapidement les éléments qui sont mis en valeur. Proposer une grille pour faire l'activité.

 Pour inciter les apprenants à aller à l'essentiel, le professeur peut donner un temps limité pour ce repérage.

 Nom du site : seloger.com

Type de logement	Appartement T3	Appartement T2
Surface	60 m²	57 m²
Étage	6ᵉ	3ᵉ
Ascenseur ?	oui	non
Ville	Lyon	Lyon
Prix/mois	1 270 euros	950 euros

– Expliquer ce que sont un T2 (un deux-pièces) et un T3 (un trois-pièces) : préciser qu'en France, le nombre de pièces indiquées ne comprend pas la cuisine, la salle de bains et les toilettes. Par exemple, un deux-pièces a un séjour et une chambre en plus de la cuisine, de la salle de bains et des toilettes.

– Indiquer comment on prononce les superficies : 60 m² se dit « soixante mètres carrés ».

 Durant la correction, à partir du tableau renseigné, demander à des apprenants d'oraliser tour à tour les informations et donner des structures utiles comme par exemple :

– comment donner la surface d'un logement avec le verbe *faire* : L'appartement **fait** 60 m² ;
– comment indiquer l'étage : L'appartement est **au** 6ᵉ étage ;
– comment indiquer le prix par mois ou le loyer : Le loyer **est de** 1 270 euros **par** mois.

Vocabulaire

 10 min

▸ **Les nombres ordinaux** 155
▸ **Les pièces** 153

En classe entière Pour aider les apprenants à indiquer l'étage, leur demander de se reporter à l'encadré Vocabulaire *Les nombres ordinaux* 155, page 105, et leur faire expliciter la formation des mots : nombre + *-ième* avec quelques aménagements orthographiques et de prononciation. *Premier* est une exception.

– Avant de faire faire le repérage des adjectifs demandé en **2b**, lister le nom des pièces que les apprenants connaissent et inviter ensuite les élèves à se reporter à l'encadré Vocabulaire *L'appartement* (*Les pièces / Les parties*) 153, page 105.

Faire un remue-méninges ou expliquer certains points :
– la différence entre une salle de bains (avec une baignoire) et une salle d'eau (avec une douche seulement) ;
– la cuisine peut être une pièce séparée du séjour ou bien ouverte sur le séjour (c'est ce que l'on appelle une cuisine américaine) ;
– une cuisine équipée = avec les appareils électroménagers (four, frigo…) et les meubles.

▸ **Caractériser un logement**

À deux b. Faire faire le relevé des caractéristiques en précisant qu'il s'agit de repérer des adjectifs qui caractérisent un immeuble, une pièce et un appartement. Demander de noter les groupes de mots dans la grille et de souligner les adjectifs.

Les immeubles	immeuble <u>ancien</u>
	immeuble <u>moderne</u>
Les pièces	toilettes <u>séparées</u>
	séjour <u>confortable</u> et (très) <u>clair</u>
	cuisine <u>américaine</u> <u>équipée</u>
Les appartements	(très) <u>bel</u> appartement / <u>bel</u> appartement
	<u>lumineux</u>

– Lors de la mise en commun, faire faire les remarques nécessaires à la compréhension des adjectifs relevés :
• ancien ≠ moderne ;
• clair = lumineux ;
• bel appartement → l'adjectif *beau* devient *bel* devant un mot masculin singulier commençant par une voyelle ou un *h* muet.

N.B. : Certains apprenants auront peut-être noté l'adverbe intensif *très* ; le relever sans faire d'observation particulière puisque ce point sera conceptualisé à l'activité 7c.

Vocabulaire

5 min

▸ **Les caractéristiques du logement** 154

En classe entière Demander aux apprenants de se reporter à l'encadré Vocabulaire *Les caractéristiques du logement* 154, page 105, pour observer les formes du masculin et du féminin des adjectifs relevés.

▸ **Associer un plan et une description**

À deux c. Demander aux apprenants de regarder le document 2 et de relire le document 1 afin de dire à quelle annonce correspond le plan et de justifier.

Corrigés

2 a. 1. seloger.com. 2. Ce sont des appartements, un T3 et un T2. 3. Le T3 : 60 m², le T2 : 57 m². 4. Le T3 : 6ᵉ étage, le T2 : 3ᵉ étage. 5. Le T3. 6. Lyon. 7. T3 : 1 270 euros par mois, T2 : 950 euros.

2 b. 1. ancien, moderne 2. toilettes séparées, séjour confortable et très clair, cuisine américaine équipée 3. Beau (bel), lumineux.

2 c. Le plan correspond à la première annonce parce que les toilettes sont séparées.

Activité 3 10 min

→ **Nommer les meubles et les appareils d'un appartement**

À deux Demander aux apprenants de regarder les photos et de lire le nom des meubles ou appareils.

– Faire placer les meubles dans une pièce comme le propose l'exemple : le lit peut être mis dans la chambre 1. Préciser que parfois plusieurs réponses sont possibles. Mettre en commun et valider les réponses.

Corrigés

3 a. un canapé : séjour ; b. un lavabo : salle de bains ; c. une table basse : séjour ; d. une chaise : cuisine, séjour, chambre ; e. une armoire : chambre 1 ou 2 ; f. une étagère : séjour, chambre 1 ou 2 ; g. un bureau : chambre 1 ou 2 ; h. un lave-linge : cuisine ou salle de bains ; i. un réfrigérateur : cuisine ; j. une baignoire : salle de bains ; k. les toilettes / les WC : les WC ; l. un fauteuil : séjour ; m. un lave-vaisselle : cuisine

> **S'entraîner** **activité 13 page 109**

Activité 4 38   10 min

→ **Décrire son salon**

À deux Projeter la vidéo où Pablo, l'étudiant espagnol, décrit son salon et demander à chaque élève de répondre à la question qu'il leur pose. Préciser aux apprenants de répondre avec la matrice utilisée par Pablo : « Dans + *nom de pièce*, il y a + *liste des meubles* ».

Corrigé

4 Productions libres.

Activité 5 ⏱ 5 min

→ **Identifier une situation de communication**

Sensibilisation

Seul puis **En classe entière** Dire aux apprenants qu'ils vont écouter une conversation en relation avec le document 1. Faire faire des hypothèses sur la situation de communication et son contenu : « Des personnes visitent un appartement ; une personne téléphone pour avoir des informations sur un appartement… ».

Compréhension globale

En classe entière a. Faire écouter le dialogue et faire vérifier les hypothèses. Puis faire répondre aux questions : demander combien de personnes on entend (deux), qui sont ces personnes et de quoi elles parlent (*cf.* corrigés).

Transcription 151

L'employé de l'agence : Agence Immo plus, bonjour.
Nour : Allô ? Bonjour monsieur. Je suis Nour Legrand. J'appelle pour la location de l'appartement.
L'employé de l'agence : Ah, bonjour Madame Legrand. Vous allez bien ?
Nour : Très bien, merci.
L'employé de l'agence : Vous avez fait votre choix ?
Nour : Oh non, nous n'avons pas choisi. Nous avons sélectionné deux appartements sur votre site. L'appartement de la rue Delore, le T2, et le T3 du quai de la Pêcherie. Ça a été difficile de se décider !
L'employé de l'agence : Bon, regardons les avantages des deux appartements. Le premier, le T3 : il est plus grand, il est au 6e étage, il est très clair. OK, il est plus cher que le T2 mais le chauffage est collectif.
Nour : Hummm… mais le T2 est aussi clair que le T3. Et les chambres du T3 sont trop petites. Il n'y a pas la place pour notre grand lit.
L'employé de l'agence : Je comprends. Le T2 est moins grand que le T3 mais il a un balcon exposé sud-ouest.
Nour : Il fait trop chaud l'été dans cet appartement, non ?
L'employé de l'agence : Non !!! C'est sud-ouest ! Il y a aussi une cuisine équipée. Et en plus, il y a une place de parking.
Nour : Nous n'avons pas de voiture.
L'employé de l'agence : Vous aimez les immeubles anciens ou les immeubles modernes ?
Nour : Les immeubles anciens sont moins confortables, mais ils sont plus beaux.
L'employé de l'agence : Peut-être !
Nour : Bon, je ne sais pas.
L'employé de l'agence : Il faut voir. Aujourd'hui, il pleut ; venez visiter les appartements demain, il y a du soleil.
Nour : Demain… demain… demain… heu… 14 heures, c'est trop tôt pour vous ?
L'employé de l'agence : Ne quittez pas, je vais demander à mon collègue. À 14 heures, c'est parfait. On se retrouve à l'agence ?
Nour : Très bien. Merci ! À demain !
L'employé de l'agence : À demain, au revoir !

Corrigés

5 a. Dans ce dialogue, il y a deux personnes qui parlent : un employé de l'agence Immo plus et une femme : Nour Legrand.
b. Elle cherche un appartement, Ils parlent des deux appartements du document 1.

Activité 6   ⏱ 10 min

→ **Décrire un appartement**

Compréhension globale

Seul puis **En classe entière a.** et **b.** Faire lire les consignes des deux premières parties de l'activité. Réécouter le dialogue et demander aux apprenants de faire les deux activités. Insister sur la justification. Mettre en commun.
Pour la partie a : 1 est faux car Nour dit « Nous n'avons pas choisi » ; 3 est faux car Nour dit « J'appelle pour la location de l'appartement » ; 2 est vrai par déduction ; faire expliciter le verbe *comparer* = les + et le – de chaque appartement.
Pour la partie b : l'employé de l'agence dit : « Aujourd'hui, il pleut ; venez visiter les appartements demain, il y a du soleil. »
c. Cette troisième partie de l'activité demande de relever un avantage de chaque appartement ; donner un exemple : Le T3 a deux chambres. Il n'est pas demandé à ce stade de relever les phrases comparatives (notées en bleu ci-dessous) mais si les apprenants en relèvent quelques-unes, le professeur les notera et les utilisera pour la conceptualisation de l'activité 7. Mettre en commun **au tableau**.
Expliquer si besoin le mot *avantage* (= une qualité, un élément supplémentaire).

Le T3	Le T2
Il est plus grand (+).	Il est aussi clair (=).
Il y a deux chambres	Il a un balcon exposé sud-ouest.
Il est au 6e étage.	Il y a une cuisine équipée.
Il est très clair.	
Le chauffage est collectif.	Il y a une place de parking.

Corrigés

6 a. 2.

6 b. Nour ne visite pas les appartements aujourd'hui parce qu'il pleut.

6 c. Réponses possibles : Le T3 : il est au 6e étage, il est très clair, il a le chauffage collectif. Le T2 : il a une cuisine équipée, il a un balcon.

Activité 7 15 min

→ **Comparer deux appartements**

Compréhension finalisée

À deux **a.** Faire lire l'exemple et les items de l'activité et, comme demandé, essayer de les associer aux deux personnes du dialogue en se souvenant des écoutes précédentes. Cet appariement est en fait une façon détournée de faire repérer les structures comparatives, objectif réel de l'activité.

– Lors de l'activité 6, les apprenants auront peut-être (suivant le corpus noté) déjà repéré les trois adverbes de comparaison (*plus*, *moins*, *aussi*) ; dans le cas contraire, les amener à les repérer dans les phrases des 4 items. Leur proposer alors de réécouter le dialogue et de relever toutes les phrases qui comparent les appartements en les classant. Commencer par réécrire **au tableau** les phrases relevées et compléter par l'écoute. Pour vérifier que le sens des trois mots comparatifs est bien compris, demander aux apprenants d'ajouter un signe mathématique à côté des mots *plus*, *aussi* et *moins*.

plus +	aussi =	moins –
Il est plus grand. Il est plus cher que le T2. Mais ils sont plus beaux.	Le T2 est aussi clair que le T3.	Le T2 est moins grand que le T3. Les immeubles anciens sont moins confortables.

Grammaire

Moins / plus / aussi + adjectif pour comparer

Conceptualisation

b. Faire observer les phrases et compléter la phrase de conceptualisation. Insister sur le fait que ces trois mots *plus*, *aussi* et *moins* sont utilisés devant un adjectif. Demander de souligner les éléments de la structure dans les exemples. Inviter les apprenants à se reporter à l'encadré Grammaire correspondant page 105, Moins / plus + *adjectif (+ que)* et Aussi + *adjectif (+ que)* pour qu'ils récapitulent les informations.

Très / trop + adjectif pour exprimer l'intensité

Conceptualisation

c. Les apprenants auront peut-être déjà été sensibilisés au sens de l'adverbe *très* à l'activité **b**. Réécrire les exemples au tableau et y ajouter ceux avec *trop*. **Demander d'expliciter le sens et de compléter les deux phrases.**

– Préciser que *très* et *trop* ont un sens différent. En effet, *très* exprime l'intensité (+++) et *trop* exprime une intensité supérieure (= très très très) mais avec généralement un sens négatif. *Le loyer de cet appartement est très cher. = Le prix est élevé. – Le loyer de cet appartement est trop cher. = Je n'ai pas assez d'argent pour le payer.*

– **Demander aux apprenants d'expliquer le sens des phrases notées au tableau (en bleu ci-après).**

Indiquer que *très* et *trop* peuvent aussi s'utiliser avec un adverbe (*chaud*, *tôt*).

Il est très clair.

Les chambres du T3 sont trop petites. (= il n'y a pas de place pour notre lit)

Il fait trop chaud. (= je n'aime pas beaucoup quand il fait très chaud)

C'est trop tôt. (= je préfère plus tard)

Corrigés

7 a. 1. Il est plus cher que le T2 : employé de l'agence. 2. Le T2 est aussi clair que le T3 : Nour. 3. Le T2 est moins grand que le T3 : employé de l'agence. 4. Les immeubles anciens sont moins confortables : Nour.

7 b. On utilise plus/moins/aussi + adjectif + que pour comparer.

7 c. Très (++) + adjectif. 2. Trop (+++++++++) + adjectif

 > S'entraîner > activité 11 page 109

Activité 8 5 min

Vocabulaire 156

Dire la météo

À deux Les apprenants ont relevé lors des activités précédentes deux indications de météo : *Il pleut* et *Il fait trop chaud*. Leur demander de se reporter à l'encadré Vocabulaire *La météo* 156, page 109, pour enrichir le lexique sur ce thème.

– On peut faire pratiquer le vocabulaire de façon ludique : les apprenants mémorisent les six expressions, puis cachent les phrases et essaient de les retrouver à partir des dessins. Ils marquent un point par phrase correcte.

Corrigé

8 Productions libres.

 > S'entraîner > activité 12 page 109

Grammaire 5 min

Le passé composé (4) du verbe *être*

En classe entière Demander aux apprenants de se reporter à l'encadré Grammaire *Le verbe* être *au passé composé (4)* page 105, de lire l'exemple donné et de rappeler que, dans le dialogue, quand l'employé demande à Nour : *Vous avez fait votre choix ?*, elle répond *Nous avons sélectionné deux appartements. Ça a été difficile de se décider.*

– Faire lire les deux informations importantes sur la forme.

 > S'entraîner > activité 10 page 109

Activité 9   30 min

→ **Décrire son appartement idéal**

Préparation

En classe entière Présenter la tâche aux apprenants, expliquer les différentes étapes de l'activité et en vérifier la bonne compréhension : les apprenants vont devoir imaginer leur appartement idéal, en faire un plan légendé et le décrire. Dans un second temps, les membres du groupe vont choisir leur appartement préféré et expliquer pourquoi.

Production écrite

À deux a., b. et **c.** Chaque binôme se met d'accord sur les caractéristiques de son appartement idéal et en fait le plan. Il est possible de prendre exemple sur le plan du document 2 et de donner d'autres précisions sur le plan ou en légende. Le professeur circule dans la classe pour veiller à la bonne réalisation de l'activité.

Présentation

En classe entière d. Chaque binôme vient présenter son appartement idéal devant la classe. À l'issue des présentations, **la classe compare les appartements et vote pour l'appartement qu'ils préfèrent.**

Faire réaliser le plan de l'appartement à partir d'un logiciel spécialisé.

Corrigé

9 Productions libres.

Prolongement de la leçon

> **Entraînement linguistique**

- Demander aux apprenants de relire la double page, de réécouter les documents travaillés.
- Faire créer une fiche-lexique sur le thème du logement.
- Faire créer une fiche-lexique sur le thème de la météo.

> **Évaluation formative**

- Les activités du **Cahier d'activités** correspondant à la leçon sont aux pages 102-107.
- Les activités du **Parcours digital®**.

Classe inversée

Avant la leçon 31

Demander aux apprenants de :
– lire le document 1 page 106 ;
– faire l'activité 1 de découverte page 106 ;
– lire le document 2 page 107 ;
– faire l'activité 4 de découverte page 107.

LEÇON 31 | Techniques pour... | pages 106-107

...écrire une annonce de location 45 min

Se loger est une des priorités de tout citoyen. Pour un étudiant ou un touriste étranger, comprendre une annonce immobilière peut se révéler utile pour trouver un logement en France. Cette tâche réinvestit donc les outils langagiers de la leçon 30 et donne une structure facilitant la compréhension et la rédaction d'une annonce.

 LIRE

Activité 1 5 min

[Découverte]

Seul puis **En classe entière** Expliquer aux apprenants que leur travail de production sera d'écrire une annonce de location. Les deux premières activités vont permettre de découvrir et d'analyser le document pour faciliter le travail de production à faire.

À deux Demander d'observer le document et de l'identifier : il s'agit d'une page d'un site de location. Demander ensuite de répondre aux questions. Mettre en commun.

Corrigés

1 a. 3. Un site pour la location saisonnière de logements.

1 b. 1. une chambre privée dans une maison. **2.** équipements de base, le WIFI, un espace de travail pour un ordinateur portable, du shampoing. **3.** Cette location est à Quimper, une ville située en Bretagne. **4.** Le prix est de 65 euros la nuit. **5.** Qualités : c'est une chambre confortable et lumineuse, au calme ; il y a un jardin ; la cuisine est équipée et fonctionnelle ; le petit déjeuner est fait maison et gratuit ; le centre-ville est à 20 minutes à pied ; on peut faire des randonnées pour découvrir la Bretagne.

 On pourra demander aux apprenants s'ils connaissent ce site de location entre particuliers (ils reconnaîtront peut-être le logo d'Airbnb) ou s'ils en connaissent d'autres, s'ils ont déjà fait appel à ce site ou à d'autres (dans ce cas, les inviter à raconter brièvement leur expérience) et ce qu'ils en pensent.

Activité 2   10 min

[Analyse]

À deux a. Demander de faire l'activité pour retrouver l'ordre des informations. Mettre en commun.

b. Faire réaliser l'activité et valider les réponses. Faire observer aux apprenants que, dans une annonce, pour faire plus court, on utilise généralement les noms sans article, accompagnés d'un ou plusieurs adjectifs pour caractériser ce nom.

– Pour compléter le travail d'analyse, demander aux apprenants de se reporter à l'encadré Mémo de la page 106 qui reprend les principaux éléments et le mode de rédaction d'une annonce de location.

Corrigés

2 a. Ordre des informations : la chambre – la maison – la ville – la région

2 b. 1. Nom sans article **2.** Caractéristiques

 **ÉCRIRE**

Activité 3   30 min

Préparation

En classe entière a. Faire lire et comprendre la situation : il s'agit d'écrire une annonce immobilière pour louer un appartement ou une maison. Ce logement peut être imaginaire et permettre toutes les originalités possibles (cabane dans un arbre, igloo...). Chaque apprenant prend des notes pour choisir les qualités de son logement qu'il veut mettre en valeur.

Production

Seul b. Chaque apprenant écrit son annonce en s'aidant des modèles de la page 104 et de la page 106. Pendant la phase de production, le professeur circule pour aider à la rédaction et à la correction des écrits.

Présentation

À deux c. Une fois les rédactions terminées, les apprenants échangent leurs annonces et essaient d'aider leur partenaire à mettre davantage son logement en valeur.

 Il est possible d'afficher les annonces dans la classe et de laisser les apprenants échanger et donner leur avis sur les productions des autres élèves.

Hors de la classe, les apprenants pourront publier leur avis sur une plateforme de location.

Corrigé

3 Productions libres.

... créer son profil professionnel

La dernière tâche proposée par *Inspire 1* donne l'opportunité aux apprenants de créer leur profil professionnel pour éventuellement trouver un stage ou un emploi en France. Elle permet de réinvestir les outils langagiers des leçons 28 et 29 et, par ailleurs, de revoir d'une autre manière les présentations faites dans les deux premières unités et de réaliser le travail accompli.

  ## LIRE

Activité 4 5 min

[Découverte]

En classe entière Expliquer aux apprenants que leur travail de production sera d'écrire leur profil professionnel pour un réseau social professionnel. Les quatre premières activités vont permettre de découvrir et d'analyser le document pour faciliter le travail de production à faire.

À deux Demander d'observer le document et de l'identifier : il s'agit d'une page d'un site Internet sur lequel des personnes publient leur profil professionnel. Il est probable que les apprenants connaîtront LinkedIn qui est un réseau social professionnel en ligne très utilisé internationalement pour gérer son image professionnelle et son réseau.

> **Corrigés**
>
> **4 a.** C'est le profil professionnel de Maud Dumont, publié sur le site LinkedIn. **b.** Pour trouver un emploi, rencontrer des professionnels, échanger, choisir un employé... **c.** Il y a quatre parties.

Activité 5 10 min

[Compréhension]

À deux Faire réaliser l'activité. Mettre en commun.

> **Corrigés**
>
> **5 a.** Nom de la personne : Maud Dumont – sa profession : décoratrice – le nom de son entreprise : Déco et compagnie – le nom de la ville : Annecy.
>
> **5 b.** 1. Déco et compagnie / Studio.Deco. 2. Architecture d'intérieur. 3. et 4. De septembre (sept.) 2011 à juillet (juil.) 2013.

Activité 6 5 min

[Analyse]

À deux puis **En classe entière** Demander aux apprenants de lire les trois intitulés et s'assurer que le sens est compris.

Faire retrouver les sous-titres du profil professionnel en écrivant les intitulés dans les cadres bleus de l'annonce. Valider les réponses. Lors de la mise en commun, demander d'expliquer le sens de l'intitulé de l'encadré B : À propos (de moi) = informations qui me concernent.

> **Corrigé**
>
> **6** A : L'essentiel – C : Expérience – D : Formation

Activité 7 10 min

À deux Demander de faire l'activité pour retrouver la structure du profil professionnel et les informations contenues dans chaque partie.

– Pour compléter le travail d'analyse, demander aux apprenants de se reporter à l'encadré Mémo de la page 107 qui récapitule les différents éléments d'un profil professionnel.

> **Corrigés**
>
> **7 a.** Nom de l'école : dans la partie D. Formation. **b.** Durée des emplois : dans la partie C. Expérience. **c.** Explication de son choix de profession : dans la partie B. À propos. **d.** La profession et son employeur actuel : dans la partie A. L'essentiel.

 ## ÉCRIRE

Activité 8 30 min

Préparation

Seul Les apprenants sachant ce qu'ils doivent faire grâce au travail d'analyse des activités 6 et 7, leur demander d'écrire leur profil professionnel. Bien préciser qu'ils doivent suivre la structure du modèle.

Production

a. et **b.** Pendant la phase de production, le professeur circule pour aider à la rédaction et à la correction des écrits.

À deux 🔗 Une fois les rédactions terminées, les apprenants cherchent un réseau social professionnel et mettent leur profil en ligne.

> 💡 Il est possible de faire une phase de lecture collective : afficher les productions écrites dans la classe et demander aux apprenants de donner leur avis sur les différents profils.

> **Corrigé**
>
> **8** Productions libres.

S'entraîner

pages 108-109

Cf. Introduction (C.1.3), page 24.

– **Corrigés** des activités 1 à 13 : p. 142 du livre de l'élève.

– **Parcours digital®** : toutes les activités des pages 108-109 sont proposées en version auto-corrective 🖥 sauf l'activité 13 qui est à faire à deux.

Faites le point

page 110

Cf. Introduction (C.1.4), page 24.

Évaluez-vous !

Corrigés

> Exemple de production : Je viens de lire les consignes.
> **Je connais** l'Angleterre. **Je sais** parler anglais.
> Oui, **j'y vais**.
> Exemple de production : Mon appartement est petit, il y a deux pièces, un séjour et une chambre. Il est au 4ᵉ étage d'un immeuble moderne. Il est clair et il y a un balcon. La cuisine est équipée. Dans la salle de bains, il y a une grande baignoire.
> Exemples de production : Une maison est **plus grande qu'**un appartement. Un canapé rouge est **aussi confortable qu'**un canapé bleu.
> Exemples de production : 🌤 Il y a du soleil. Il fait beau. ☔ Il pleut. 🌡 Il fait chaud. 🌡 Il fait froid.
> Le choix de l'appartement **a été** difficile. Les employés de l'agence **ont été** sympathiques.

Épreuve blanche DELF A1

I COMPRÉHENSION DE L'ORAL

25 points

Exercice 1

4 points

 162 **Transcription**

> *Vous allez entendre deux fois un document. Il y a 30 secondes de pause entre les 2 écoutes puis vous avez 30 secondes pour vérifier vos réponses. Lisez les questions.*
> Bonjour, ce matin, dans votre magasin, grande promotion sur les accessoires ! Les sacs sont à 12 euros et les ceintures sont à 6 euros !
> Et cet après-midi, promotion sur les lunettes de soleil : elles sont à 8 euros ! Attention la promotion se termine à 18 h !

1. 12 euros. (1 point) ; 2. 6 euros. (1 point) ; 3. Photo b. (1 point) ; 4. À 18 h. (1 point)

Exercice 2

5 points

 163 **Transcription**

> *Vous allez entendre deux fois un document. Il y a 30 secondes de pause entre les 2 écoutes puis vous avez 30 secondes pour vérifier vos réponses. Lisez les questions.*
> Votre attention s'il vous plaît : le train numéro 2458, à destination de Paris, départ 12 h 45, arrivée 14 h 10, va partir voie B. Attention au départ !

1. Photo b. (1 point) ; 2. Paris. (2 points) ; 3. b. (1 point) ; 4. A 14 h 10. (1 point)

Exercice 3

6 points

 164 **Transcription**

> *Vous allez entendre deux fois un document. Il y a 30 secondes de pause entre les 2 écoutes puis vous avez 30 secondes pour vérifier vos réponses. Lisez les questions.*
> Pour faire une bonne salade de fruits, il faut : deux pommes, trois bananes et quatre oranges. Couper les fruits en petits morceaux et rajouter 2 litres de jus de pommes. Laisser au réfrigérateur 1 h 30 et servir bien frais !

1. Photo b. (1 point) ; 2. Trois. (1 point) ; 3. Jus de pommes. (2 points) ; 4. 1 h 30. (2 points)

Exercice 4

10 points (2 points par bonne réponse)

165 **Transcription**

> *Vous allez entendre deux fois quatre dialogues. Il y a 30 secondes de pause entre les 2 écoutes puis vous avez 30 secondes pour vérifier vos réponses. Lisez les questions.*
> **Dialogue 1 :**
> – Excusez-moi, quel bus va au centre ville ?
> – Le bus numéro 125, il arrive !
>
> **Dialogue 2 :**
> – Tu es prêt pour le match de tennis ?
> – Ah oui, et j'ai une nouvelle raquette !
>
> **Dialogue 3 :**
> – Je me suis inscrit à des cours de photographie. Et c'est mon nouvel appareil photo.
> – Il est super, tu vas pouvoir prendre de belles photos !
>
> **Dialogue 4 :**
> – Qu'est-ce qu'on mange ce soir ?
> – Une bonne soupe de légumes !
>
> **Dialogue 5 :**
> – Bonjour Monsieur. Je voudrais des informations sur les cours de français.
> – Bonjour. Asseyez-vous. Je vais vous renseigner.

a. dialogue numéro 5 ; b. Dialogue numéro 3 ; c. dialogue numéro 4 ; d. Pas de dialogue. e. dialogue numéro 1 ;
f. dialogue numéro 2

II COMPRÉHENSION DES ÉCRITS 25 points

Exercice 1 6 points

1. Au 4ᵉ étage. (1 point) ; 2. manger chez lui. (1 point) ; 3. Vendredi 26 février. (2 points) ; 4. Photo b. (1 point) ; 5. appeler Maxime. (1 point)

Exercice 2 6 points

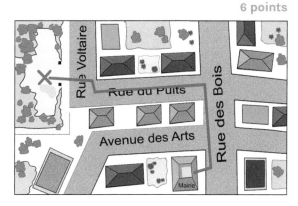

1. Dimanche. (1 point) ;
2. 11 heures. (1 point) ;
3. En voiture. (1 point) ;
4. *2 points si l'itinéraire est tracé. 0 point si seul le lieu d'arrivée est représenté.*
5. Un gâteau. (1 point)

Exercice 3 6 points

1. 210 euros. (1 point) ; 2. 19 heures. (1 point) ; 3. Écrire un e-mail à Sarah. (2 points) ; 4. Ses livres de français. (1 point) ; 5. Un dictionnaire de français. (1 point)

Exercice 4 7 points

1. 9 heures. (1 point) ; 2. 21 heures. (1 point) ; 3. Lundi. (1 point) ;
4. (2 points – 0,5 point par bonne réponse)

Public	Prix des abonnements
Enfants de moins de 12 ans	15 euros/an
Jeunes de 12-25 ans	20 euros/an
Étudiants	Gratuit
Adultes de plus de 25 ans	40 euros/an

5. c. (2 points)

III PRODUCTION ORALE 25 points

L'enseignant utilisera la grille d'évaluation de la production orale à l'attention des examinateurs-correcteurs du DELF A1.

Exercice 1. L'entretien dirigé

1ʳᵉ partie – L'entretien dirigé										
Peut se présenter et parler de soi en répondant à des questions personnelles simples, lentement et clairement formulées.	0	0,5	1	1,5	2	2,5	3	3,5	4	4,5	5

◖ **Exercice 2. L'échange d'informations**

2ᵉ partie – L'échange d'informations									
Peut poser des questions personnelles simples sur des sujets familiers et concrets et manifester qu'il/elle a compris la réponse.	0	0,5	1	1,5	2	2,5	3	3,5	4

◖ **Exercice 3. Le dialogue simulé**

2ᵉ partie – Le dialogue simulé									
Peut demander ou donner quelque chose à quelqu'un, comprendre ou donner des instructions simples sur des sujets concrets de la vie quotidienne.	0	0,5	1	1,5	2	2,5	3	3,5	4
Peut établir un contact social de base en utilisant les formes de politesse les plus élémentaires.	0	0,5	1	1,5	2	2,5	3		

Pour l'ensemble des 3 parties de l'épreuve							
Lexique (étendue) / correction lexicale Peut utiliser un répertoire élémentaire de mots et d'expressions isolés relatifs à des situations concrètes.	0	0,5	1	1,5	2	2,5	3
Morphosyntaxe / correction grammaticale Peut utiliser de façon limitée des structures très simples.	0	0,5	1	1,5	2	2,5	3
Maîtrise du système phonologique Peut prononcer de manière compréhensible un répertoire limité d'expressions mémorisées.	0	0,5	1	1,5	2	2,5	3

IV PRODUCTION ÉCRITE

25 points

◖ **Exercice 1**   **10 points**

On ne tiendra pas compte de l'orthographe, sauf si celle-ci gêne la compréhension des informations données.

Items	Éléments pour la correction	Nombre de points
Nom	1 point si l'apprenant a écrit un nom. 0 point si l'apprenant a écrit une information autre qu'un nom.	1 point
Prénom	1 point si l'apprenant a écrit un prénom. 0 point si l'apprenant a écrit une information autre qu'un prénom.	1 point
Adresse	1 point si l'apprenant a écrit une adresse en français ou dans sa langue mais en alphabet latin. La consigne ne précise pas d'adresse en France, on n'attendra donc pas obligatoirement un format d'adresse français.	1 point
Ville	1 point si l'apprenant a écrit le nom d'une ville en français ou dans sa langue mais en alphabet latin. La consigne ne précise pas d'adresse en France, on n'attendra donc pas obligatoirement une ville française.	1 point
Pays	1 point si l'apprenant a écrit le nom d'un pays en français ou dans sa langue mais en alphabet latin. La consigne ne précise pas d'adresse en France, on n'attendra donc pas obligatoirement « France ». 0 point si l'apprenant a écrit une nationalité.	1 point

Items	Éléments pour la correction	Nombre de points
Numéro de téléphone	1 point si l'apprenant a écrit un numéro de téléphone plausible. Le format des numéros français n'est pas obligatoirement attendu. On n'attendra pas non plus forcément un indicatif de pays avant le numéro de téléphone.	1 point
Adresse électronique	1 point si l'apprenant a écrit une adresse électronique avec un format adéquat.	1 point
Date de la commande	1 point si l'apprenant a écrit une date plausible avec le format attendu : jour/mois/année.	1 point
Couleur préférée	1 point si l'apprenant a écrit une couleur (sans l'obligation de l'accord, par exemple « vert » ou « verte »). On ne pénalise pas si plus d'une couleur est mentionnée et on ne prendra en considération que la couleur correctement orthographiée.	1 point
Taille	1 point si l'apprenant a écrit un chiffre ou une lettre indiquant une taille (S, M, L, etc.).	1 point

Exercice 2 — 15 points

Respect de la consigne Peut mettre en adéquation sa production avec la situation proposée. Peut respecter la consigne de longueur minimale indiquée.	0	0,5	1	1,5	2			
Correction sociolinguistique Peut utiliser les formes les plus élémentaires de l'accueil et de la prise de congé. Peut choisir un registre de langue adapté au destinataire (tu/vous).	0	0,5	1	1,5	2			
Capacité à informer et/ou à décrire Peut écrire des phrases et des expressions simples sur soi-même et ses activités.	0	0,5	1	1,5	2	2,5	3	3,5 4
Lexique/orthographe lexicale Peut utiliser un répertoire élémentaire de mots et d'expressions relatifs à sa situation personnelle. Peut orthographier quelques mots du répertoire élémentaire.	0	0,5	1	1,5	2	2,5	3	
Morphosyntaxe/orthographe grammaticale Peut utiliser, avec un contrôle limité des structures, des formes grammaticales simples appartenant à un répertoire mémorisé.	0	0,5	1	1,5	2	2,5	3	
Cohérence et cohésion Peut relier les mots avec des connecteurs très élémentaires tels que « et », « alors ».	0	0,5	1					

Imprimé en France en octobre 2021 par Dupli-Print à Domont (95)
Dépôt légal : février 2021 – Édition n° 02 - N° d'impression : 2021101063
66/3978/1